Dr. URSULA SANDNER

PUTEREA TA INTERIOARĂ

PREIA CONTROLUL ASUPRA VIEȚII TALE

Descrierea CIP a Bibliotecii Naționale a României

SANDNER, URSULA
Puterea ta interioară: preia controlul asupra vieții tale / Ursula Sandner.

Timișoara: Gordian, 2015
ISBN 978-606-743-018-9

159.923

CUPRINS

Stăpânește-ți mintea și emoțiile — 9

Ai încredere în tine și fii autentic — 55

Folosește-ți puterea interioară — 113

Îmbrățișează viața și schimbarea — 167

Respectă-i pe cei din jur — 223

Alege înțelept oamenii cu care te înconjori — 247

Fericirea ta depinde de tine — 301

Prefață

Am scris această carte pentru a împărtăși cu tine învățături de viață, experiențe, gânduri și am extras esențialul cunoașterii mele atât teoretice cât și practice și a altora mai înțelepți decât mine de-mult apuși care m-au inspirat la rândul lor.

De-a lungul anilor am lucrat cu sute de oameni și, dicutând cu fiecare în parte în timpul ședințelor de life-coaching și psihoterapie, am observat care sunt problemele cele mai arzătoare și cu care se confruntă cel mai des. Punând întrebări, i-am ajutat să privească cu sinceritate în interiorul lor și să găsească răspunsurile cele mai potrivite pentru ei, i-am ghidat și i-am susținut în drumul propriu.

Așa cum clienții mei mi-au spus că au învățat multe de la mine, tot așa și eu am învățat multe de la ei iar învățăturile din această carte nu se bazează numai pe experiența mea personală ci și pe experiențele de viață ale sutelor de oameni cu care am lucrat în mod individual.

Vei găsi în paginile următoare diverse situații de viață și ipostaze în care ne regăsim cu toții la un moment dat din viața noastră. Fie pentru că nu ne cunoaștem suficient de bine, pentru că nu ne dăm voie să visăm și să "zburăm", pentru că ținem cont mult prea mult de ce își doresc alții și mult prea puțin de ce ne dorim noi, sau fie pentru că încă nu știm cum să ne accesăm resurele și puterea interioară, putem face alegeri care să nu fie în acord cu autenticitatea noastră, cu dorințele noastre reale și cu misiunea noastră personală. Aceste alegeri ne pot îndepărta de calea noastră și putem ajunge să experimentăm foarte frecvent sentimente negative precum tristețe, anxietate, depresie, lipsă de sens, gol interior ori chiar boli fizice.

Scopul acestei cărți este să te ajute să îți conștientizezi și să îți accesezi puterea interioară, folosind-o cât mai înțelept cu putință; să privești problemele cu care te confrunți din mai multe unghiuri de vedere sau, pur și simplu, pentru un moment, dintr-o altă perspectivă pentru a-ți da voie să observi căi alternative, mai simple, de soluționare.

Parte din misiunea mea chiar aceasta este: să îi ajut pe oameni să își conștientizeze puterea interioară și să înceapă să o folosească înspre binele lor cel mai înalt.

De multe ori uităm cât de minunați suntem și câte resurse avem în interiorul nostru. Ne lăsăm purtați de viață și avem impresia că evenimentele ni se întâmplă pur și simplu fără ca noi să avem prea mult de-a face cu ele. Ne putem simți neajutorați și lipsiți de putere-puterea de a ne crea și transforma viața în acord cu visurile și idealurile noastre, puterea de a depăși obstacole și suferințe, puterea de a ne asuma destinul. Vreau să-ți spun că destinul tău se află în mâinile tale. El depinde în totalitate de gândurile și sentimentele tale. Viața nu ni se întâmplă pur și simplu, viața ne urmează. Toate experiențele prin care trecem sunt rezultatul felului în care gândim și simțim, indiferent dacă suntem conștienți de asta sau nu. Viața pe care o trăim este o creație personală. Tocmai din acest motiv, o linie directoare a filosofiei mele este că fiecare dintre noi este responsabil pentru propriile experiențe.

Felul în care arată viața noastră este doar o oglindire a interiorului. Dacă în interior suntem echilibrați și senini, exteriorul nu are cum să fie zbuciumat și sumbru. Felul în care suntem noi în interior depinde de gândurile, de sentimentele și de atitudinile noastre. Dacă nu ne luăm în stăpânire mintea și emoțiile, vor ajunge să ne controleze ele pe noi iar starea noastră de spirit va fi pusă pe pilot automat și nu asumată în mod deliberat. Astfel, nefiind conștienți de impactul pe care îl avem în propria noastră viață, vom pune evenimentele pe seama norocului sau ghinionului și nici nu vom putea schimba ceva.

Destinul tău nu este să duci o luptă constantă cu viața, să te zbați, să suferi și să te sacrifici pentru câteva momente trecătoare de fericire. Destinul tău este să îți îndeplinești toate visele, să ai relații care îți aduc un plus de valoare, să te trezești dimineața entuziasmat, să faci o activitate care îți aduce plăcere și bucurie, să te simți bine în pielea ta și să fii conștient de cât de valoros ești. Altfel, ce rost ar mai avea totul? Sensul vieții noastre este tocmai să dăm vieții un sens, urmându-ne misiunea și propria cale. Viața ta este în mâinile tale! Ești pregătit să îți asumi responsabilitatea asupra propriei fericiri? Dacă îi învinovățim pe ceilalți pentru propria soarta, negând faptul că noi singuri ne creăm situațiile prin care trecem — prin gând, prin cuvânt și prin faptă- renunțăm la puterea personală și, astfel, devenim victime care își declară înfrângerea. Nimeni nu are nicio putere asupra noastră, decât dacă noi îi permitem.

Stilul de viață pe care eu îl promovez și filosofia mea se bazează pe următoarele credințe:

Fiecare dintre noi este responsabil 100% pentru propria viață.

Felul în care gândim ne influențează în mod direct sănătatea, bunăstarea fizică, psihică și emoțională.

Gândurile noastre ne determină emoțiile și dacă nu suntem bine din punct de vedere emoțional tot ceea ce trebuie să facem este să ne schimbăm gândurile negative cu unele pozitive sau neutre, devenind conștienți de dialogul nostru interior.

Exteriorul reflectă interiorul — tocmai de aceea schimbându-ne gândirea ne putem transforma viața.

Fiecare om atrage în viața lui ceea ce este.

Este de preferat un egoism ecologic în locul unei vieți trăite în compromisuri și sacrificii — atunci când avem grijă de noi înșine și de nevoile noastre, când conștientizăm că fericirea noastră depinde de noi, când ne respectăm și ne iubim, vom fi capabili să oferim și altora din prea-plinul nostru îmbogățindu-ne, astfel, reciproc viețile.

Independența și autonomia stau la baza unei vieți trăite asumat, liber și fericit în care ființa umană caută să se desăvârșească și să evolueze în permanență.

Fiecare om are în interiorul său o putere extraordinară de care este necesar să devină conștient pentru a-și lua viața în propriile mâini și a-și crea destinul în mod conștient.

Cu toții avem o misiune personală și propria cale în viață pe care o putem urma dacă ne ascultăm vocea interioară și dacă ne eliberăm de așteptările și exigențele celorlalți.

Atunci când nu suntem mulțumiți de viața noastră, este de preferat să privim realitatea direct în față și să acționăm în fiecare zi pentru a provoca schimbările pe care ni le dorim, în loc să ne autoamăgim și să ne mințim că totul este bine.

Nu trecutul ne determină destinul ci ceea ce facem de acum înainte.

Dr. Ursula Sandner

PUTEREA TA INTERIOARĂ

STĂPÂNEȘTE-ȚI MINTEA ȘI EMOȚIILE

1

Să rămâi calm și pozitiv într-o situație nefavorabilă nu este un semn de naivitate, ci, din contră, este un simbol al puterii tale mentale.

Dramatizarea inutilă, ieșirile emoționale necontrolate, crizele de orice fel, focusarea pe cum te face să te simți o anumită problemă, nu te ajută la nimic, ci amână găsirea soluțiilor pentru a depăși situația.

Atunci când te afli într-o situație neplăcută rămâi calm, evaluează corect problema, folosește-ți rațiunea ca să începi să generezi soluții (să găsești căi de rezolvare) și apoi acționează ca să o depășești.

Nu te ajută la nimic să te agiți, să te enervezi, să țipi sau să-ți consumi energia pe emoții disfuncționale. Însă o atitudine calmă, focusată pe soluții, te ajută întotdeauna să depășești cu ușurință orice încercare prin care te trece viața.

Dezvoltă-ți inteligența emoțională și gândirea rațională, folosește-ți puterea interioară si astfel vei deține controlul asupra vieții tale.

2

Există două tipuri de mentalități: mentalitatea (gândirea) orientată spre supraviețuire și mentalitatea orientată spre succes.

Oamenii care au o gândire orientată către supraviețuire caută siguranța în exteriorul lor — în relațiile pe care le au cu alte persoane, în bunuri materiale, în joburi "sigure" etc.

Goana aceasta după siguranță oferită de lucruri din exterior le aduce mult stres în viață, le este mereu teamă de viitor, se agață de relații cu orice preț (chiar daca sunt toxice sau disfuncționale) de frică să nu rămână singuri și să nu se poată descurca, acceptă diferite compromisuri — în relațiile de cuplu, la job sau în alte situații și, paradoxal sau nu, de multe ori pierd chiar acele lucruri de care se atașează cu atât efort.

Posibil ca mentalitatea lor să se bazeze pe credințe de genul: "multumește-te cu ceea ce ai sau cu puțin", "fă-le altora pe plac", "ascultă de gura lumii", "lasă de la tine", "stai în banca ta", "ține capul plecat". De multe ori renunță și la demnitatea lor, se umilesc, nu își dau voie să viseze și nu au curaj să părăsească zona de confort în care se află.

Oamenii care au o mentalitate de succes știu că singura certitudine în viață este propria lor persoană, gândirea și încrederea că pot să facă față vieții orice s-ar întâmpla. Poate că nu este un lucru plăcut de recunoscut, însă este adevărul.

Acești oameni investesc mult în ei înșiși, în dezvoltarea lor personală și profesională, își dau voie să viseze, își fac un plan de acțiune și își urmează cu mult curaj, determinare și perseverență idealurile personale.

Învață din greșeli, devin din ce în ce mai înțelepți și, astfel, au succes. Își prețuiesc libertatea și de aceea nu acceptă să devină dependenți de nimeni și de nimic. Au adevărul lor propriu și nu se lasă influențați de mentalul colectiv, de ceea ce spun sau fac alții. Au relații sănătoase și funcționale cu alte persoane, nu acceptă compromisurile, nu-i manipulează pe alții ca să le servească intereselor lor, îi respectă așa cum se respectă și pe sine. Nu caută cu orice preț relațiile de cuplu, și le doresc, însă doar dacă sunt armonioase, deoarece au capacitatea de a sta și în solitudine — se simt bine în propria lor companie.

Ei știu că succesul lor depinde doar de ei, de abilitatea de a-și direcționa viața, de încrederea pe care o au în ei înșiși, de seninătatea cu care abordează viața cu tot ceea ce are ea să ofere. Sunt persoane independente care se pun pe primul loc în viața lor, însă îi ajută și pe ceilalți din plăcerea de a ajuta, fără să se aștepte la nimic în schimb.

Oamenii de succes sunt acei oameni care aduc plus de valoare societății în care trăiesc.

3

Puterea mentală autentică este dată de conștiința de sine, de gândirea corectă (rațională și logică), de capacitatea de autoanaliză și de autocontrol emoțional.

Atunci când un om atinge starea de Adult, din punct de vedere cognitiv și emoțional, are capacitatea să își automonitorizeze gândurile, cuvintele și comportamentul și să le aleagă întotdeauna pe cele care îi fac cinste. El este eliberat astfel de nevoia de validare sau de confirmare din partea altora, de laudele sau criticile subiective.

Un copil poate fi educat (condiționat) cu recompensă sau cu pedeapsă, cu laude ori cu critici, deoarece el nu are discernământ și conștiință de sine adecvată. Însă un adult, care se presupune că și-a dezvoltat aparatul cognitiv și emoțional, are capacitatea să discearnă între ceea ce este bine și rău, fără să aibă nevoie de validarea/invalidarea celorlalți.

Un alt aspect este faptul că atunci, cand suntem dependenți de laude sau de critici, putem fi foarte usor manipulați sau influențați de cei din jur ca să le corespundem nevoilor și dorințelor lor (egoiste sau egocentrice).

Adultul este independent, autonom și de sine-stătător din toate punctele de vedere. El poate să asculte părerile subiective ale altora, feedback-urile lor, însă va trece tot ceea ce aude prin filtrul propriu. Dacă a primit un feedback valoros, va mulțumi pentru el, iar dacă nu consideră că îl ajută, îl va ignora pur și simplu.

4

Autocontrolul emoțional este o abilitate care îți determină calitatea vieții tale.

Stările emoționale necontrolate, furia, tristețea, reacțiile impulsive, nerăbdarea, agitația, sensibilitatea excesivă ș.a.m.d. îți arată faptul că emoțiile tale te stăpânesc pe tine și îți influențează viața într-o manieră pe care, de multe ori, nu ți-o dorești.

Ce poți să faci ca să devii tu stăpânul emoțiilor tale?

1. În primul rând conștientizează că simți ceea ce simți ca și rezultat al felului în care procesezi tu informațiile care vin spre tine, nu stimulii în sine îți determină reacțiile. Adică, nu te enervează nimeni și nimic, ci tu alegi să gândești într-un anume fel despre acea situație sau acel om și de aceea te enervezi. Totul se reduce la felul în care gândești.

2. Atunci când simți o emoție, conștientizează acea emoție, definește-o și întreabă-te "De ce simt ceea ce simt?" "Ce gândesc despre ceea ce se întâmplă?" Vei constata că reacția ta emoțională este dată de felul în care gândești — de exemplu "nu suport...", "nu accept...", "cum își permite să...", "mă doare că...", "ar fi trebuit să facă/să fie altfel", "mă așteptam să...", "nu vreau...", "de ce nu se întâmplă cum doresc eu?", etc. Observă că ai o anumită stare emoțională datorită felului în care gândești despre ceea ce se întâmplă și nu din cauza evenimentelor exterioare.

Întotdeauna emoțiile tale sunt rezultatul felului în care procesezi (conștient sau inconștient) stimulii din exterior, care sunt, de fapt, neutrii. Tu alegi ce emoții să ai față de oamenii, întâmplările și lucrurile din viața ta.

3. După ce conștientizezi că starea ta emoțională este dată de gândurile tale, înțelegi faptul că puterea este la tine și atunci poți să iei decizia să îți schimbi gândurile care îți provoacă emoții negative cu altele care te ajută să îți păstrezi echilibrul emoțional. Poți chiar să îți

alegi prima dată starea pe care îți dorești să o ai și apoi să găsești gândurile care îți hrănesc acea stare. De exemplu, dacă vrei să fii calm, alege acele gânduri care te ajută să rămâi calm.

Am descris mai sus trei pași prin care tu poți să ai control asupra emoțiilor tale. Aplică-i cu perseverență și vei vedea că devii stăpânul minții și emoțiilor tale.

5

Unii oameni vorbesc despre conflictul dintre minte și "inimă", spunând că rațiunea și emoțiile lor îi trag în direcții diferite.

Ei folosesc această metaforă vorbind, de fapt, despre conflictul dintre mintea conștientă, bazată pe "principiul realității" și mintea inconștientă, care funcționează după "principiul plăcerii".

Adică ei știu că ar fi bine să funcționeze într-un fel, dar se lasă pradă pulsiunilor care vin din inconștient. Conflictul dintre minte și "inimă" (adică între conștient și inconștient) poate fi înțeles mai bine dacă analizăm viciile (fumat, alcool, droguri) sau dependențele oamenilor (de alte persoane, de mâncare, de shopping etc.).

La nivel rațional știu că nu este ok ceea ce fac, însă nu rezistă pulsiunilor care vin din inconștient și care se cer gratificate — adică își doresc să simtă plăcere, indiferent de prețul pe care-l au de plătit.

Atunci când conștientul nostru, mintea rațională, s-a maturizat suficient, devenim capabili să facem alegeri și să luăm decizii bazate pe gândirea logică și rațională și suntem capabili să ne înfrânăm impulsurile care vin din inconștient.

Deci, ca să soluționăm conflictul dintre minte și "inimă" tot ce avem de făcut este să ne maturizăm la nivel de gândire (și emoțional) și să dobândim înțelepciunea necesară ca să trăim echilibrat și în armonie interioară.

6

Așa cum fiecare celulă, fiecare organ și fiecare funcție a organismului nostru are un scop clar definit, mintea noastră ne este dată ca să ne putem adapta la mediu, să rezolvăm probleme și să căutăm soluții pentru a putea să supraviețuim.

Atât conștientul, cât și inconștientul nostru lucrează în permanență, observă datele din mediu, le analizează și le prelucrează. Mintea noastră nu poate să stea fără ocupație, nu poate fi oprită (decât prin meditație sau alte tehnici) și nici nu-i place să se plictisească.

Mintea are nevoie de stimulare constantă, iar dacă nu primește stimulare, își caută singură de lucru. Nu degeaba se spune că "somnul rațiunii naște monștri".

Plictiseala, blazarea, rutina, o viață lipsită de stimuli noi sau o minte care nu este direcționată către un scop constructiv, pot duce la destructurare și dezorganizare psihică. De multe ori, tulburările psihice sunt rezultatul unei minți care se plictisește și începe să-și creeze singură ocupație.

Rezultatul poate să fie unul negativ și asta are o explicație clară: deoarece scopul minții noastre este să ne asigure supraviețuirea și să ne ferească de pericole, în inconștientul nostru sunt înmagazinate imagini, trăiri, experiențe trăite sau pe care le-am văzut și care ne-au impactat la nivel emoțional și ne-au făcut să simțim frică. Acesta este unul dintre scopurile minții noastre: să scaneze mediul, să observe pericole, să le înmagazineze și apoi să ne avertizeze de câte ori o situație poate să fie una potențial periculoasă pentru noi. Dacă nu intervine rațiunea, putem să devenim sclavii fricilor noastre.

Deci, deprivarea senzorială și lipsa stimulilor (de calitate), pot duce la tulburare psihică (anxietate, depresie, ș.a.m.d., chiar halucinații și reacții de tip psihotic) sau la destructurare psihică (de ex. Alzheimer — conform principiului "use it or lose it" — "folosește-l sau îl pierzi").

Este foarte important ca mintea ta să aibă în permanență o ocupație, să fie hrănită cu stimuli de calitate și să fie focalizată către un scop. Dacă nu-ți stăpânești tu mintea, dacă nu o disciplinezi și nu îi oferi stimuli noi și probleme pe care să caute să le soluționeze, rezultatul poate fi unul extrem de neplăcut. Pune-ți mintea la treabă, hrănește-o cu stimuli de calitate și folosește-o ca să-ți construiești o viață ca în visurile tale cele mai frumoase.

7

Să trăiești conștient înseamnă să fii atent la ce gândești, la ce simți, la reacțiile și comportamentele tale. Să fii conștient înseamnă să aloci cel puțin la fel de multă atenție interiorului tău, pe cât aloci exteriorului tău.

Observă unde se duce atenția de-a lungul unei zile: la ce fac ceilalți, la evenimentele din jurul tău, la emisiuni TV, filme sau la tine, la ceea ce gândești, simți și faci.

Dacă nu ești conștient de gândurile tale, nu vei putea să observi care sunt cele care îți fac rău, care te limitează sau cele care te predispun la a trăi o viață "pe pilot automat". Dacă nu ești atent la tine, nu poți să schimbi nimic, iar viața ta va fi o viață trăită după principiul "stimul-răspuns", fără ca inteligența ta proprie să intervină în vreun fel.

Calitatea vieții tale este dată de calitatea gândurilor tale, a lumii tale interioare. Lumea are culoarea filtrelor pe care tu le aplici asupra realității. Dacă mintea ta este populată de credințe disfuncționale, limitative, de prejudecăți, etichetări simpliste sau de ignoranță, așa va arăta și viața ta.

Pentru a putea să evoluezi este necesar ca, mai întâi, să devii conștient de tine însuți, de gândurile tale. Primul pas către evoluție este conștientizarea stării actuale, iar următorul pas este schimbarea în sensul dorit de tine.

Pierzi timp prețios atunci când te lași prins la nesfârșit în tumultul vieții cotidiene și nu te oprești să reflectezi asupra ta și asupra vieții tale. Pierzi zile, luni și ani din viața ta, care nu se mai întorc niciodată, atunci când mintea ta este preocupată de lucruri care nu au importanță reală pentru tine, pentru calitatea vieții tale și pentru evoluția ta personală.

Bârfe, știri, evenimente exterioare sau centrare pe tine, pe gândurile și viața ta. Alege înțelept direcția în care se îndreaptă atenția ta!

8

În fiecare clipă gândești și simți ceva. Poți să ai gânduri/trăiri pozitive, neutre sau negative. Nu-ți lua gândurile prea în serios deoarece gândurile din mintea ta sunt ca și vremea: schimbătoare și imprevizibile. Ele vin și pleacă, însă durata și intensitatea lor depind de cât de multă atenție le acorzi.

Dacă ai o stare negativă (depresivă, anxioasă, etc.) poți fie să o depășești printr-un efort conștient de voință — adică prin dialogul tău interior să te străduiești să ieși din acea stare — fie să îi dai și mai multă putere focalizându-te excesiv pe ea.

Oamenii își fac singuri rău prin faptul că se identifică și acordă prea mare importanță gândurilor și stărilor pe care le au. Se trezesc dimineața "cu fața la cearșaf" sau se întâmplă ceva iar, apoi, ei se autoalimentează până ajung într-o spirală negativă.

Dacă nu-ți controlezi tu mintea, te controlează ea pe tine. Poți să-ți induci (conștient sau inconștient) orice fel de stare dorești. Nimeni nu te poate opri să te simți nefericit sau fericit dacă tu dorești, ești conștient de acest lucru?

În plus, adu-ți aminte de faptul că oamenii, lucrurile, evenimentele și conjuncturile din viața ta sunt toate neutre până în momentul în care tu alegi cum să te raportezi la ele.

Alege înțelept gândurile și trăirile cu care trăiești!

9

Mintea ta poate să fie stăpânul (sau chiar dușmanul) tău ori prietenul tău cel mai bun.

Ca să ai control asupra vieții tale, una dintre cele mai importante datorii pe care le ai față de tine însuți este să îți organizezi mintea. O minte ordonată este precursorul unei vieți de calitate, în care tu alegi ce să gândești, ce să simți, cum să te comporți și cum să acționezi.

Este foarte important să ai o minte structurată ca să poți să-ți dai seama cine ești cu adevărat, ce îți dorești — care sunt obiectivele și scopurile tale și cum să obții ceea ce-ți dorești.

O minte haotică, lipsită de ordine și de structură, duce la o viață trăită la întâmplare. Ai gânduri, emoții și reacții care pun stăpânire pe tine, nu ai control asupra trăirilor și impulsurilor tale, nu știi de ce simți ceea ce simți sau ai tendința să fii la cheremul influențelor și conjucturilor din viața ta.

Oamenii care au succes în viață sunt acei oameni care și-au "îmblânzit" mintea, au luat-o sub stăpânire și acum o folosesc ca să trăiască așa cum își doresc.

O minte structurată este o minte puternică, însă o minte haotică îți ia din putere și duce la o viață trăită în consecință.

Cum îți structurezi mintea? Citind cărți de specialitate — dezvoltare personală și autocunoaștere, scriindu-ți gândurile, fiind conștient de tine în fiecare clipă — de ceea ce simți și de ce simți ceea ce simți.

Participă la workshop-uri și seminarii, iar, dacă ai nevoie de mai multă susținere, apelează la persoane de specialitate care să te ajute să te cunoști și să-ți organizezi mintea.

10

"Oamenii au o curiozitate insațiabilă de a ști totul, mai puțin acele lucruri care merită știute."
(Oscar Wilde)

Bârfe, scandaluri, știri despre dezastre, accidente, crime ș.a.m.d. sunt subiectele care le atrag atenția oamenilor. Investesc timp, atenție, energie și bani ca să afle informații care nu le folosesc la nimic, care nu-i îmbogățesc cu nimic, ci doar le ocupă spațiu inutil în minte.

Crezi că ești informat sau că te ajută cu ceva în ceea ce privește calitatea vieții tale dacă ești la curent cu ultimele can-can-uri din presă sau cu ultimele bârfe de la serviciu ori din grupul de prieteni? Este complet inutil să fii preocupat de lucruri care nu au nicio importanță și nicio valoare.

Cum ar fi să faci un exercitiu ca, măcar timp de o săptămână, să nu te mai intereseze nimic din toate acestea, ci să cauți să înveți în fiecare zi ceva despre viață, despre lume, despre natură? Cum ar fi ca, atunci când suni pe cineva și, în loc să vorbiți banalități, să-l întrebi despre ultima carte citită sau să-i povestești tu lucruri interesante? Cum ar fi dacă ai ieși "la cafea" cu prietenii tăi și ai vorbi despre idei, despre artă, despre istoria umanității sau orice alt subiect care merită discutat?

Informațiile la care te expui îți sunt fie utile și te îmbogățesc, fie acumulezi date despre lucruri care nu au nicio valoare pentru tine și pentru viața ta.

Alege înțelept!

11

Un om furios nu este un om înțelept. El se lasă condus de gânduri care provin din frică, din frustrare, din resentimente, din ură, din judecarea sau neacceptarea altora, din pretențiile și autoiluzionările sale sau din sentiment de inferioritate sau de superioritate.

Oamenii se înfurie atunci când le este teamă că ar putea să piardă ceva, atunci când alții nu gândesc ca ei, când se simt atacați într-un fel sau altul în credințele și viziunea lor asupra vieții sau atunci când se simt nedreptățiți de ceilalți.

Dacă ar înțelege de unde provine furia lor și și-ar da seama că totul se reduce, de fapt, la egoismul și egocentrismul lor disfuncțional, ar dobândi înțelepciunea necesară să-și trăiască viața într-o manieră mult mai calmă și mai senină.

Cu cât devii mai conștient de tine însuți și îți asumi tot ceea ce gândești, simți și faci, cu atât devii mai înțelept. Cu cât îți dezvolți empatia și compasiunea, cu atât devii mai înțelept.

Caută să te cunoști și să-i înțelegi pe ceilalți, să schimbi ceea ce ține de tine și să accepți ceea ce nu poți schimba și vei atinge înțelepciunea!

12

"Singura persoană care poate să mă tragă în jos sunt eu însumi și nu-mi voi mai da voie să mă trag în jos."

Conștientizează, odată pentru totdeauna, că doar tu, prin gândurile tale și prin dialogul tău interior, te devalorizezi, te critici, te autoblochezi, îți hrănești fricile, te victimizezi și îți faci rău.

Tu, prin gândurile tale și acțiunile tale (sau lipsa lor), ești cel mai mare dușman al tău. Tot tu le dai voie și celorlalți să te rănească, să te facă să te simți jignit sau devalorizat. Nimeni nu poate să te tragă în jos dacă tu nu le permiți.

Fă-ți ordine în gânduri, construiește-ți o imagine de sine realistă și pozitivă și trăiește-ți viața visurilor tale!

13

"Emoțiile tale sunt sclavii gândurilor tale și tu ești sclavul emoțiilor tale."

Gândurile tale conștiente, dar și procesările de informație care au loc la nivel inconștient, sunt cele care îți determină stările emoționale, îți colorează viața și îți determină destinul.

Orice emoție pe care o simți, vine din interiorul tău și este un răspuns pe care tu îl dai, fie conștient, fie inconștient, stimulilor cu care vii în contact.

Aș vrea să reții faptul că orice stimul pe care îl percep simțurile tale (vizual, auditiv, gustativ, olfactiv, kinestezic, precum și cele care îți semnalizează ceva de la organismul tău) este neutru până în momentul în care mintea ta alege să îl interpreteze într-un fel sau altul. Deci, între stimul și emoția ta nu există niciodata o legătură directă, ci întotdeauna intervine mintea ta. Ea decide emoția, în funcție de felul în care ai învățat să te raportezi la ceea ce ți se întâmplă.

Toate acestea se întâmplă în fracțiuni de secundă și de aceea oamenii nu sunt conștienți de faptul că emoțiile lor nu se datorează stimulilor (oameni, întâmplări, lucruri etc.) ci felului în care mintea alege să proceseze acei stimuli.

Viața noastră emoțională este influențată extrem de mult de felul în care am văzut că se comportă alți oameni, de felul în care am fost învățați să gândim despre un lucru sau altul, de credințele noastre raționale sau iraționale, funcționale sau disfuncționale.

Emoțiile noastre pot fi înțelese și "disciplinate," putem să dobândim inteligența emoțională și, astfel, putem să ne eliberăm de sub sclavia lor.

Nu sunt adevărate credințe de genul: "eu așa simt și nu pot să schimb asta", "emoțiile mă copleșesc/mă controlează și eu nu am nicio putere asupra lor", "din cauza ta mă simt așa", "alții mă fac să mă simt într-un fel sau altul" ș.a.m.d.

Tu ești singurul responsabil de ceea ce simți, de calitatea vieții tale emoționale. Lucrează cu tine, informează-te, educă-te și eliberează-te de emoțiile negative.

14

Să fii furios, enervat sau iritat nu te ajută niciodată. O astfel de stare nu-ți rezolvă nicio problemă, ci doar o agravează sau te face să-ți pierzi energia inutil.

Te enervezi în trafic, te enervezi pe comportamentul altor oameni, te enervezi pentru tot felul de situații asupra cărora tu nu ai, de fapt, nici un control. La ce îți folosește asta?

Dacă ești într-o situație pe care poți să o schimbi, acționează.

Dacă nu poți să o schimbi, acceptă și mergi calm mai departe.

Adu-ți aminte că nimic din exteriorul tău nu are nicio putere asupra ta, decât atunci când tu permiți să fii perturbat prin gândurile pe care ți le repeți în minte, prin felul în care alegi să te raportezi la ceea ce ți se întâmplă.

Furia nu este o soluție, ci este o problemă în sine. Controlează-ți emoțiile și nu le mai permite să te controleze ele pe tine și vei vedea că totul va deveni mai simplu și mai ușor.

15

Reacțiile emoționale ale oamenilor la diferite situații de viață sunt de multe ori determinate cultural și le-au fost impregnate prin educație. Adică, am fost învățați ce trebuie să simțim într-o anumită împrejurare și cum este normal să reacționăm la diferiți stimuli.

Astfel, în funcție de familia și de cultura în care ne-am născut, există o anumită "normalitate" în ceea ce privește emoțiile noastre și manifestările lor. În cultura balcanică și în țara noastră sunt considerate "normale" manifestările de furie, țipetele, urletele, atacul verbal (și fizic) la adresa altora, victimizarea, depresia, frica, tristețea existențială ș.a.m.d.

Avem o toleranță nefirească față de emoții și manifestări emoționale disfuncționale, ba chiar mai mult, atunci când cineva nu reacționează în acord cu cutumele acceptate social, considerăm că este ceva în neregulă cu el și ne străduim să-l facem să se simtă vinovat sau rușinat.

"Cum, nu te enervezi pentru că...?", "Nu ești trist / distrus / deprimat... acum că...?", "Accepți așa ceva, fără să te răzbuni / fără să-i spargi capul?", "Eu în locul tău mi-aș smulge părul din cap / m-aș sinucide dacă mi s-ar întâmpla asta", "Vai, ce milă îmi este de tine, cred că ești foarte deprimat..." ș.a.m.d.

Astfel de mesaje pe care le primesc oamenii de la cei din jur îi fac să se simtă vinovați dacă nu se simt așa cum se așteaptă cei din jur să o facă. Vrem ca ceilalți să sufere "așa cum se face" în diferite situații, altfel îi arătăm cu degetul și îi bârfim.

Dragii mei, educația emoțională care se practică la noi în țară nu este una sănătoasă pentru psihicul nostru. Sunt încurajate emoțiile și manifestările emoționale disfuncționale, care ne peturbă echilibrul psihic și conduc la diferite patologii psihice și psiho-somatice (fizice).

Este necesar să rescriem felul în care gândim, felul în care ne raportăm la ceea ce ni se întâmplă, ceea ce simțim ca și consecința a gândurilor noastre. Este necesar să dobândim inteligența emoțională, să devenim stăpânii gândurilor, emoțiilor și reacțiilor noastre și să evoluăm ca ființe umane care au posibilitatea să-și aleagă felul în care percep și trăiesc.

Sănătatea mentală este unul dintre bunurile cele mai de preț ale omului și se poate dobândi și menține doar dacă ne antrenăm creierul să reacționeze funcțional și echilibrat la tot ceea ce ni se întâmplă.

16

Puterea mentală a unui om provine din felul în care își structurează gândirea, din modalitatea în care își gestionează emoțiile și din felul în care alege să acționeze, indiferent de circumstanțele în care se află.

Gândirea, emoțiile și acțiunile tale îți determină calitatea vieții.

Majoritatea problemelor pe care le au oamenii se datorează slăbiciunii mentale pe care au învățat-o de la cei din jur. Am auzit atâtea minciuni despre ceea ce avem nevoie ca să fim fericiți, despre ceea ce putem sau nu putem să facem, despre posibilitățile și limitele noastre, încât am început să le credem și să ni le repetăm singuri.

Probabil, fără să-ți dai seama, îți repeți într-una (conștient sau inconștient) aceste mesaje, iar ele stau la baza felului în care îți trăiești viața și te percepi pe tine însuți și pe ceilalți.

Cum faci diferența dintre mesajele ok pentru tine și cele care îți cauzează problemele cu care te confrunți?

Gândurile care provin din minciunile pe care le-ai tot auzit de la cei din jurul tau, te fac să te simți rău, să te simți slăbit, lipsit de voință și bucuria de a trăi.

Însă gândurile care te fac să te simți bine, te energizează și, astfel, ai chef să-ți trăiești cu adevărat viața, sunt cele care provin din puterea ta mentală și sunt cele de care este bine să asculți.

Fii conștient de ceea ce simți și, astfel, vei observa care sunt acele gânduri care fie îți alimentează puterea mentală, fie te fac sa te simți slab și lipsit de putere și, apoi, alege înțelept pe cele pe care merită să le hrănești.

17

Emoțiile sunt fluctuante, trecătoare și, uneori, ne fac să luăm decizii pe care putem să le regretăm. Rațiunea, obiectivă și logică, ne arată întotdeauna calea pe care să o urmăm.

Însă, cea mai bună cale de urmat este cea în care emoțiile și mintea ne conduc în aceeași direcție.

18

Interacțiunea cotidiană dintre oameni, în diferite conjucturi, poate fi un prilej de satisfacții reciproce sau, din contra, o modalitate prin care acumulăm frustrare, tristețe, supărare, furie, nemulțumire, ne simțim atacați, iar astfel ajungem la adevărate războaie.

Calitatea comunicării dintre oameni le determină, de multe ori, tonusul psihic și face diferența dintre o zi bună și o zi tensionată.

Dacă la locul de muncă sau acasă trăim în conflicte frecvente, care iau amploare în loc să lucrăm la dezamorsarea lor, calitatea vieții noastre are foarte mult de suferit.

Oamenii comunică prin bucle de feedback: adică cineva spune ceva, iar în funcție de interpretarea pe care o dă interlocutorul celor spuse, are o reacție și un răspuns. Nu putem întotdeauna să anticipăm cum va interpreta cineva spusele noastre, însă putem să observăm după reacția lui felul în care l-am făcut să se simtă.

Uneori, oamenii îi atacă deliberat pe ceilalți și fac asta pentru că își doresc să-i domine, pentru că în acest mod își manifestă frustrarea, supărarea, tristețea, ura, furia etc. sau pentru că își doresc ca și alții să sufere așa cum o fac ei.

La un atac putem alege să răspundem tot cu un atac, iar în acest caz pornim "războiul" orgoliilor și va câștiga cel mai agresiv sau mai încăpățânat, sau putem să avem o cu totul altă abordare: putem să ne păstrăm calmul și să ne gândim că cel care ne-a atacat are un motiv pentru care a făcut asta și să ne adresăm intenției din spatele comportamentului și abia apoi să dăm un raspuns.

De ce a răspuns cineva în mod agresiv?
- ✔ s-a simțit lezat în orgoliul său atacat;
- ✔ consideră că cea mai buna apărare este atacul;
- ✔ are o zi (sau o perioadă) încărcată, cu diferite frustrări sau supărări;
- ✔ vrea să își afirme personalitatea prin dominare;
- ✔ are complexe de inferioritate sau de superioritate;
- ✔ trăiește cu impresia permanentă că viața este un câmp de luptă;
- ✔ este anxios sau depresiv;

✔ are diferite frici și temeri.

Când începem să observăm, să înțelegem și nu doar să reacționăm, putem să începem să lucrăm la calitatea interacțiunilor noastre zilnice. Cu partenerul de viață, cu colegii sau cu șefii "isterici", cu oamenii pe care-i întâlnim întâmplător, cea mai bună variantă este să ne păstrăm calmul, să ne străduim să înțelegem de ce reacționează cineva în felul în care o face, să ne alegem atitudinea într-o manieră empatică și să dăm o altă direcție interacțiunii dintre noi.

Fă acest efort în primul rând pentru tine, pentru calitatea vieții tale și apoi pentru cei din jurul tău. Oamenii te vor aprecia și te vor respecta mult mai mult dacă vei deveni un model de calm și înțelepciune, relațiile tale vor fi mult mai armonioase și satisfacătoare și tu vei fi cel care deține de fapt puterea.

Alege să nu mai reacționezi impulsiv ci fii cel care își alege răspunsurile și acțiunile!

19

Uneori singura libertate pe care o are un om este să-și aleagă răspunsul (reacția) la o anumită situație.

Ni se întâmplă în viață să fim puși în diferite circumstanțe care nu depind de voința noastră: un accident, o trădare din partea ființei iubite sau din partea unui prieten, moartea unei persoane dragi, concedierea de la locul de muncă, o boală ș.a.m.d.

Astfel de întâmplări putem alege să le înrăutățim prin reacțiile noastre — să ne tulburăm și la nivel psihic atunci când viața ne pune în situații neplăcute — sau putem să ne păstrăm demnitatea și să nu recurgem, poate, la acte care ne vor face existența și mai grea decât o avem în acest moment.

Adică, putem să ne înfuriem, să facem crize de nervi, crize de isterie, să spargem tot, să-l lovim pe cel despre care gândim că ne-a trădat, să fim disperați, să urlăm ș.a.m.d. Sau... putem să alegem să ne păstrăm autocontrolul, să nu reacționăm impulsiv, ci să ne focusăm atenția pe evaluarea problemei și imediat să începem să gândim soluții pentru a o rezolva și depăși.

Este normal să simțim tristețe, supărare, dezamagire și să ne dăm timp ca să integrăm cele întâmplate în psihicul nostru. Însă toată energia psihică pe care o investim în emoții disfuncționale, ne îndepărtează de la rezolvarea problemei și, de multe ori, o face să pară mai rea decât este în realitate.

Emoțiile tale depind doar de tine: de cât de mult le conștientizezi și îți dorești să le stăpânești. Inteligența emoțională și autocontrolul emoțional sunt pilonii care determină felul în care arată viața ta — cât de ușor depășești problemele și cât de mult reușești să te bucuri de viață.

20

Scopul principal al minții noastre, al inteligenței noastre, este abilitatea de a rezolva probleme. De aceea ni se tot spune că este important să avem obiective și țeluri, pe termen scurt, mediu și lung, să ne focalizăm mintea pe provocări și să ne depășim constant zona de confort — de cunoscut și de rutină.

Dacă nu îi dai minții tale probleme de care să se ocupe, ea va încerca să găsească probleme acolo unde nu sunt, de fapt. Poate că vei simți o stare de anxietate sau de angoasă, vei avea o stare difuză de neliniște sau de îngrijorare, te vei simți plictisit sau blazat.

Ai nevoie de un optim motivațional ca să te simți bine cu tine, în compania minții tale. Adică să nu fii nici plictisit și nici prea stresat.

Dacă nu ai planuri, obiective sau țeluri de urmat, poate că astăzi este cel mai bun moment ca să te gândești să-ți faci.

Fii arhitectul propriei tale vieți, a propiei tale realități, oferă-i minții tale stimularea de care are nevoie și vei vedea că te vei simți mult mai bine!

21

În mintea umană există premisele pentru orice fel de percepție asupra realității, există sâmburi pentru toate "tulburările" psihice, precum există și capacitatea de a accesa orice fel de emoții.

Fiecare om poate să fie furios, invidios, să urască, să distrugă, așa cum poate să iubească, să creeze frumosul, precum poate și să dezvolte, în anumite condiții, orice formă de tulburare mentală (sau comportamentală).

Până la urmă, totul se reduce la conștientizare și alegere: să știi că poți să fii și să gândești exact așa cum dorești, să-ți alegi emoțiile, comportamentele și atitudinea, să decizi pe ce anume dorești să-ți focalizezi atenția și energia.

Poți să alegi să fii bun, să-ți setezi în mintea ta filtre luminoase prin care să te percepi pe tine însuți și realitatea, sau poți alege să fii urâcios ("hater" în terminologia contemporană) și să cauți mereu motive ca să te înfurii, să urăști, să fii negativist, să distrugi...

Calitatea vieții noastre este dată de calitatea gândurilor pe care le accesăm. Aceasta este singura diferență între oameni: felul în care gândesc, despre ei înșiși și despre viață.

Oricum, totul este doar o iluzie pe care o creăm în mintea noastră, așa că depinde de noi ce poveste alegem să trăim: dramă, tragedie, comedie, thriller, de groază, romantică, realistă ș.a.m.d.

Tu ești scenaristul, producătorul, personajul principal și regizorul poveștii tale, așa că ai întreaga putere să decizi cum vrei să arate viața ta, sau cum vrei să o percepi și, de asemenea, ce fel de rol joci și pe cine ai alături în cocrearea poveștii tale.

Alege înțelept ce este mai bine pentru tine!

22

Emoțiile fac parte din experiența umană și dau culoare vieții noastre. Însă, dacă nu știm să le stăpânim, pot să ne facă mult mai rău decât bine.

Provocarea pe care o avem în fiecare zi de a ne gestiona emoțiile este de o importanță deosebită pentru calitatea vieții noastre. Dacă ne dăm voie să accesăm emoții care ne fac să ne pierdem controlul sau ne tulburăm echilibrul biofizic, ne predispunem la diferite tulburări sau chiar boli psiho-somatice. Furia, depresia, vinovăția, rușinea, anxietatea, ura, frustrarea, gelozia, invidia etc., sunt emoții disfuncționale care îți perturbă viața.

Inteligența emoțională este un subiect asupra căruia fiecare dintre noi ar fi bine să se aplece. Este necesar să-ți identifici emoțiile, să le înțelegi și apoi să acționezi rațional asupra lor, în așa fel încât să accesezi emoții funcționale și nu disfuncționale.

Tot ceea ce vezi, mirosi, auzi, guști sau atingi este trasformat în celule în semnale electrice care ajung la creierul tău. La fel se întâmplă și cu senzațiile care vin din interiorul organismului tău și cu gândurile conștiente (sau inconștiente). Aceste semnale electrice intră la baza creierului, lângă șira spinării și parcurg distanța până ajung la lobul frontal (în spatele frunții) înainte de a ajunge în locul unde își are lăcaș gândirea logică și rațională. În călătoria lor ele trec prin sistemul tău limbic, locul unde sunt produse emoțiile. Astfel, tu simți emoția înainte de a începe să gândești rațional despre ceea ce simți. Însă totul se întâmplă în fracțiuni de secundă.

Partea rațională din mintea ta (partea frontală a creierului) nu poate să oprească emoțiile pe care "le simte" sistemul tău limbic, însă cele două porțiuni ale creierului se influențează între ele și au o comunicare constantă.

Comunicarea dintre "creierul" tău emoțional și cel rațional este localizarea fizică a inteligenței tale emoționale. Deci, inteligența emoțională are nevoie de o comunicare eficientă între centrii emoționali și raționali din creier.

Inteligența emoțională are nevoie de antrenament în așa fel încât tu să devii stăpânul emoțiilor tale și nu ele să fie cele care îți guvernează viața.

Dacă îți alegi răspunsurile emoționale la stimulii pe care îi percepe organismul tău — fie din interiorul său, fie din exterior — poți să ajungi în timp să-ți "dresezi" mintea și să accesezi doar acele răspunsuri emoționale pe care ți le dorești. Asta înseamnă să ai autocontrol emoțional, iar acest autocontrol este parte din ceea ce presupune să fii o ființă umană conștientă de sine și evoluată.

Este doar o chestiune de conștientizare și de voință. Noi, oamenii, suntem singura specie care are rațiune, astfel că nu avem nicio scuză să ne lăsăm copleșiți de emoții primare și disfuncționale. Nu există "nu mă pot controla", "sufăr pentru că nu am de ales", "nu pot să aleg ceea ce simt" ș.a.m.d. Repet, este doar o chestiune de alegere, voință și antrenament.

Calitatea vieții tale, succesul tău în viață, relațiile cu tine însuți și cu cei din jur, sunt toate dependente de inteligența ta emoțională.

Controlează-ți emoțiile și nu le mai permite să-ți guverneze viața sau să-ți facă rău!

23

Cel mai mare rău, precum și cel mai mare bine, ți-l faci tu, cu gândurile tale.

Depresia, anxietatea, nevrozele și chiar psihozele sunt rezultatul felului în care gândești, a felului în care te percepi pe tine și te raportezi la realitate.

O gândire în care hrănești constant gânduri negative, în care ai un dialog interior focusat pe negativ și percepi realitatea într-o manieră sumbră, te va duce, mai devreme sau mai târziu, la o tulburare de un fel sau altul.

Sunt mulți oameni care și-au creat în mintea lor o realitate atât de disfuncțională, încât se luptă clipă de clipă cu trăiri emoționale sufocante și debilitante. Nu se mai pot bucura de viață, de ei înșiși, de nimic din ce le poate oferi viața, iar, uneori, ajung chiar să piardă contactul cu realitatea. Trăind zi de zi o viață care pare o povară (și asta pentru că o percep în acest fel) se gândesc chiar să-și ia viața, iar unii chiar o fac...

Suferința psihică este cea mai grea formă de suferință.

Dacă ai gânduri care te fac să suferi, dacă ți-a pierit zâmbetul și bucuria de a trăi, nu aștepta să se agraveze, ci apelează la un ajutor specializat.

Nu este normal să trăiești cu anxietate, nu este normal să ai atacuri de panică, nu este normal să fii trist tot timpul, nu este normal să fii stresat, furios, frustrat, nemulțumit, nu este normal să nu-ți placă de tine și de viața ta.

Viața nu trebuie să fie o povară, ci un prilej de bucurie. Așa cum există medici pentru diferitele probleme fizice cu care ai putea să te confrunți, la fel există și specialiști care te pot susține ca tu să îți găsești bucuria de a fi și de a trăi.

Nu îți neglija sănătatea psihică pentru că ea influențează și sănătatea ta fizica, într-o foarte mare masură. Totul "pornește de la cap", așa că acordă-i importanța cuvenită.

Meriți să fii fericit și să te bucuri de viață!

24

Datorită educației noastre, cu diferite influențe, suntem mult mai predispuși să observăm ce nu este ok cu noi, cu viața noastră și cu ceilalți.

(Ne) criticăm, (ne) judecăm, (ne) etichetăm, (ne) desconsiderăm, (ne) devalorizăm și facem asta cumva pe pilot automat.

Am observat că la mulți oameni proporția dintre gândurile negative și pozitive din mintea noastră (față de noi înșine, față de ceilalți și față de viață în general) este net superioară în favoarea celor negative.

Ce putem face ca să schimbăm acest raport?

În primul rând, când ne trezim dimineața, primul lucru pe care putem să-l facem cu ușurință este să ne focalizăm pe minim trei lucruri pentru care suntem recunoscători că există în viața noastră.

Apoi, să ne focalizăm mintea pe acele lucruri care ne vor aduce bucurie în ziua respectivă și, dacă nu găsim nimic, să ni le creăm.

Iar la sfârșitul zilei, înainte de a adormi, să facem o retrospectivă a zilei și să apreciem toate micile reușite, toate acele lucruri pe care le-am făcut și ne-au adus bucurie. Adică, să ne focalizăm pe ceea ce ne place, nu să "preamărim" aspectele negative ale existenței noastre.

Mintea ta are nevoie de exercițiu ca să poată să se focalizeze pe aspectele pozitive, iar dacă faci ceea ce ți-am spus mai sus, vei vedea că ponderea gândurilor pozitive va avea tendința să devină o permanență în viața ta.

Meriți să gândești frumos despre tine și să te bucuri de viață!

25

Mulți oameni au un critic interior foarte agresiv, punitiv și care le induce sentimente de vinovăție, rușine, frustrare, nemulțumire, lipsă de încredere în ei înșiși ș.a.m.d.

Recunoști vocea aceea din mintea ta? Este cea care îți repetă constant "nu meriți", "ești prost", "nu ai cum să reușești", "dacă faci asta o să pățești acel lucru", "nu ești suficient de bun", "alții sunt norocoși, tu nu" etc. Sunt convinsă că auzi astfel de mesaje în mintea ta sau variațiuni pe aceeași temă.

Te-ai întrebat vreodată de ce gândești așa, de ce vorbești astfel cu tine însuți? Cui aparține, de fapt, acea voce? Oare cum îți vorbeau părinții tăi în copilărie? O auzi pe mama ta/tatăl tău sau alte persoane care au contribuit la educația ta care îți spuneau astfel de lucruri? Tot ce ai făcut tu a fost să introiectezi (adică să aduci în interiorul minții tale) felul în care s-au raportat alții la tine.

Atunci când suntem copii, mai ales până la vârsta de 5-6 ani, creierul nostru se află într-o stare similară cu starea de hipnoză, adică este foarte ușor influențabilă și manipulabilă din exterior. Tot până la acea vârstă, fiecare dintre noi își scrie scenariul vieții sale, pe baza întâmplărilor și feedback-urilor primite în acea perioadă, iar acel scenariu rămâne profund întipărit în inconștient și pe baza lui ne formăm personalitatea viitoare și felul în care ne vom trăi viața. Ne vom strădui din răsputeri să transpunem în realitate ceea ce am creat în mintea noastră foarte devreme în viață.

Da, știu, este greu pentru tine să crezi că ți-ai scris scenariul vieții la o vârstă atât de fragedă, însă orice psiholog/psihoterapeut știe asta cu certitudine.

Ceea ce poți tu să faci acum este să devii conștient de toate gândurile care te fac să te simți rău, de toate mesajele și credințele limitative pe care le-au plantat alții în mintea ta, și să le rescrii în așa fel, încât să te simți bine cu tine însuți și să-ți rescrii scenariul vieții tale, așa cum o visezi.

Începe cu vocea aceea din mintea ta. Nu-i mai permite să te facă să te simți prost cu tine însuți, ci vorbește-ți ca și cum ai vorbi cu prietenul tău cel mai bun. Acceptă-te exact așa cum ești acum, nu te mai pedepsi pentru ceea ce nu este ok cu tine, ci asumă-ți responsabilitatea și fă schimbările necesare, până în momentul în care vei trăi frumos și în armonie cu tine însuți.

Alții te-au influențat într-o manieră care nu-ți face bine, însă este responsabilitatea ta să alungi acele voci din mintea ta și să-ți vorbești și să te comporți cu iubire și prețuire față de tine însuți.

26

Puterea mentală este cea pe care trebuie să ne bazăm, indiferent de circumstanțele care ne înconjoară. Unii oameni sunt mai puternici la nivel mental decât alții, însă vestea bună este ca puterea mentală poate fi dobândită – exact la fel ca puterea fizică.

Ce înseamnă să ai o minte puternică?

O minte puternică are capacitatea de a opri gândurile care îi induc frica și neputința și se focalizează pe a înlătura obstacolele din calea obiectivelor. Credințele limitative sunt identificate și înlăturate, rând pe rând, prin dialog interior.

O minte puternică are ca și caracteristici curajul, încrederea în propriile resurse, capacitatea de a persevera în ciuda dificultăților, determinarea, ambiția și controlul.

A fi în control înseamnă să ai capacitatea de a te automotiva și de a influența direcția și rezultatele pe care le obții în viață. A fi în control presupune să ai certitudinea că poți să-ți autodetermini existența în loc să aștepți pasiv orice îți pune în cale viața.

Dacă ai o minte care se mulțumește cu mediocritatea, să nu fii surprins de rezultatele pe care le obții în viață.

A-ți întări mintea este un obiectiv pe care trebuie să-l ai în vedere mereu de-a lungul vieții. Dacă te focusezi constant pe a avea o minte puternică, la un moment dat vei deveni o persoană puternică, iar puterea va face parte din identitatea ta.

27

Credințele, "filtrele" tale, îți îngustează percepția asupra realității și te limitează la a observa și a crede doar ceea ce este în acord cu ele.

De exemplu, dacă tu crezi că oamenii sunt răi sau că viața este o luptă, vei avea tendința să cauți, conștient și inconștient, acele dovezi care îți confirmă și îți întăresc aceste credințe. Vei fi "orb" și vei avea tendința să treci cu vederea orice dovadă care contravine cu credința ta și, astfel, pe măsură ce înaintezi în viață, gândurile tale limitative vor avea din ce în ce mai multă putere asupra ta.

Însă, dacă alegi să fii deschis și să vezi viața fără idei preconcepute, vei putea să observi nuanțele și să trăiești în realitate, așa cum este ea.

28

În anumite momente din viață, când suntem stresați și obosiți, când nu ne hrănim cum ar trebui, când acționează asupra noastră tot felul de stimuli care ne fac să ne simțim inconfortabil, mintea noastră începe să fie populată de gânduri anxioase, depresive, obsesive, paranoice ș.a.m.d. Mintea fiecăruia dintre noi are propriile sale metode de a ne arăta că nu facem bine ceva cu noi înșine sau cu felul în care trăim.

Este bine să recunoști aceste gânduri ca fiind iraționale, să nu le dai putere luându-le în serios, ci să te străduiești să le depășești. Odihnește-te, hrănește-te corespunzător, acționează asupra stimulilor stresori sau negativi și elimină-i pe cât posibil, și vei vedea că acele gânduri iraționale vor dispărea din mintea ta.

Dacă le dai putere, dacă te concentrezi asupra lor și le validezi mai mult decât trebuie, ele îți vor acapara mintea și te vei adânci din ce în ce mai mult în stări anxioase, depresive, obsesiv-compulsive etc.

Ar fi bine să percepi aceste gânduri ca pe un semnal că e necesar să schimbi ceva la tine însuți sau la conjunctura în care te afli acum, să acționezi și să le depășești. Folosește-ți puterea să treci peste aceste gânduri iraționale și în niciun caz nu le valida ca fiind reale.

29

Să fii echilibrat și puternic din punct de vedere emoțional înseamnă și să știi în ce anume merită să-ți investești energia.

Un om puternic din punct de vedere emoțional nu-și pierde timpul focusându-se pe lucruri pe care nu le poate controla. El știe că nu are niciun sens să se enerveze, de exemplu, pentru că plouă sau pentru că sunt blocaje în trafic.

Un om puternic emoțional știe că, uneori, singurul lucru pe care îl poate controla este atitudinea sa.

Pacea interioară începe atunci când nu mai permiți ca evenimentele sau oamenii să-ți controleze emoțiile, ci tu ești în controlul gândurilor și trăirilor tale.

30

Majoritatea problemelor din viața noastră sunt cauzate de faptul că facem o dramă din ceea ce ni se întâmplă.

Ne enervăm, facem crize, plângem, căutăm răzbunare, invidiem, urâm, judecăm, etichetăm, devalorizăm, sabotăm, ne credem superiori sau inferiori, ne luptăm cu ceilalți, bârfim, manipulăm, șantajăm, jucăm teatru și purtăm măști, suntem intoleranți la orice "greșeală" a altora în timp ce noi ne credem "perfecți", vânăm greșelile ca să-i putem face pe ceilalți să se simtă vinovați sau să se rușineze, vrem să dominăm prin frică și să-i supunem pe ceilalți capriciilor noastre ș.a.m.d.

Noi, oamenii, am creat o realitate din care vrem să evadăm cu toții, însă tot noi o întreținem prin atitudinea noastră.

Cum ar fi să contribuim la crearea unei altfel de realități?

O realitate în care putem să râdem de propriile noastre greșeli și să fim toleranți cu ale celorlați știind că nimeni nu-i perfect, una în care diferențele interindividuale sunt apreciate, comunicarea este deschisă, sinceră și "ecologică", regulile sunt flexibile și orice dramatizare este inutilă.

O realitate în care să fim **raționali** și **pozitivi**, să căutăm soluții la orice ni se întâmplă și să luăm viața exact așa cum este ea, fără drame și scene de tip telenovelă.

Mi te alături în această nouă creație?

31

Observi de multe ori că gândurile, trăirile sau comportamentele tale îți afectează relația cu tine însuți sau cu cei din jur. Nu te simți bine în pielea ta, ești trist, furios, anxios etc., sau ai relații disfuncționale și/sau conflictuale cu semenii tăi.

Ești tentat "să dai vina" pe alții sau pe circumstanțe pentru felul în care simți și trăiești, iar ceilalți sunt "de vină" pentru neînțelegerile dintre voi.

Nu se pune problema să te schimbi deoarece așa ești tu, așa ai fost dintotdeauna. De ce să muncești la tine, să-ți modifici felul de a fi sau felul în care te percepi pe tine, pe ceilalți sau viața în ansamblul său? Mai bine să se schimbe alții și mediul în care trăiești ca să ți se creeze ție confortul de care ai nevoie.

Dacă te regăsești în rândurile de mai sus, am o veste bună și una și mai bună pentru tine.

Starea ta emoțională, gândurile tale și comportamentele tale îți aparțin în proporție de 100%. Deci, depinde doar de tine să alegi să fii altfel.

A doua veste bună este că dacă tu te schimbi și relațiile tale se vor modifica, în acord cu felul în care alegi tu să relaționezi cu ceilalți.

Totul depinde doar de tine!

32

Majoritatea problemelor de zi cu zi ale unui om nu sunt date de situațiile în sine, ci de ceea ce alege să simtă față de acele probleme.

Emoțiile de tipul furiei, depresiei, frustrării, stresului etc. sunt date de modul în care alegem să ne raportăm la situațiile din viața noastră cotidiană.

Un om echilibrat, evoluat din punct de vedere psihic și spiritual, care a depășit modalitatea de reacție automată pavloviană de tip stimul-răspuns, știe faptul că între un stimul și răspunsul emoțional (sau comportamental) stă rațiunea sa, modalitatea în care alege să gândească despre problemă și să se raporteze la ea.

Putem să ne lăsăm pradă emoțiilor disfuncționale și să reacționăm într-o manieră "primară" sau putem să ne folosim rațiunea.

Atunci când te confrunți cu situații neplacute, poți să alegi să **simți** (furie, disperare, stres, frustrare ș.a.m.d.), sau poți să alegi să **gândești** și să te focalizezi pe soluțiile care rezolvă problema.

Emoțiile nu vor rezolva problema, ba chiar mai mult s-ar putea să te afunzi și mai mult în ea, însă rațiunea te va ajuta să rezolvi atât problema cât și să-ți menții echilibrul psiho-emoțional.

De multe ori, emoțiile sunt inutile și chiar distructive, însă rațiunea este cea care te ajută să ieși la liman.

Tu cum procedezi? Alegi să te focalizezi pe cum te face să te simți o problemă sau te focalizezi pe rezolvarea ei?

33

Corpul tău fizic se reînnoieste în fiecare clipă. Celule mor, iar altele se nasc și le iau locul. Toate organele tale comunică între ele și se regenerează, influențate de gândurile, credințele și comportamentele tale.

Starea ta de sănătate fizică depinde mai mult decât crezi de informațiile pe care le accepți și hrănești cu mintea ta, așa că fiecare clipă este un moment bun să începi să gândești și să fii sănătos.

34

"Realitatea" ta este dată de gândurile tale, conștiente sau inconștiente, iar ele sunt cele care îți creează stările emoționale. Majoritatea gândurilor din mintea ta sunt preluate de la cei care te-au crescut, de la cei din jurul tău și din mediul în care te-ai format și trăiești.

Dacă ai avut lângă tine persoane anxioase, neîncrezătoare în ele însele sau în viață, depresive ori guvernate de diferite frici, există mari șanse ca și tu să fi preluat aceste modalități de gândire.

Primul pas ca să te eliberezi de acești "viruși" din mintea ta este să nu crezi tot ceea ce gândești.

Poți să alegi să procesezi informația așa cum ai făcut-o și până acum, iar asta să însemne că simți anxietate, depresie, frică ș.a.m.d., sau poți să începi să cauți alte modalități de gândire care să-ți dea starea de calm, încredere, curaj etc.

Realitatea ta, atitudinea ta și, în consecință viața ta este dată de calitatea gândurilor tale, așa că alege cu înțelepciune ce gânduri hrănești și ce gânduri elimini din mintea ta.

35

Depășirea stresului și suferinței: ar fi minunat, atât pentru sănătatea ta fizică, cât și pentru cea psihică, să alegi să depășești cât mai repede stresul sau suferința.

Este normal să simțim stres atunci când ne lovim de situații despre care credem, pe moment, că ne depășesc capacitatea de adaptare sau atunci când avem "prea multe pe cap", însă este bine să știi că stresul reprezintă, de fapt, modalitatea prin care alegi să gândești despre ceea ce ți se întâmplă. Același lucru se întâmplă și atunci când suferi — după o pierdere sau atunci când lucrurile nu se desfășoară cum dorești tu.

Însă nu este normal să trăiești permanent în stres sau să nu-ți dorești să depășești suferința. Stresul sau suferința psihică îți afectează organismul pe foarte multe paliere și provoacă multe dezechilibre în organism.

Vreau să conștientizezi faptul că nu evenimentele în sine îți susțin stresul sau suferința ci modalitatea în care tu alegi să gândești despre ceea ce ți se întâmplă... Așa că poți oricând să decizi că nu mai dorești să fii stresat sau suferind și să începi, prin dialogul tău interior să te raportezi altfel la ceea ce se întâmplă în viața ta, dorindu-ți să fii calm și să ai o atitudine constructivă (și nu inutilă sau distructivă) față de stimulii la care ești expus.

Alege-ți stările emoționale cu înțelepciune și, astfel, calitatea vieții tale va fi cu mult îmbunătățită.

36

Multe dintre suferințele psihice ale oamenilor, emoțiile lor negative cum ar fi depresia, furia, tristețea, dezamăgirea, invidia, frustrarea etc., sunt doar niște gânduri, niște modalități prin care alegem să ne raportăm la ceea ce ni se întâmplă sau la ceea ce credem că suntem.

Așteptările nerealiste (sau egoiste) pe care credem că suntem îndreptățiți să le avem de la cei din jur sunt o altă categorie majoră de supărare sau de deziluzie.

Dacă simți acum vreuna dintre trăirile enumerate mai sus, întrabă-te care sunt acele gânduri care susțin emoțiile respective. "Nu accept să...", "mă aștept să...", "ar trebui ca el/ea să...", "este groaznic faptul că...", "nu este corect ca..." ș.a.m.d., sunt, de fapt, gândurile care îți susțin acele trăiri.

Care este soluția? Oricât de greu ți s-ar părea acum, singura variantă este să-ți schimbi tu modul de gândire și de raportare la diferiți stimuli. Poți să duci o muncă de Sisif ca să încerci să-i schimbi pe ceilalți sau lumea, în general, sau poți să te schimbi pe tine ca să poți să accepți faptul că nimeni nu a venit pe lume ca să te facă pe tine fericit și nici lumea nu trebuie să se transforme doar pentru că tu dorești asta.

Schimbă-te tu și lumea ta se va schimba. Soluția este întotdeauna în interiorul minții tale, nu în exteriorul tău!

37

Viața de zi cu zi ne poartă prin tot felul de situații mai plăcute sau mai puțin plăcute și toate aceste întâmplări ne amprentează la nivel emoțional.

Cu emoțiile pozitive ne descurcăm mai ușor, însă evenimentele care ne cauzează tristețe, furie, dezamăgire etc., sunt cele care ne pun probleme.

Uneori se întâmplă să nu avem timpul necesar să ne dăm voie să procesăm imediat ceea ce ni s-a întâmplat și avem tendința să îngropăm în inconștient aceste trăiri. În timp, inconștientul nostru devine supraîncărcat de toate aceste emoții neprocesate și ne va fi afectată starea generală (știi acele dimineți când te trezești și ești prost dispus, aparent, fără niciun motiv imediat?)

Pentru a menține "curățenia" la nivelul minții noastre este necesar să ne dăm timp să procesăm și să integrăm adecvat ceea ce ni s-a întâmplat. Tristețea, dezamăgirea, furia, nemulțumirea, frustrarea etc., îngropate "de vii" rămân la aceeași intensitate și în aceeași formă în inconștientul nostru.

Atunci când ți s-a întâmplat ceva ce te-a afectat la nivel emoțional, stai puțin timp cu tine, dă-ți voie să trăiești emoțiile respective, străduiește-te să înțelegi ce ți s-a întâmplat și de ce, și ce anume poți să înveți din asta, iar apoi mergi mai departe eliberat de povară.

Curățenia pe care o faci ori de câte ori este nevoie la nivelul minții tale este la fel de necesară ca și curățenia corpului sau a casei tale!

38

Reprimarea gândurilor și emoțiilor tale, blocarea lor în inconștient va duce la o acumulare uriașă de energie. Încărcătura va fi similară cu cea a apei din spatele unui baraj, iar când ajunge într-un punct critic va exploda.

Primele semne sunt cele de anxietate, dar se poate ajunge și la patologii psihice grave.

O altă modalitate prin care încărcătura energetică se descarcă este prin diferite boli/tulburări psiho-somatice.

A-ți nega trăirile, a-ți nega părți ale personalității tale reprezintă o modalitate nefericită de a-ți trăi viața...

Fii tu însuți, exprimă-ți gândurile și emoțiile într-o manieră "ecologică" și trăiește în acord cu tine însuți, cu sinele tău real! Doar așa poți să-ți păstrezi sănătatea psihică și fizică și să trăiești o viață împlinită, cu bucurie.

39

Drama din viața ta este creată de gândurile pe care alegi să le hrănești în mintea ta.

Dacă alegi să gândești despre un lucru care ți s-a întâmplat că "este groaznic", "de ce trebuia să mi se întâmple una ca asta", "nu vreau să accept", îți vei genera emoții în consecință — depresie, furie, anxietate ș.a.m.d.

Pe lângă faptul că sunt inutile astfel de modalități de gândire, ele te și îndepărtează de rezolvarea oricărei probleme și pentru că emoțiile generate astfel te vor seca de energie.

Rămâi calm, rațional, focalizează-ți atenția pe căutarea de soluții, sau pe acceptarea situațiilor pe care nu le poți schimba, și mergi înainte cu viața ta.

AI ÎNCREDERE ÎN TINE ȘI FII AUTENTIC

> *"Individul a dus mereu o luptă pentru a nu fi copleşit de către trib. Dacă încerci să faci asta, vei fi singur adesea şi câteodată înspăimântat. Dar niciun preţ nu este prea mare pentru privilegiul de a-ţi aparţine în totalitate."*
>
> (F. Nietzche)

1

Dacă nu crezi cu adevărat că poţi să ai tot ceea ce-ţi doreşti, dacă ai temeri, dacă nu ai încredere în tine şi în puterea ta de a-ţi determina destinul, nu vei avea succes oricât de mult te-ai strădui.

Unor oameni le este atât de teamă de succes, că se vor autosabota (conştient sau inconştient) ca să nu-l obţină.

Nu poţi să lupţi împotriva credinţelor tale care te limitează dacă nu eşti conştient de ele şi nu le rescrii.

Nu are niciun sens să speri, să te rogi, să te aştepţi la o minune, dacă ceva din tine nu crede şi nu acceptă succesul sau victoria.

Victoria aparţine celor care cred cu tărie în ei înşişi, în oportunităţile pe care le oferă viaţa, celor care valorifică cu determinare, perseverenţă şi curaj toate resursele pe care le au, adică acelora care sunt aliniaţi pe deplin cu succesul.

2

Tolerarea incertitudinii este un precursor al liniștii interioare, iar ca să poți să accepți incertitudinea ai nevoie de încredere în tine.

Nu prea avem parte de certitudini în viață, nu putem să fim siguri că lucrurile se vor întâmpla exact așa cum ne dorim noi sau că oamenii se vor comporta așa cum ne imaginăm. Oricât de bine știm să planificăm și oricât de multe predicții facem asupra viitorului, viața ne ia de multe ori prin surprindere.

Uneori, nu are niciun sens să căutăm certitudinea și siguranța pentru că sunt prea mulți factori care nu depind de voința noastră (vremea, alți oameni, circumstanțele ș.a.m.d.)

Ca să putem tolera incertitudinea, este necesar să avem încredere în noi înșine și să știm că indiferent ce se va întâmpla, vom ști cum să acționăm sau să reacționăm, în orice circumstanțe, în așa fel încât să ne atingem obiectivele ori să obținem ceea ce ne dorim.

Incertitudinea dată de factorii din exterior nu o poți controla, însă poți să devii un om puternic, încrezător în sine și în propriile sale forțe, care se descurcă în orice circumstanțe.

Să te aștepți la orice și să fii pregatit să faci față vieții, bazându-te pe tine, pe abilitățile tale și pe înțelepciunea ta, asta înseamnă să fii capabil să tolerezi cu seninătate incertitudinea.

3

Nu poți să ai o viață frumoasă atunci când gândurile tale sunt negative.

Nu poți să ai succes atunci când nu ai încredere în tine că poți și că meriți asta.

Nu poți să fii un învingător cu o mentalitate de victimă.

Dacă tu nu crezi în tine, dacă nu crezi că poți și că vei reuși să-ți creezi viața pe care ți-o dorești, cum de mai aștepți vreun "miracol" ca viața ta să se schimbe?

Succesul și reușita se construiesc pas cu pas.

Primul pas este să-ți doresti, al doilea este să ai încredere în tine și în puterea ta de a-ți realiza visurile, al treilea este să acționezi și al patrulea este să fii perseverent în a-ți urmări obiectivele.

Gândește pozitiv, focusează-ți atenția și energia pe ceea ce-ți dorești și acționează. Așa apar miracolele în viața ta!

4

Falsitatea, măștile, prefăcătoria, compromisurile sunt cele care îți cauzează suferință. Așteptările greșite sau nerealiste, fricile și lipsa de încredere în tine însuți și în viață sunt cele mai dureroase experiențe ale existenței tale.

Relațiile superficiale și interacțiunile de la mască la mască, relațiile de cuplu toxice de care te agăți din diferite frici iraționale, falsitatea, minciuna și ipocrizia din relaționările tale sunt sursele suferințelor tale.

Odată ce conștientizezi ceea ce-ți face rău, poți să alegi altfel și să te îndepărtezi de tot ceea ce este fals sau bazat pe diferite tipuri de compromis. Adevărul, autenticitatea și verticalitatea te eliberează și îți aduc bucuria de a trăi.

Alege să spui NU falsității și DA adevărului și toată existența ta se va schimba într-un mod miraculos!

5

Mulți oameni au conflicte interioare, se judecă, se critică, nu cred că sunt suficient de buni sau se focalizează excesiv pe defectele lor (adică pe aspectele care pot fi îmbunătățite). Nu știu să se aprecieze și nu știu să accepte complimente de la cei din jur.

Dacă ești și tu unul dintre ei, vreau astăzi să-ți atrag atenția asupra faptului că nu te ajută la nimic să nu te placi pe tine. Dacă tu nu te accepți sau nu-ți prețuiești ființa, nu vei avea puterea să schimbi acele lucruri care te nemulțumesc în prezent.

Hai să avem o altă abordare: fă-ți astăzi o listă cu toate calitățile tale, cu reușitele tale, cu acele aspecte care îți plac la tine și, de asemenea, fă-ți o listă și cu lucrurile pe care dorești să le îmbunătățești. Acceptă faptul că tu ești astăzi așa cum ești, apreciază-te pentru tot ceea ce-ți place la tine și apoi fă-ți un plan în care stabilești să te ocupi de remedierea "defectelor" tale... și apucă-te de treabă!

Tu ești ok exact așa cum ești acum, iar dacă dorești să schimbi ceva, asumă-ți responsabilitatea și fă-o! Tu deții toată puterea asupra vieții și persoanei tale.

6

Felul în care tu te porți cu tine stabilește standardele și pentru ceilalți.

Nu te aștepta să fii respectat dacă tu nu te respecți, nu te aștepta să fii iubit dacă tu nu te iubești, nu te aștepta ca oamenii să fie sinceri cu tine dacă tu te minți singur.

Dacă nu stai bine la capitolul stimă de sine, vei accepta să fii jignit, folosit și poate chiar umilit de cei din jurul tău — mai ales într-o relație. Dacă îmbrățișezi postura de victimă, nu te mira că ai parte de agresori — oamenii îți simt slăbiciunea și își manifestă impulsurile agresive față de tine, pentru simplul fapt că le permiți.

Este necesar să-ți stabilești limite și granițe clare de interacțiune cu ceilalți, să te respecți și să te prețuiești și, în același timp, să respecți personalitatea celorlalți.

Fii demn și vertical, iar, astfel, vei avea relații funcționale cu cei din jurul tău. Fără drame, fără suferință inutilă și fără să permiți să fii abuzat sau să-i abuzezi pe ceilalți — asta înseamnă relații toxice.

Nu-ți pune viața în mâinile altor oameni, ci asumă-ți tu întreaga responsabilitate pentru tine și pentru ceea ce trăiești.

7

Un om care se respectă, se prețuiește și se iubește pe sine este un om care poate să manifeste bunătatea autentică în interacțiunea cu cei din jur.

Adevărata bunătate este aceea în care oferi, ajuți sau dăruiești celorlalți din prea-plinul tău fără să te aștepți la nimic în schimb.

Ești bun pentru că ai învățat cum să fii bun cu tine însuți, iar acum le dăruiești și altora în mod natural din bunătatea ta.

8

Oricât de mult ai citit și oricât de multe crezi că știi, nimic din toate acestea nu te ajută dacă nu acționezi în acord cu ceea ce spui și gândești.

Îți construiești viața acționând, făcând zi de zi schimbările pe care ți le dorești și nu doar gândindu-te și vorbind despre cum ai dori să fii sau să arate viața ta.

Acest mesaj este un îndemn la **acțiune**!

Fă pasul de la teorie la practică, începând chiar de astăzi. Viața ta se scrie cu acțiuni concrete, nu doar cu vorbe, indiferent cât de înțelepte ar fi ele.

Fă în așa fel încât gândurile, cuvintele și acțiunile tale să fie congruente unele cu altele.

Eu am încredere în tine deoarece știu că poți!

9

Orice om ia decizii și face diferite alegeri în viața sa. Unele se dovedesc a fi bune, altele... devin lecții de viață din care înveți. Este ok, toți greșim uneori pentru că toți suntem oameni.

Nu-ți pierde încrederea în tine doar pentru că ai luat unele decizii care nu au avut un rezultat pozitiv imediat. Ai câștigat experiență și ai învățat ce să nu mai faci. Mergi mai departe cu lecția învățată și cu înțelepciunea pe care ai dobândit-o și, cel mai important, nu confunda deciziile neinspirate cu destinul tău. Tu ai ales și de aceea ai ajuns în acest punct. Nu te oprește nimic să iei astăzi alte decizii care să te conducă pe o altă cale.

Călătoria continuă și fiecare zi îți aduce posibilitatea să-ți schimbi drumul pe care o iei în viață.

Trăiește, experimentează și învață să alegi înțelept!

10

Atunci când ai o idee care nu reprezintă opinia majorității celor din jurul tău — adică a "gurii lumii" — vei fi atacat cu siguranță de cei care iubesc tradiționalismul și conservatorismul. Este o etapă normală prin care trece orice idee nouă care se prezintă societății.

Gândește-te doar la evoluția ideilor în istoria omenirii: inițial s-a crezut că pământul este plat, apoi s-a descoperit că e rotund, apoi că se învârtește, apoi s-a demonstrat că Terra nu este centrul Universului ș.a.m.d. La timpul lor, toți cei care au venit cu aceste idei noi au fost atacați de ceilalți, iar unii chiar arși pe rug pentru credințele lor. Acum am evoluat și nu mai sunt arși pe rug cei care gândesc diferit, însă tendința de a-i ataca s-a păstrat.

Oamenilor le este teamă de nou, le este teamă de schimbare și sunt foarte atașați de viziunea lor asupra lumii. Am putea spune că asta se datorează, în parte, nesiguranței lor vitale sau interioare, pe de altă parte, comodității lor — de ce să fie nevoiți să depună un efort în plus?

În aceeași manieră, atunci când tu le vorbești celor din jurul tău despre idei care nu reprezintă obișnuitul lor, își vor simți credințele atacate și vor riposta. Asta este prima etapă. Nu te lăsa copleșit de opinia majorității (chiar dacă tu reprezinți o minoritate formată dintr-o singură persoană) ci mergi înainte, devino un model de reușită și împlinire personală, iar apoi ei te vor admira și, poate, chiar te vor urma.

Așa funcționăm noi oamenii: atacăm tot ceea ce nu cunoaștem, însă, dacă acel ceva se dovedește a avea beneficii pentru noi, îl urmăm de bunăvoie. Oamenii nu-i acceptă ca lideri pe cei care sunt ca și ei, ci pe cei care ies în evidență, într-un fel sau altul, și devin modele de reușită.

Nu te mai lăsa intimidat de cei din jurul tău și nu le mai permite să te facă să te îndoiești de tine. Mergi pe calea ta, trăiește-ți experiența și viața îți va arăta dacă ai avut sau nu dreptate, iar, indiferent de rezultat, tu ai devenit mai înțelept. Succes!

11

Ceea ce numim noi "ipocrizie" este, de fapt, incapacitatea unui om de a fi el însuși.

O persoană este ipocrită și gândește (sau trăiește) duplicitar și fățarnic atunci când există o discrepanță între ceea ce este și ceea ce pretinde a fi.

Dar de ce ar avea nevoie cineva să se prefacă, să fie într-un fel în interior și în alt fel în exterior?

În primul rând, pentru că am fost învățați de mici să ne prefacem și să le spunem oamenilor doar ceea ce credem că ar dori să audă și ceea ce este acceptat la nivel social.

În al doilea rând, sunt oameni care se rușinează cu gândurile și cu viața lor reală și încearcă să o ascundă și să păstreze aparențele în fața altora. Se tem de judecată și de invalidarea celor din jur, astfel că investesc foarte multă energie în "a părea".

Își imaginează că dacă îi pot păcăli pe cei din jur, dacă pot să "le vândă" imaginea poleită și perfectă, se autoiluzionează că ei sunt, de fapt, acea imagine.

Nimic mai lipsit de adevăr!

Poți să păcălești mulți oameni și pentru mult timp, însă nu poți să păcălești toți oamenii și pentru totdeauna. O mască se susține cu foarte mult efort și poate să cadă cu ușurință într-un moment de neatenție și atunci... tot efortul tău va fi fost în zadar.

În loc să te chinui să pari, să-ți investești energia în ipocrizie și dualitate, nu mai bine ai lucra la interiorul tău ca să devii acea persoană care pretinzi că ești?

Știu, nu este la fel de ușor, însă gândește-te că nu vei mai fi nevoit să trăiești cu frica de a fi descoperit.

Autenticitate și relaxare versus ipocrizie și teamă! Alegerea îți aparține!

12

Natura umană este caracterizată de o sumedenie de instincte și pulsiuni mai puțin atrăgătoare și pe care încercăm să le negăm sau să le ascundem de noi înșine și de ceilalți.

Este vorba despre agresivitate, sexualitate exacerbată, egoism extrem, răutate, invidie, vanitate ș.a.m.d. Scopul educației este să țină în frâu sau să inhibe aceste instincte naturale și, cumva, firești ale omului. De mici suntem condiționați să ne înfrânăm aceste impulsuri, ni se repetă că nu sunt ok și suntem pedepsiți, într-un fel sau altul, dacă ni le manifestăm. Evoluția omului presupune transcenderea instinctelor naturale, animalice ale omului și se vorbeste aici despre etică, moralitate etc.

Este firesc, până la un punct, să ne inhibăm aceste pulsiuni pentru ca să putem să trăim alături de ceilalti și în echilibru cu noi înșine.

Însă, ce se întâmplă cu toate aceste instincte atunci când ele sunt inhibate? Dispar pur și simplu? Din păcate nu... ele sunt refulate (adică îngropate) în inconștient și vor încerca mereu să iasa la suprafață într-un fel sau altul, uneori chiar într-o manieră explozivă și extrem de distrugătoare.

Inhibarea excesivă sau nesănătoasă a instinctelor și pulsiunilor noastre duce la tulburări psihice nevrotice — depresie, anxietate, atacuri de panică, isterie etc. — sau chiar la tulburări de tip psihotic — schizofrenie, paranoia ș.a.m.d.

Cum toți oamenii au fost nevoiți să-și inhibe aceste instincte, cu toții suntem, mai mult sau mai puțin, nevrotici.

Nu putem să negăm la nesfârșit propria natură umană. Este necesar să o acceptăm, să o înțelegem și să o gestionăm în așa fel încât să nu ne facem rău nouă înșine sau celorlalți.

Avem nevoie de moralitate, însă doar de acea moralitate care se armonizează cu natura umană. Orice exces duce la un dezechilibru.

Ideea este ca omul să se elibereze de sub jugul instinctelor animalice — iar asta înseamnă evoluție — însă să nu se împovăreze cu o moralitate care-l transformă într-o ființă ipocrită și nevrotică.

13

Dacă ascunzi ceea ce simți cu adevărat, dacă te prefaci și încerci să le faci altora pe plac, dacă faci compromisuri ca să păstrezi aparențe sau să-i faci pe alții fericiți, nu înseamnă că ești o persoană drăguță, ci înseamnă că ești ipocrit sau mincinos.

Da, este în regulă să fii diplomat, să fii ecologic în gândurile, comportamentele, acțiunile și cuvintele tale — adică să-i respecți pe ceilalți, să nu-i devalorizezi sau să-i jignești în vreun fel, însă este important să te respecți și pe tine în același timp. Adică, dacă nu-ți place de cineva, fii rezervat și păstrează o anumită distanță și nu te preface că simți altfel decât simți.

Verticalitatea ta interioară, congruența dintre ceea ce gândești, spui și faci, sunt elemente extrem de importante în imaginea ta de sine și în felul în care ești perceput de ceilalți.

Îți dai seama cum ești perceput de cineva care știe că nu-ți place de om, însă atunci când ești în fața acelei persoane ești extrem de drăguț sau serviabil, adică dacă ai un comportament duplicitar: pe față îi zâmbești și pe la spate îl bârfești?

Fii un om integru, vertical și congruent cu sine însuși și vei vedea că atât respectul tău față de tine însuți, cât și respectul celorlalți față de tine va crește.

Fii un model de conduită, atât pentru tine, cât și pentru cei din jurul tău!

14

Pasivitatea și lipsa de acțiune îți hrănesc frica, iar proactivitatea și acțiunea îți hrănesc curajul.

Cu cât mai mult amâni, cu atât mai mult te afunzi în zona ta de confort, cu fiecare zi ce trece te simți din ce în ce mai lipsit de putere. În plus, oricât de mult te-ai lupta ca să împiedici schimbarea, ea se petrece oricum, cu sau fără voia ta, iar daca tu ești paralizat de fricile tale și te simți lipsit de putere, orice schimbare ți se va părea copleșitoare și greu de gestionat.

Însă, atunci când tu eşti cel care provoacă schimbarea, când ai curaj şi acţionezi, îţi construieşti pas cu pas încrederea în tine, conştientizezi şi simţi câte resurse interioare ai şi nimic nu ţi se mai pare greu sau de netrecut. Atunci când ştii că, prin acţiunile tale poţi să obţii orice de la viaţă, că există cel puţin o soluţie la orice problemă şi că rezolvarea oricărei situaţii depinde de tine, niciun obstacol al vieţii nu mai este de netrecut.

Înveţi în timp că greutăţile îţi sunt date ca să te întărească, ca să devii şi mai puternic şi mai înţelept, astfel că percepi obstacolele ca pe nişte oportunităţi.

Frică şi pasivitate versus curaj şi acţiune. Tu alegi cum doreşti să-ţi trăieşti viaţa!

15

Lasă-ţi trecutul acolo unde îi este locul, menţine-ţi atenţia în prezent şi priveşte cu încredere către viitor.

Faptul că nu ai încredere în viitor te ţine legat de un trecut pe care nu ţi-l mai doreşti.

Însă, cum să nu ai încredere în viitor când tu astăzi eşti mult mai înţelept decât ieri?

Astăzi cunoşti mai multe, ai mai multă experienţă decât în trecut, încercările vieţii te-au întărit şi ţi-au arătat că da, poţi să depășești toate încercările prin care ai trecut.

Ai încredere în tine, ai încredere în viitorul tău și pășește hotărât înainte!

16

Calitatea vieții tale depinde de nivelul dezvoltării tale personale.

Dezvoltarea ta personală își pune amprenta asupra relațiilor tale (de cuplu, cu prietenii, cu familia), asupra profesiei, a relației tale cu banii, asupra felului în care arăți, asupra emoțiilor și comportamentului tău ș.a.m.d.

Toată realitatea ta se structurează în funcție de nivelul tău de dezvoltare personală, astfel că este bine să accepți faptul că dezvoltarea personală nu este un moft, ci o necesitate.

De exemplu, dacă nu stai bine la capitolul încredere în sine și autonomie personală, vei avea tendința să intri în relații de tip dependent, în care vei ajunge să-l faci pe partenerul tău să se simtă copleșit de nesiguranța ta, de sensibilitatea ta și pretențiile tale absurde. Există mari șanse să nu poți să ai o relație funcțională și sănătoasă dacă tu nu te schimbi.

Dacă nu stai bine cu respectul de sine, vei avea tendința să accepți joburi prost plătite și diferite abuzuri din partea șefilor tăi.

Dacă nu ai încredere în tine, vei căuta întotdeauna siguranța în exteriorul tău — într-un job "sigur" dar care nu te împlinește sau în alți oameni (prieteni, familie, partener de cuplu) și vei trăi mereu cu teama că poți oricând să-ți pierzi ancorele din afara ta. Atitudinea ta în fața acestor oameni va fi una de supunere și poate chiar le vei permite să se poarte cu tine într-o manieră lipsită de respect.

Dacă nu te prețuiești suficient, nu vei fi interesat de un stil de viață sănătos: sport, alimentație sănătoasă, relaxare, astfel ca vei fi predispus la boli de diferite tipuri.

Dacă nu-ți cunoști potențialul și resursele de care dispui, vei crede că nu ești suficient de bun ca să acționezi și să-ți atingi obiectivele și visurile. Vei crede că alții "au noroc" sau îți sunt superiori într-un fel sau altul, iar tu vei dobândi o mentalitate de victimă neajutorată.

Și exemplele pot continua...

Investește în tine, în dezvoltarea ta personală, citește, mergi la workshop-uri și descoperă-ți puterea interioară ca să poți să devii tot ceea ce poți să fii!

17

Fiecare om își dorește să fie perceput într-o lumină pozitivă de cei din jur, să fie apreciat și să primească validarea altora.

Unii oameni se prezintă în fața altora prin ceea ce sunt, prin plusul de valoare (intrinsecă) pe care-l aduc celor din jur, însă alții, își doresc să le arate altora cum ar dori să fie percepuți, prin ceea ce au. Astfel, își pun toată energia în a obține simbolurile de status și rol - mașini, case, haine, ceasuri, călătorii, bani ș.a.m.d. — pentru a se asigura că își compensează sentimentul de inferioritate prin ceea ce le arată altora că dețin.

Vorbesc aici despre consumul ostentativ — de ex. persoane care își iau o anumită mașină, deși nu și-o permit, doar ca să le arate altora cât de valoroși sunt — și despre consumul în compensația sentimentului de inferioritate pe care îl au. Acești oameni aleargă după simbolurile de status deoarece inconștient își imaginează că dacă le au, ceilalți îi vor percepe altfel decât se văd ei pe ei înșiși în interiorul lor. Se străduiesc să umple o carență la nivelul lui "a fi" cu un obiect. Gândesc cumva în felul "dacă am acel obiect care aparține în mod normal altor categorii sociale, voi fi perceput la fel ca și ei, deci voi fi valoros".

Partea tristă a unui altfel de comportament de consum — ostentativ și în compensație — este faptul că oamenii investesc în imagine și, pe lângă faptul că nu reușesc decât să devină forme fără fond, ambalaj lipsit de conținut, muncesc, se stresează și trăiesc pentru bunurile pe care își doresc să le dețină.

Însă ei trec cu vederea un lucru — și anume faptul că abordarea ar fi bine să fie alta: să devină persoane cu valoare intrinsecă, să fie valoroși prin ceea ce sunt și prin plusul de valoare pe care îl aduc omenirii, iar în acest fel, abundența materială și simbolurile de status și rol le vor obține în mod natural.

Investește în tine, în valoarea ta intrinsecă și vei avea tot ceea ce-ți dorești.

18

Oamenii sunt mult mai obișnuiți cu critica decât cu aprecierea.

Acceptă cu prea multă ușurință să li se spună ce nu este ok la ei, însă nu și să le spui cuvinte frumoase despre ei înșiși. Și asta pentru că și ei, în dialogul lor interior, au tot felul de gânduri devalorizatoare și negative.

Când cantitatea de gânduri pozitive despre tine însuți va depăși critica și autodevalorizarea, viața ta va fi mult mai simplă și mai frumoasă decât este în prezent.

Tu când ți-ai adresat o vorbă bună ultima oară?

19

Tu ești astăzi ceea ce ai crezut ieri că poți să devii. Tot ceea ce ești și tot ceea ce există în viața ta acum se datorează credințelor pe care tu le-ai crezut adevărate despre tine și faptului că ai acționat în acord cu ele.

Dacă tu crezi despre tine că ești incapabil să faci ceva, așa și este. Dacă tu crezi că poți să fii sau să devii altceva decât ești astăzi, vei acționa în acord cu acea credință.

Singurele bariere care te împiedică să fii ceea ce-ți dorești sunt credințele tale care te limitează, neîncrederea în tine și în puterea ta și... frica.

Viața ta se schimbă în momentul în care îți schimbi realitatea interioară, când începi să crezi că da, poți, și începi să acționezi.

Pe acest drum îți construiești încredere în tine și în forțele tale și îți înfrunți și fricile care te blochează în acest moment.

Încrederea în sine se construiește prin acțiune, frica se dizolvă când realizezi că, de fapt, poți să fii și să faci ceea ce-ți dorești și, pas cu pas, te apropii din ce în ce mai mult de îndeplinirea visurilor tale.

Ești mult mai capabil și mai puternic decât crezi în acest moment! Doar dă-ți voie să descoperi asta și "fă-ți din viața ta o operă de artă".

20

Atragi oamenii și experiențele către tine în funcție de ceea ce ești, nu doar de ceea ce gândești.

Sunt mulți oameni care au credința că dacă își repetă anumite mesaje pozitive în minte sau dacă se roagă, vor primi ceea ce cer și sunt mirați atunci când viața nu le oferă ceea ce își doresc ei cu atâta ardoare.

Însă lucrurile nu funcționează așa. Degeaba te duci în fiecare duminică la biserică, dacă dupa ce ieși de acolo revii la gândurile tale negative, despre tine însuți sau despre ceilalți. Degeaba îți pui pe oglindă mesaje cu diferite lucruri pe care le vrei, dacă tu nu-ți modifici mentalitatea și felul în care trăiești.

Atragi acele lucruri cu care ești aliniat în interiorul tău, cu care rezonezi atât la nivel de gând, vorbă și comportament.

Nu vei primi nimic din ceea ce nu crezi de fapt că meriți, nu vei obține lucruri pozitive în viața ta dacă tu nu ești pozitiv și echilibrat în interiorul tău. Sau, dacă le vei primi, vei constata ulterior că trebuie să plătești un preț mare pentru ele.

Fă-ți ordine în gânduri și în viață, gândește și fii pozitiv, elimină toate gândurile negative (ura, frustrare, invidie, lăcomie, răzbunare etc) și vei vedea că vei atrage către tine, fără efort și încrâncenare, lucrurile și oamenii potriviți pentru tine, în acord cu vibrația ta.

21

De la o anumită vârstă ceea ce este în interiorul unui om se citește pe chipul său. Expresia ochilor, dispunerea ridurilor, felul în care își ține buzele ș.a.m.d. sunt toți indicatori ai felului de a fi al unei persoane.

Dacă te uiți cu atenție sau dacă știi la ce anume să te uiți, vei vedea "culoarea" sufletului omului din fața ta. Nu te vei lăsa captivat și indus în eroare de zâmbete false, de atitudini aparent binevoitoare și mieroase, dar care ascund cruzimi, răutate sau agresivitate latentă. Nu vei mai crede nici atunci când cineva îți spune "sunt foarte bine", însă ochii săi spun altceva.

Sau... vei alege să te iei după aparențe pentru că este mai ușor pentru tine să faci asta? Vei alege să "cumperi" masca doar pentru că te face să te simți mai bine?

Oare asta vrei și tu de la ceilalți — să nu-și dorească să vadă dincolo de masca ta? Nu-i așa că nu ți-ar plăcea ca alții să audă ce gândești sau să știe cum ești tu, de fapt?

Este o foarte mare lipsă de autenticitate în relațiile dintre oameni și chiar a omului față de sine însuși. Ne mințim pe noi înșine și îi mințim și pe ceilalți, pentru că, de multe ori, credem că acceptarea adevărului despre noi înșine ne-ar durea foarte tare.

Motivele pentru că (ne) mințim sunt multiple și variate:
✓ am fost învățați să "pozăm" în fața altora pentru ca să obținem anumite avantaje;
✓ nu vrem să părem vulnerabili;
✓ ne place să trăim într-o iluzie, într-o poveste pe care să ne-o tot repetăm până ajungem să o credem și apoi ne străduim din răsputeri să le-o "vindem" și altora ș.a.m.d.

Însă, tot acest eşafodaj pe care ne chinuim să-l construim, poate să se spulbere într-o secundă. Dacă cineva se uită cu atenţie la tine poate să vadă ceea ce tu te străduieşti să ascunzi cu atâta grijă. Poate te trădează un gest sau o microexpresie facială, poate ai o reacţie care este în dezacord cu ceea ce spui că eşti, poate că cel din faţa ta îţi simte, cu ajutorul intuiţiei sale, inautenticitatea.

De ce te chinui să investeşti în măşti şi în autoamăgire? Nu ar fi oare mai înţelept să-ţi dai voie să te vezi exact aşa cum eşti, să te accepţi şi să-ţi asumi să schimbi ceea ce nu-ţi place la tine? De ce să investeşti energie în ceva atât de fragil şi care, de fapt, îţi dăunează — la nivel de sănătate psihică, fizică şi în relaţiile tale interumane?

Dă-ţi voie să fii sincer, în primul rând cu tine însuţi şi apoi cu ceilalţi, devino persoana în care încerci să pozezi şi viaţa ta va fi mult mai senină şi uşoară. Nu vei mai trăi cu teama că vei fi descoperit, nu vei mai simţi că joci un rol în propria ta viaţă, nu vei mai fi apăsat de atâta minciună cu care te înconjori...

Eliberează-te, vindecă-te şi reconstruieşte-te — fă-ţi acest cadou!

22

(Auto)învinovăţirea şi ura de sine nu duc nicăieri, ci împiedică adevărata schimbare.

Atunci când ai făcut ceva de care nu eşti mândru, când ţi-ai greşit ţie însuţi sau ai acţionat într-un fel care a cauzat neplăceri altei persoane, nu te ajută cu nimic să te învinovățești sau să te urăști.

Sentimentele negative pe care le accesezi te fac să te simți rău cu tine însuți, să-ți pierzi încrederea în tine, să te devalorizezi, iar asta te va face fie să rămâi blocat, fie chiar să aluneci din rău în mai rău. Credințele pe care tu le ai despre tine îți determină gândirea și comportamentul, astfel că oamenii care cred despre ei înșiși că nu sunt ok, vor avea tendința să acționeze în acord cu această credință.

Astfel, dacă ajungi să crezi despre tine că ești "un om rău", "un ratat", "un mincios", "un prost" ș.a.m.d., vei avea tendința să continui să acționezi în acord cu aceste credințe.

Cea mai bună metodă ca să te schimbi este să te accepți așa cum ești în acest moment. Să înțelegi faptul că orice om mai greșește din când în când, important este să-și asume greșeala, să învețe din ea și să se îmbunătățească pe viitor.

Acceptarea de sine, cu bune și rele, asumarea propriei persoane și dorința de evoluție continuă, sunt factorii care determină schimbarea.

Orice ai făcut, acceptă-te, iartă-te, învață lecția, îmbunătățește-te și mergi mai departe cu capul sus.

23

Pe orice drum ai merge, la un moment dat, vei întâlni obstacole sau piedici. Vei fi nevoit să iei decizii, dacă să o iei la stânga, la dreapta sau să mergi drept înainte (uneori poate vei lua decizia să te întorci — deşi asta înseamnă să renunţi şi să te întorci de unde ai plecat).

De cele mai multe ori, obstacolele îţi sunt date ca să te întărească, să te facă să-ţi accesezi resurse de care altfel nu ai deveni conştient şi poate chiar să-ţi testeze determinarea de a-ţi urmări obiectivele.

O cale lină este plictisitoare şi nu vei învăţa nimic nou nici despre tine, nici despre viaţă.

Aşa că, percepe piedicile şi obstacolele ca pe nişte oportunităţi de a te dezvolta, de a deveni mai mult decât eşti în acest moment. Iar dacă întâlneşti pietre în drumul tău, ocoleşte-le sau caţără-te pe ele, nu te împiedica de ele şi nu renunţa.

Ştii deja că se spune că farmecul unei călătorii constă în parcursul ei şi nu neaparat în atingerea destinaţiei finale. Bucură-te de călătorie, ia-o ca pe un joc şi mergi înainte cu încredere pe calea ta!

24

Familia şi grupul tău de prieteni te influenţează mult mai mult decât îţi imaginezi.

Fie conştient, fie inconştient, preiei de la oamenii cu care interacţionezi, cel mai frecvent, credinţe, modalităţi de gândire şi de raportare la tine însuți și la viață.

Unele dintre ele îți sunt folositoare, însă altele nu fac decât să te îndeparteze de sinele tău adevărat, pun presiune asupra ta ca să fii ceea ce nu ești, de fapt, poate chiar ai sentimente de vinovăție sau de rușine când nu corespunzi așteptărilor celor dragi ție.

Uneori, în mintea ta se creează adevărate conflicte între ceea ce-ți dorești tu, în autenticitatea ta, și ce își doresc cei din jurul tău. Este ca și cum ai fi tras în două direcții diferite, de multe ori, chiar diametral opuse. Faci un pas în direcția pe care ți-o dorești, apoi vine feedback-ul celorlalți și începi să te îndoiești de tine însuți.

O astfel de situație este una profund indezirabilă pentru tine. Nu ai nevoie de conflicte intrapsihice, nu ai nevoie să te îndoiești de tine și de deciziile tale, pentru că asta nu va face decât să te îndepărteze de tine însuți, poate de misiunea ta în viață, îți vei pierde șansa de a învăța lecții de viață atât de importante pentru tine și în loc să mergi cu încredere înainte, îți vei pune singur fel de fel de obstacole. Aceste obstacole provin, de cele mai multe ori, din realitatea altora și nu a ta.

Rezolvarea este simplă: ascultă doar de tine! Fă ceea ce simți și vrei să faci, acționează doar în acord cu gândirea, voința și motivația ta.

Mulțumește-le celor din jurul tău pentru intențiile lor pozitive de a te sfătui după cum cred ei că este mai bine pentru tine, însă tu urmează-ți doar intuiția ta.

În plus, deși poate nu conștientizează, cei apropiați ție îți spun să faci sau să nu faci anumite lucruri, doar pentru că ei nu rezonează cu ele sau nu au curaj să-și asume propria lor autenticitate și trăiesc după "rețete" arhicunoscute, sau, poate, pentru ca acest curaj al tău de a ieși din rând îi pune pe ei față în față cu propriile lor limite și condiționări, astfel că vor face orice să te mențină în zona lor de confort.

Nu datorezi nimic nimănui, iar dacă cei din jurul tău dezaprobă sau judecă felul tău de a gândi sau de a trăi înseamnă că dau dovadă de egoism și încearcă să-și impună realitatea lor asupra vieții tale. Ei nu te iubesc pe tine, ci propria lor reflecție pe care vor să o vadă în tine.

Alege înțelept, alege-te pe tine, asumă-ți autenticitatea ta și tot ce decurge de aici și mergi cu încredere înainte!

25

Opresiunea, limitările excesive, interdicțiile constrictive și în general orice ne împiedică exprimarea liberă a personalității noastre creează o presiune în psihicul nostru care va exploda la un moment dat, într-un fel sau altul.

Educația severă, dietele restrictive, toți acei "trebuie" cărora le permitem să ne dicteze viața, creează frustrare, resentimente, depresie, anxietate sau alte probleme. În anumite cazuri patologia psihică, cea care se instalează este greu sau aproape imposibil de remediat.

Inconștientul nostru — 90% din activitatea psihică — este ghidat de "principiul plăcerii". Simțim satisfacție atunci când ne satisfacem pulsiunile și frustrare atunci când suntem împiedicați (de noi înșine sau de către alții) să ni le îndeplinim.

Evident că nu orice pulsiune care vine din inconștient este ok să ne-o satisfacem, uneori pentru că nu ne face bine (de exemplu să mâncăm excesiv sau alimente nesănătoase, dar la care ne place gustul), alteori, pentru că nu este moral sau "ecologic" (de exemplu, nu putem să agresăm pe cineva doar pentru că ne enervează) să acționăm în acord cu impulsurile pe care le simțim.

Ca în toate aspectele vieții noastre, este bine să avem în vedere echilibrul. Asta înseamnă să acționăm astfel încât să împăcăm si deziderate morale, ecologice sau de altă natură, însă și să ne satisfacem și anumite pulsiuni care provin din inconștientul nostru.

Orice exces duce la o încorsetare a libertății noastre și este necesar ca uneori să "dăm cezarului ce este al cezarului".

26

Viața nu este și nici nu ar fi normal să fie liniară, fără urcușuri și coborâșuri.

Fiecare experiență prin care trecem ne este necesară ca să învățăm, să ne dezvoltăm și să evoluăm.

Cu siguranță, ai observat că oricât te-ai strădui să-ți proiectezi viața în cel mai mic detaliu, că oricât te stresezi sau te chinuiești să trăiești după un anumit scenariu, că indiferent cât de mult încerci să acționezi asupra factorilor exteriori ca lucrurile să se desfășoare așa cum vrei tu, viața va avea întotdeauna diferite surprize pentru tine.

Așa că, cea mai bună abordare este să mergi cu încredere înainte, să te aștepți la orice și să ai convingerea că vei gestiona orice îți va aduce viața în cale.

Nu are niciun sens să-ți investești energia în a te strădui să controlezi ceea ce nu ține de tine, ci doar să ai încredere în tine însuți că vei face față oricărei încercări.

Adu-ți aminte că orice problemă are cel puțin o soluție, că nu ți se dă niciodată o problemă pe care să nu poți să o rezolvi și că ai deja toate resursele în interiorul tău ca să depășești cu bine orice. Iar fiecare obstacol pe care îl depășești te va face și mai puternic pentru ceea ce urmează.

Cel mai "rău" lucru pe care poți să-l faci este să devii paralizat de frica de a acționa, să-ți limitezi viața la o anumită zonă de confort — pentru că, oricum, se vor întâmpla și acolo lucruri neprevăzute, să te mulțumești cu puțin sau "să stai în banca ta".

Ai încredere în tine, experimentează, trăiește-ți viața și așteaptă-te la orice, știind că vei atrage către tine exact acele experiențe pe care le poți depăși și care îți sunt necesare pentru a evolua.

27

Încrederea în sine, imaginea de sine, stima de sine și respectul de sine se bazează toate pe congruența dintre ceea ce gândești, spui și faci.

Pentru a avea încredere în propria ta persoană este necesar să poți să te bazezi pe tine însuți și pe forțele tale. Dacă îți spui că vei face ceva, fă acel lucru. Dacă iei o decizie, respectă decizia pe care ai luat-o. Nu amâna, nu-ți găsi scuze, ci respectă cuvantul pe care ți l-ai dat ție însuți. Cea mai importantă relație pe care o ai în viață este cea cu propria ta persoană, așa că nu te dezamăgi... Încrederea de sine se construiește pas cu pas și este rezultatul acțiunilor pe care le faci, după ce ai decis că vrei cu adevărat să faci un lucru.

Un alt factor important este că atunci când iei o decizie, asigură-te că este o decizie rațională și conștientă, nu luată în grabă sau sub imperiul emoțiilor de moment. Sunt șanse mari să nu respecți o decizie pe care o iei atunci când simți emoții puternice, sau date de o anumită conjunctură. Iar, de fiecare dată, când nu respecți o promisiune pe care ți-ai făcut-o, încrederea ta în sine are de suferit.

În relațiile cu alți oameni, dacă dorești să fii o persoană respectată și de încredere, care este percepută ca fiind verticală și pe care te poți baza, fă promisiuni doar dacă le poți respecta. Nu te lăsa forțat să spui că vei face un lucru dacă știi că sunt șanse să nu-l duci la îndeplinire, nu promite doar ca pe moment să dai bine în ochii altora, iar apoi să dezamăgești pentru că nu faci ceea ce tu ai spus că vei face.

Pentru ca alți oameni să poată avea încredere în tine și poate chiar să te privească ca pe un lider, fă ceea ce ai spus că vei face. Întotdeauna. Fără scuze, fără explicații prin care încerci să justifici de ce nu ai făcut un lucru. Deși poate că oamenii te vor înțelege, în interior vor fi dezamăgiți de tine și nu vor mai avea încredere în cuvântul tău... și, astfel, toată lumea are de pierdut.

Fă ceea ce gândești și spui, fii o persoană verticală care are încredere în sine și inspiră încredere și celorlalți.

28

Oamenii nu-și realizează visurile și nu trăiesc viața așa cum și-ar dori pentru că există trei mari detractori care le pun bariere:

1. Frica.
2. Vinovăția.
3. Rușinea.

1. **Frica** este unul dintre cei mai mari dușmani ai omului. Ne este teamă de eșec, de succes, de gura lumii, de pierderea avantajelor situației prezente, de schimbare, de nou, de pedeapsă, de noi înșine, de ceilalți ș.a.m.d. Majoritatea gândurilor unui om dintr-o zi sunt gânduri negative, iar ele ne-au fost insuflate devreme în viață, de către cei din jurul nostru și, în continuare, ni se induce frica prin massmedia, religie, mesajele celor din jur.

Frica nu este reală, este doar o creație disfuncțională a minții tale. Când înțelegi acest lucru, poți să începi să lucrezi cu tine și să înlocuiești frica cu încredere.

Fă un exercițiu: de câte ori apare în mintea ta un gând care conține frică (de exemplu "mi-e frică de nereușită") înlocuiește-l cu unul care conține cuvântul încredere (de exemplu "am încredere că reușesc"). Nu va fi întotdeauna simplu, însă dacă nu poți să faci asta de unul singur, apelează la un ajutor de specialitate: psihoterapeut sau life-coach.

2. **Vinovăția**. Am învățat acest sentiment tot în copilărie, nu ne-am născut cu el. Am învățat să ne simțim împovărați de trăiri de vinovăție de câte ori nu făceam ceva ce doreau ce-i din jurul nostru. Mama care îți spunea de exemplu "din vina ta eu mă îmbolnăvesc", "ești un copil rău, îmi faci numai belele" etc. și, astfel, tu ai învățat să-ți controlezi comportamentul în funcție de dorințele altora. Iar acum faci la fel. Gândești, probabil "m-aș simți vinovat dacă aș face asta, pentru că x sau y ar suferi sau s-ar supăra" și, astfel, ești blocat în situația ta prezentă.

Ești manipulat de propriile tale sentimente de vinovăție și poți oricând să renunți la ele, când înțelegi că viața ta îți aparține și că tu ești cea mai importantă persoană pentru tine. Ce vor ceilalți de la tine este problema lor, nu a ta.

Înlocuiește în mintea ta vinovăția cu responsabilitatea și mergi înainte cu viața ta, exact așa cum îți dorești.

3. **Rușinea**. La fel ca și vinovăția, ai învățat acest sentiment în copilărie. Ai învățat să te rușinezi de tine și de comportamentele tale, ai automatizat acest mecanism în mintea ta și acum te blochezi

singur de teama de a nu simți rușine. "Să-ți fie rușine de ceea ce ai făcut", "m-ai făcut de mirul lumii" etc., sunt, probabil, mesajele pe care le-ai auzit, iar acum ți le repeți singur și ești paralizat.

A educa un copil utilizând pârghiile vinovăției și rușinii reprezintă un abuz emoțional la adresa acelui copil și sper ca tot mai mulți părinți să conștientizeze asta.

Nu ai de ce să te rușinezi de tine, de ceea ce ești sau de ceea ce vrei să faci (atât timp cât îi respecți pe ceilalți, ai bun simț și un comportament "ecologic").

Fii tu însuți, trăiește în acord cu tine, ignoră toate aceste mesaje negative și iraționale din mintea ta și trăiește-ți viața visurilor tale!

29

Tu știi și singur răspunsurile pe care le tot aștepți de la cei din jurul tău.

Majoritatea vieții noastre, mai ales atunci când suntem copii, ni se spune ce să facem, cum să gândim, ce să simțim, ce este frumos, cum trebuie să fim ca să fim de "succes" ș.a.m.d.

Acum, că ai atins vârsta adultă, nu mai trebuie să asculți de nimeni și, totuși, continui să o faci. Te simți bine trăind în acest fel?

Gândește cu mintea ta. Caută-ți adevărul propriu. Ieși din

rând și sparge tiparele în care te forțezi să stai, deși nu te reprezintă.

Când te oprești din a mai face ceea ce vor ceilalți din tine și începi să-ți urmezi intuiția, vei găsi exact răspunsurile pe care le cauți.

30

Fiecare om dorește să aibă o imagine de sine pozitivă și este foarte bine să căutăm să ne percepem într-o manieră pozitivă, din toate punctele de vedere — fizic, psihic, profesional, material ș.a.m.d.

Însă, o imagine de sine pozitivă autentică se bazează întotdeauna pe adevăr, nu pe autoamăgire sau minciună.

Ce vreau să spun?

Uneori, oamenii au gânduri, comportamente, atitudini sau reacții care nu le fac cinste. Ei conștientizează aceste lucruri, dar, în loc să si le asume, să-și asume și consecințele lor, își resemnifică în mintea lor acele acțiuni, în așa fel încât să nu fie afectați de ele.

De exemplu, într-un moment, o persoană are un comportament necivilizat, și în loc să-și asume fapta și să se gândească la faptul că nu mai dorește să acționeze în acest fel pe viitor, are un dialog interior prin care își găsește scuze sau circumstanțe atenuante: "și alții fac la fel", "ei, lasă că nu s-a întâmplat mare lucru", "și așa nu a văzut nimeni" ș.a.m.d.

Astfel, deşi, pe moment se eliberează de mustrarea de conştiinţă, mintea inconştientă înregistrează acea faptă, iar imaginea de sine are de suferit. Încet-încet, dacă tot repetăm astfel de acţiuni, ne scade încrederea în sine, avem un sentiment difuz că nu suntem tocmai ok, poate chiar devenim timizi sau, din contră, excesiv de agresivi, ca alţii să nu se "prindă" de cum suntem noi, de fapt. Poate chiar nu mai putem să ne privim în ochi în oglindă, deoarece ne ruşinăm de persoana noastră.

Încrederea în sine, o imagine de sine pozitivă autentică se bazează pe gânduri, trăiri şi acţiuni pozitive, şi nu pe autoamăgire sau pe găsirea de scuze sau de circumstanţe atenuante.

Fii vertical, găseşte-ţi valorile cu care rezonezi şi nu abdica niciodată de la ele, chiar dacă nimeni nu te vede (conştiinţa ta va fi întotdeauna acolo...).

Nu face rabat de la calitatea ta umană şi fii întotdeauna congruent cu tine însuţi: acţionează în acord cu gândurile şi cuvintele tale.

Trăieşte în aşa fel încât dacă fiecare faptă a ta ar deveni lege universală, să îţi placă lumea în care ai trăi.

31

De ce ai nevoie de dezvoltare personală?

Ceea ce ştii despre tine în acest moment, resursele de care

ești conștient acum, reprezintă doar o mică parte din tine.

Să te dezvolți la nivel personal înseamnă să-ți îmbogățești harta asupra teritoriului.

Acum câteva sute de ani, oamenii credeau că pământul este plat. Apoi, au explorat și au descoperit că este rotund. Au crezut că doar locul în care trăiesc există, apoi au explorat și au descoperit și restul continentelor.

Același lucru se aplică și în ceea ce te privește pe tine. Ceea ce știi despre tine acum reprezintă doar o hartă parțială asupra "teritoriului" — a complexității care te caracterizează.

Cunoaște-te, explorează-te, dezvoltă-te și evoluează pentru că ești mult mai mult decât îți imaginezi în acest moment!

32

Am observat că sunt mulți oameni care aleg ca metodă de întărire a eului repetarea de afirmații pozitive. Este un adevărat trend să ni le lipim pe oglinda din baie sau să ținem la noi tot felul de mesaje pe care să ni le repetăm, până ele devin realitate.

Însă lucrurile nu sunt chiar atât de simple. Doar simpla afirmare a unor mesaje de genul "merit", "pot", "sunt minunat" etc., dacă nu credem cu adevărat în ele, ne fac mai mult rău decât bine.

Ce vreau să spun?

Dacă nu lucrezi efectiv cu credințele limitative și negative, în sensul în care să le identifici, să le notezi și apoi în dreptul lor scrii adevărul nou descoperit, îți faci mai mult rău decât bine.

Să-ți explic mai clar: dacă ai o credință limitativă, de genul "nu pot", o notezi și în dreptul ei începi disputarea (sau discuți cu tine însuți) acelei credințe.

Răspunde la întrebările:
- ✓ de ce crezi că nu poți?
- ✓ cum ai ajuns să gândești astfel despre tine?
- ✓ ce dovezi ai că nu poți?
- ✓ care au fost acele momente în care ai putut?
- ✓ ce a fost diferit în acele momente?
- ✓ cum ar fi dacă totuși ai putea?
- ✓ ce s-ar schimba atunci?
- ✓ de ce resurse ai nevoie să activezi ca să poți? ș.a.m.d.

și, la sfârșit, vei vedea că acea credință începe să se clatine.

Apoi da, poți să îți repeți rezultatul pe care l-ai găsit, de exemplu: "pot pentru că atunci când am vrut cu adevărat, m-am mobilizat am gasit soluții și așa voi face și acum". După cum spuneam și mai sus, dacă doar repeți niște afirmații pozitive, dar care nu reprezintă realitatea ta din acel moment, vei genera un clivaj, un conflict în mintea ta între două credințe diametral opuse, iar conflictele intrapsihice duc la la tulburări nevrotice de genul anxietății sau atacurilor de panică.

Afirmațiile pozitive sunt ok, dar doar dacă tu crezi cu adevărat în ele, dacă ele sunt rezultatul concluziei la care ai ajuns în urma disputării credințelor limitative sau negative.

33

Investește energie, timp și resurse materiale în tine în fiecare zi.

Investiția pe care o faci în tine însuți nu este niciodată pierdută și, în plus, doar astfel poți să devii persoana care îți dorești să fii.

Cu cât mai mult timp, energie și bani investești în tine însuți și în cunoștințele tale — atât teoretice cât și practice — cu atât mai mult control ai asupra vieții tale.

Tu ești produsul finit al cunoștințelor tale — ești definit de ceea ce cunoști și de ceea ce știi să faci.

34

Străduiește-te să fii cel mai bun în ceea ce faci.

Excelează în profesia ta și excelează și în hobby-urile tale. Nu are niciun sens să faci ceva, dacă nu ai de gând să dai tot ce ai.

Dezvoltă-ți o reputație a excelenței, fii un profesionist atât în fața ta, cât și în ochii celorlalți.

Încrederea ta în tine, imaginea și stima ta de sine vor avea mult de câștigat dacă tu știi că întotdeauna dai tot ce ai mai bun din tine. Automotivează-te, gândește-te că produsele activității tale sunt cartea ta de vizită.

Bucuria și împlinirea te vor însoți mereu, dacă percepi ca pe o provocare constantă activitățile în care alegi să-ți investești energia.

Fii cel mai bun în ceea ce faci! Avem atât de multă nevoie de oameni care cred în ei și dau tot ce au mai bun atunci când fac ceva.

35

Admir oamenii frumoși, oamenii care caută să evolueze, să se înțeleagă pe sine și să manifeste empatie față de ceilalți, oamenii care fac lucruri bune chiar și atunci când nu-i vede nimeni, oamenii care și-au stabilit un cod moral și de conduită pe care îl respectă oricând și nu doar din teama de pedeapsă sau din dorința de recompensă.

Un adult matur și echilibrat din punct de vedere psihic și emoțional se uită în interiorul său pentru răspunsuri și va avea întotdeauna gânduri, trăiri și comportamente care fac cinste umanității și valorilor sale morale.

Atunci când ajungi în acest punct, nu mai ai nevoie de nimeni să-ți spună ce este bine sau rău, ci te ghidezi întotdeauna după busola ta interioară — asta înseamnă să fi atins înțelepciunea și să trăiești în acord cu ea.

36

Fii un om pe care ceilalți îl admiră, în care au încredere, pe care se pot baza și cu care le face plăcere să-și petreacă timpul.

După ce ți-ai construit o astfel de reputație, oamenii vor veni înspre tine, vor fi interesați de tine, de viața ta și ți se vor alătura în proiectele care contează atât de mult pentru tine.

Un lider îi inspiră pe oameni prin ceea ce este și prin ceea ce face, iar, astfel, ei îl urmează cu drag. Un lider nu se impune prin frică sau supunerea altora, ci prin faptul că este un om demn de admirație și de respectul celorlalți.

37

În loc să te străduiești să le faci altora pe plac sau să-ți trăiești viața ca să corespunzi așteptărilor celorlalți, mai bine descoperă comoara ta interioară, trăiește în acord cu ea și fii un model de reușită și de inspirație pentru ei.

Fii tu însuți, strălucește și fii mândru de tine și vei vedea că oamenii îți vor admira succesul și reușita!

38

Înțelepciunea și caracterul fiecărui om sunt șlefuite de-a lungul timpului, după ce trecem prin greutăți, îndoieli, obstacole și le depășim.

Omul învață atât din greșelile sale cât și din succesele pe care le înregistrează. De cele mai multe ori, evoluția și progresul se bazează pe eșecuri.

Atunci când înveți să privești greșelile și eșecurile ca pe oportunități de a crește și a evolua, ai atins un grad ridicat de înțelepciune.

Acționează cu mult curaj, mergi hotărât pe calea visurilor tale și vei vedea că găsești la fiecare pas resurse care să te ajute să mergi mai departe. Nu permite ca frica de necunoscut sau de schimbare să te mențină într-o situație pe care nu ți-o dorești.

Cei care au succes în viață sunt întotdeauna acei oameni care au îndrăznit, care și-au învins fricile și au acționat.

Ai reușit? Mergi mai departe! Ai eșuat? Învață lecția și continuă-ți drumul!

39

Tu îți asculți intuiția?

Sunt momente în viață când ceva din interiorul tău îți spune să faci un lucru, să o iei pe o anumită cale, în ciuda logicii sau a șanselor de reușită pe care le calculează mintea ta.

Uneori, intuiția ta te îndeamnă să spui sau să faci un lucru, chiar dacă asta înseamnă să ieși din zona de confort, să ignori ceea ce te sfătuiesc alții, să acționezi contrar cu credințele tale din acel moment.

Sunt anumite momente în viață în care toată existența ta se poate schimba, dacă ai curajul să-ți urmezi intuiția.

Fă-ți curaj și acționează în acord cu chemarea care vine din interiorul tău și vei vedea că se va întâmpla ceva minunat.

Doar ascultă de tine, ai încredere și acționează!

40

Fiecare dintre noi are de ales: fie își hrănește fricile, fie acționează cu încredere și își realizează visurile pas cu pas.

Frica paralizează, ne transformă în ființe temătoare, pasive și nesigure pe ele și pe puterile lor.

Copiii sunt crescuți într-un mediu în care li se repetă constant expresii de genul "ai grijă să nu pățești ceva" și, cu toate că atunci când suntem copii acest îndemn ne ajută să rămânem în viață, el se infiltrează profund în mintea inconștientă și preia controlul asupra existenței noastre și la maturitate.

Efectele negative ale acestui fapt sunt că vom căuta întotdeauna siguranță, nu vom renunța la ceva ce nu ne mai folosește din teamă de a nu pierde, "de a nu păți ceva", acceptăm mediocritatea din teama de a nu păși înafara zonei de confort, ne este teamă de schimbare ș.a.m.d.

Cel mai mare obstacol în calea evoluției și dezvoltării personale este frica, iar ea poate fi învinsă doar prin acțiune. Adică să-ți dai voie să pășești cu încredere, în ciuda fricilor tale.

Frica nu este reală, este doar o plăsmuire a minții tale. De câte ori vei acționa, vei dobândi încredere în tine și, pas cu pas, îți vei atinge obiectivele. De câte ori stai în pasivitate și îți contempli frica, vei rămâne exact acolo unde ești astăzi.

Diferența dintre cei care care reușesc în viață și cei care sunt nefericiți în existența lor, este felul în care se raportează la fricile lor: fie ascultă de ele și rămân în situația lor actuală, fie acționează și își înving temerile iraționale, rând pe rând.

Încredere sau frică, alegerea îți aparține!

41

Te străduiesti să pari cât mai "normal"? Să fii la fel ca și ceilalți?

Îți e teamă să-ți exprimi originalitatea, să fii "ciudat" și îți înăbuși personalitatea doar ca să corespunzi expectanțelor celorlalți?

Nu este nimic ciudat în a fi ciudat. Toți suntem ciudați, într-un fel sau altul. Ar trebui să-ți celebrezi unicitatea și nu să fii rușinat de felul în care ești. Dacă ești suficient de norocos să fii altfel, nu te schimba.

Nu are niciun sens să te străduiești să te conformezi la tot felul de reguli uniformizatoare. Ești unic, ești original și asta ne îmbogățește pe toți. Unicitatea ta este neprețuită.

Să fii mândru de tine și de ceea ce ești este cheia către o viață fericită și împăcată cu sine.

Oprește-te din a-ți mai pune măști, din a juca roluri, din a mai fi ipocrit, din a-ți nega propriul adevăr.

Nu spun că va fi întotdeauna ușor să fii tu însuți într-o lume care vrea să fim toți la fel, însă va merita, cu siguranță.

Niciun preț pe care-l plătești nu este prea mare pentru privilegiul de a fi tu însuți și a trăi în acord cu propriul tău adevăr!

42

Nu are niciun sens să te lupți cu cineva care are o realitate total diferită de realitatea ta. Permite-i să-și păstreze credințele și rămâi și tu cu ale tale.

De asemenea, nu este nicio onoare să pornești la luptă atunci când știi că nu ai cum să câștigi. Retrage-te și pregătește-te mai bine sau, pur si simplu, ia-o pe un alt drum.

Încrederea ta în tine are mult de câștigat atunci când știi în ce să-ți investești energia și la ce să renunți.

43

În calea ta prin viață, oprește-te, din când în când, și întreabă-te dacă lucrurile în care crezi sunt adevărate pentru tine sau dacă drumul pe care ești te reprezintă.

De unde ai credințele care îți guvernează viața? Le-ai descoperit tu, prin experiența ta de viață sau doar le-ai preluat de la cei din jurul tău fără să le gândești cu mintea ta? De ce crezi ceea ce crezi? Ce dovezi ai care să-ți confirme credințele în care crezi?

Doar pentru că mulți oameni cred ceva nu înseamnă că acel ceva reprezintă adevărul. Oamenii se influențează mult între ei deoarece le este mult mai ușor să preia credințele altora decât să gândească cu propria minte.

De unde știi că "adevărul" în care crezi reprezintă într-adevăr **adevărul**?

De multe ori, o viață trăită în suferință, zbucium sau nefericire este rezultatul credințelor preluate de la cei din jur. "Adevărul" unui om poate să fie total greșit pentru un altul.

"Aceia care își imaginează ca fiind adevărat ceea ce nu este adevărat, și care văd ca fiind fals ceea ce este adevărat, nu ajung niciodată la Adevăr, ci urmează dorințe deșarte.

Nu credeți în buna credință a tradițiilor, chiar dacă datează de generații și sunt larg răspândite. Nu credeți un lucru numai pentru că mulți alții vorbesc despre el. Nu credeți în bunele intenții ale înțelepților din vremurile trecute. Nu credeți în ceea ce v-ați imaginat, sugestionându-vă că un zeu a fost sursa voastră de inspirație. Nu credeți în autoritatea maeștrilor și a preoților. După ce examinați totul, credeți numai în ceea ce ați verificat și experimentat singuri și considerați a fi rezonabil după felul vostru de a fi.

Să nu crezi nimic din ce ai citit sau ai auzit, chiar dacă am spus-o chiar eu, dacă nu este în acord cu propria ta gândire și cu propriul tău bun simț.

Îndoiește-te de toate. Găsește-ți propria lumină."

(Buddha)

44

Fii alături de tine însuți clipă de clipă. Nu renunța la tine, la respectul tău de sine, la prețuirea de sine, la iubirea pe care o simți pentru tine.

Dintre toți oamenii din lume, oferă-ți ție mai întâi încredere, respect și prețuire. Doar atunci când te vei iubi pe tine însuți vei putea să le oferi și celorlalți iubirea ta.

Ai încredere în tine însuți și în capacitățile tale: ești suficient de bun, frumos, inteligent și puternic ca să reușești în orice îți propui în viață. Crede în tine și nu aștepta validarea din partea altora.

Vor fi întotdeauna oameni care nu vor crede în tine și vor încerca să te demoralizeze atunci când vrei să faci ceva. Ignoră-i, acționează cu încredere și demonstrează-le, cu zâmbetul pe buze, că s-au înșelat.

Atunci când tu crezi în tine cu adevărat, nu vei mai putea fi influențat de cei care îți spun că nu poți. Poate aceea este realitatea lor, poate vorbesc prin prisma neîncrederii lor în propriile lor forțe, poate, pur și simplu, nu-și doresc ca tu să reușești pentru că asta îi va pune față în față cu limitele pe care și le autoimpun.

Mergi cu încredere pe calea ta și demonstrează-ți ție și altora că se poate!

45

Ești ceea ce faci, nu ceea ce spui că ești.

Oamenii se definesc prin acțiunile lor și nu prin ceea ce spun că sunt sau prin ceea ce "predică" altora. Congruența dintre cuvintele și acțiunile unui om îi arată verticalitatea sa interioară.

Când spui că ești într-un fel anume, trăiește în acord cu cuvintele tale. Dacă acele lucruri despre care vorbești reprezintă adevărul tău, fă în așa fel încât să fie vizibile și în acțiunile și comportamentele tale. Astfel, credibilitatea ta și respectul pe care ți-l poartă ceilalți vor avea mult de câștigat.

Identifică acele valori ale tale și fă-ți curaj să trăiești în acord cu ele.

"Dacă ai construit castele în cer, munca ta nu trebuie să fi fost în zadar. Acum pune fundațiile sub ele."

46

Poți să obții orice visezi, doar dă-ți voie să crezi că meriți și că poți să ai acel ceva.

Nu obstacolele sunt cele care te împiedică să-ți atingi visurile, ci credința ta că nu poți să depășești acele obstacole.

Cum ar fi să îți schimbi modul în care te raportezi la un obstacol?

În loc să gândești "este greu, nu cred că pot să trec peste asta", "nu sunt pregătit", "este imposibil" ș.a.m.d., să-ți spui "am o nouă provocare în fața mea, hai să mă străduiesc să o depășesc", "fac primul pas și apoi pe următorul", "este posibil, am încredere în mine și vreau să trec peste acest obstacol"...

Tot ce ai de făcut este să crezi în tine, să crezi în visurile tale și să acționezi!

47

Autoamăgirea și minciunile pe care le spun și le cred despre ei înșiși, îi fac pe oameni să fie incapabili să vadă realitatea despre propria lor persoană.

Oamenii au nevoie să-și creeze în mintea lor o imagine idealizată ca să nu se simtă inferiori, umiliți și ca să poată să-și hrănească iluzia de superioritate în fața celorlalți.

"Dacă în oglinda noastră privată ne vedem ca modele de virtute sau de inteligență, până și

cele mai stridente defecte și handicapuri ale noastre vor dispărea sau vor dobândi o coloratură atractivă, exact așa cum într-o pictură de geniu o ruină de zid urât nu mai este o ruină de zid urât, ci o frumoasă compoziție de culoare, în nuanțe de cafeniu, cenușiu și roșcat".
(K. Horney)

Orice încercare de a le arăta oamenilor cum sunt ei în realitate va fi contracarată cu furie, resentimente sau ură. Ei nu vor să fie demascați și să fie văzuți în adevărata lor esență, de care se rușinează și pe care încearcă atât de intens sa o ascundă. Însă schimbarea nu poate să vină pe terenul autoamăgirii sau a minciunii de sine. Decât să fii "demascat" de alții, mai bine asumă-ți tu ingrata misiune de a te privi exact așa cum ești și apoi de a schimba ceea ce nu-ți place sau nu este dezirabil la tine.

48

Încrederea în sine este strâns legată de autenticitate.

Nu poți să-ți dezvolți o încredere de sine veridică atunci când porți măști, joci roluri, te prefaci sau faci compromisuri cu tine însuți și cu viața ta. Orice succes vei obține astfel va fi umbrit de faptul că vei ști că ai jucat un rol, că nu ai acționat în acord cu sinele tău adevărat.

Însă, atunci când ești tu însuți și acționezi în acord cu autenticitatea ta, poți să-ți clădești pas cu pas o încredere în tine trainică, pe care să-ți bazezi acțiunile tale viitoare.

Fii tu însuți, acționează în acord cu ceea ce ești și crează-ți o viață care să te bucure și să te împlinească cu adevărat!

49

Viața noastră, modalitatea în care ne percepem pe noi înșine și felul în care trăim, de la cele mai mici chestiuni la cele mari, poate să fie guvernată fie de încredere, fie de frică.

Văd în jurul meu atât de mulți oameni care trăiesc sub imperiul fricii. În orice dialog despre motivațiile lor pentru care fac sau nu fac ceva, apare teama: "să ai grijă să nu...", "trebuie să fii atent ca să nu pățești ceva...", "mai bine nu acționezi că poate..." ș.a.m.d. Scanează constant mediul în căutarea eventualelor pericole și se tem de orice. Se uită la știri și la diferite emisiuni TV și își alimentează frica neîncetat.

Cele mai multe lucruri de care ne este frică nu se întâmplă niciodată, însă se întâmplă altele și de fiecare dată le facem față. Avem un instinct de supraviețuire și unul de autoconservare care sunt extrem de puternice, avem inteligență și resurse interioare nebănuite, iar ele se activează atunci când suntem puși în fața unui pericol sau a unei situații de viață neprevăzute. Te-ai descurcat de fiecare dată, nu-i așa?

Evident, nu vorbesc despre a-ți pune efectiv viața în pericol deliberat, însă atunci când frica te paralizează si rămâi "în cercul tău strâmt" de teamă să nu pățești ceva, este bine să te întrebi dacă este ok pentru tine felul în care trăiești.

Dacă ți-ai da voie să ai încredere în tine și să pleci la drum cu credința că ai toate resursele de care ai nevoie ca să gestionezi orice situație apare pe parcurs, ți-ai da voie să trăiești o viață mult mai bogată și mai liniștită. În plus, nu ai mai scana mediul ca să găsești pericole, ci ai căuta oportunitățile care să-ți aducă împlinirea și bucuria de a trăi și ai acționa cu încredere.

Și, nu în ultimul rând, gândește-te la câte compromisuri ai renunța dacă nu ți-ar mai fi frică...

50

Singura persoană pe care ar fi normal să-ți dorești să o depășești ești tu însuți.

Datoria ta este să fii mai bun decât ai fost ieri și să progresezi pe calea visurilor tale.

Nu are niciun sens să te compari cu altcineva și nici să-ți dorești să fii ca altul. Ei sunt ei și tu ești tu, iar fiecare ființă umană este unică și originală... Dacă alege să fie așa, evident.

51

Dacă simți nevoia să porți măști sau să joci roluri înseamnă că încă nu trăiești în acord cu sinele tău, cu autenticitatea ta. O persoană care joacă diferite roluri nu şi-a găsit propriul rol în viaţă şi se străduieşte să-i imite pe alţii, despre care crede că sunt "modele de succes".

În loc să-ţi doreşti "să fii ca" altcineva, mai bine ţi-ai investi energia în a-ţi descoperi sau a-ţi crea propria personalitate şi propriul destin.

A fi tu însuţi este singurul rol pe care îţi cere viaţa să îl joci.

În rest, oricât de bine ai juca un rol şi oricât te-ai strădui să te prefaci sau să pretinzi, vei rămâne o copie şi niciodată un original, iar lumea este mai săracă pentru că tu nu-ţi dai voie să fii autentic şi original.

Fii tu însuţi, asta-i tot ce ai de făcut.

52

Măştile pe care le poartă oamenii în interacţiunea cu cei din jur pot fi expresia unui scut de apărare — adică servesc dorinţei de autoprotecţie — sau pot fi folosite pentru a-i manipula ori a-i induce în eroare pe ceilalţi pentru a obţine diferite avantaje.

"În toate categoriile sociale, fiecare simulează o expresie şi o fizionomie, pentru a părea ceea ce vrea să fie crezut. Şi, astfel, putem spune că lumea nu e alcătuită decât din măşti."

La Rochefoucauld.

Măștile pe care le poartă cineva pot fi date jos doar atunci când acea persoană are destulă încredere în sine, astfel încât să nu mai simtă nevoia de a se proteja, sau atunci când dezvoltă o verticalitate interioară care îl împiedică să se mai prefacă în fața altora în scopul de a obține avantaje necuvenite. Așa ia naștere autenticitatea.

Cum recunoaștem măștile la cei din jur?

Dacă stai și analizezi ceea ce simți atunci când ești în contact cu o persoană (care poartă o mască) apoi ce simți când ea nu este lângă tine, vei observa în interiorul tău un dezacord, o stare de confuzie sau de neliniște în privința acelui om.

Intuiția ta îți va spune întotdeauna că un om nu este ceea ce pretinde a fi și tot ce ai de făcut este să asculți de vocea ta interioară.

Uneori poate să îți ia mai mult timp să recunoști o mască, însă dacă tu alegi să nu neglijezi ceea ce simți, vei depista rapid impostura sau mecanismele de apărare ale celor din jur.

O altă metodă foarte bună este să devii conștient de măștile pe care le porți tu... Întreabă-te ce rol ți-ai însușit, cum "pozezi" în fața altora, câtă discrepanță există între cum te vezi tu și cum ai vrea să te vadă alții?

Când tu îți recunoști și îți dai jos măștile, vei putea să le vezi ușor și pe ale altora.

Iubește și caută autenticitatea la tine însuți și la cei din jurul tău!

53

De cele mai multe ori, atunci când alegi să mergi pe o anumită cale, este necesar să renunți la toate celelalte.

Nu poți să înaintezi pe un drum, nici dacă stai prea mult la intersecție și nici dacă vrei să urmezi toate drumurile.

Alege-ți calea în acord cu ceea ce-ți spune intuiția și apoi mergi cu hotărâre înainte.

54

Tu ești și devii atât cât crezi tu despre tine că ești și că poți să devii.

În acest lucru constă diferența dintre oamenii care au succes în viață, sunt împliniți și cunosc ce înseamnă bucuria de a trăi și cei care nu obțin toate acestea, ci frustrare, stres sau neîmplinire.

În momentul în care îți dai voie să visezi și crezi în puterea ta de a-ți realiza visele, "tot Universul conspiră la realizarea dorinței tale". Însă, dacă tu nu crezi că poți și te limitezi singur la puțin, atât vei și obține.

Imaginea de sine și încrederea în sine sunt cei mai buni predictori ai succesului. Nu există "noroc" fără să crezi în tine și să acționezi pentru atingerea viselor tale.

Eu sunt sigură că tu poți mai mult! Tu... ce crezi despre tine?

55

Noi, oamenii, suntem construiți foarte interesant... Apreciem doar ceea ce obținem în urma unor eforturi intense și tindem să nu respectăm ceea ce ni se oferă prea ușor.

Nu valorizăm bunătatea și dărnicia, ci îi considerăm atractivi pe acei oameni care ne fac foarte rar pe plac.

Însă, atunci când ajungem la un anumit nivel de maturitate și înțelepciune, scara valorilor se inversează... Nu ne mai interesează să investim mult efort pentru puțin, ci învățăm să apreciem și să ne bucurăm de lucrurile simple și frumoase.

De asemenea, abia când ajungem la un anumit nivel de conștientizare apreciem oamenii care au renunțat la jocurile inutile pentru putere și aparențe și sunt dispuși să fie buni, blânzi, calzi și darnici fără să se teamă că vor fi desconsiderați de către cei care încă "luptă" ca să își asigure o anumită poziție în ochii celor din jur.

Respectul autentic îl merită cei care au atins cu adevărat integritatea și trăiesc în acord cu umanitatea din interiorul lor, indiferent de ceea ce fac sau doresc ceilalți.

FOLOSEȘTE-ȚI PUTEREA INTERIOARĂ

1

Victimizarea, lamentarea, discuțiile frecvente despre neajunsurile tale nu te ajută efectiv la nimic. Da, poți să atragi mila și simpatia altora, să simți că primești atenție și afecțiune din partea lor, însă în afară de a proiecta o imagine de victimă neajutorată, ce obții în acest fel?

Vrei să pari neajutorat ca să primești ajutor, susținere și să-și asume alții responsabilitatea vieții tale? Îți dorești să predai puterea asupra ta în exteriorul tău și să devii dependent de ei? Uită-te în jurul tău și observă cât de greu le este, de fapt, acelor oameni care nu au autonomie și independență personală și trăiesc la cheremul altora.

Faptul că te raportezi la tine însuți ca la o victimă, îți creează suferință în două moduri: primul — că prin dialogul tău interior îți repeți că ești neajutorat și lipsit de putere și, în al doilea rand, că și ceilalți te percep ca fiind o ființă fragilă și slabă care poate fi abuzată cu ușurință.

O victimă atrage agresori, deoarece toți oamenii au un anumit nivel de agresivitate care se activează inconștient în prezența unei victime lipsite de putere. Oamenii te abuzează pentru că le permiți, pentru că nu-ți stabilești limite și granițe clare de interacțiune cu ei și faci asta deoarece tu însuți crezi despre tine că ești lipsit de putere.

Respectul și admirația se obțin atunci când tu ești o ființă autonomă, independentă și puternică și nu atunci când te victimizezi. Victimele atrag milă, nu respect și prețuire. În limba engleză există o etichetare pentru victime — "drama queen" — adică persoane care încearcă să atragă atenția prin dramatism și lamentare, iar astfel de oameni sunt ironizați și evitați de către ceilalți.

Folosește-ți puterea interioară, asumă-ți responsabilitatea vieții tale, acționează ca să depășești orice neajuns și renunță la a-ți mai plânge de milă. Nu te ajută cu nimic în mod real, ci îți face mai mult rău decât bine.

2

Ce este Ego-ul?

Ego-ul unui om reprezintă conștiința identității sale (eul său), ceea ce îl definește pe el ca ființă umană.

Ego-ul începe să se formeze în copilărie, prin interacțiune directă cu lumea înconjurătoare, este structura psihică necesară pentru supraviețuire și adaptare la realitate.

Ego-ul este partea conștientă din tine și funcționeaza după "principiul realității" (spre deosebire de inconștient care ascultă de "principiul plăcerii").

Ego-ul este partea organizată a personalității tale, sediul inteligenței, gândirii, memoriei, percepției, procesării de informație, învățării și cea care determină felul în care te comporți și acționezi. Capacitatea de a fi conștient de tine însuți, de a vedea realitatea așa cum este ea, de a analiza lumea, de a sintetiza informații, de a planifica, de a lua decizii — toate acestea aparțin ego-ului.

Ego-ul ne ajută să avem un simț al lumii exterioare, să ne orientăm atenția și să ne focalizăm energia, să ne organizăm gândurile si sa ne alegem comportamentele în așa fel încât să ne asigurăm supraviețuirea și să ne atingem obiectivele.

Tot ego-ul ne ajută să ne cenzurăm pulsiunile și instinctele (animalice) care vin din inconștient și, astfel, să fim civilizați, să avem morală și bun simț.

Ego-ul tău este eul tău, este personalitatea ta. Ai nevoie de el ca să supraviețuiești și ca să poți să trăiești în societate.

Aceasta fiind realitatea, de ce ți-ai dori să-ți anulezi ego-ul (așa cum te îndeamnă anumite școli spirituale)?

De ce ai dori să renunți la cine ești tu, la interfața pe care ți-ai construit-o cu greu ca să supraviețuiești și să te dezvolți?

Da, există posibilitatea ca unii oameni să confunde un ego sănătos și funcțional cu unul disfuncțional, care nu și-a însușit în mod adecvat anumite aspecte și atunci putem să vorbim despre educarea acestui ego, însă niciodată despre anularea lui — asta ar echivala cu uciderea propriei personalități.

Pentru ca o persoană să poată să trăiască în lumea reală, în societatea noastră, are nevoie de un ego (eu) puternic și sănătos. Dacă dorești să renunți la ego, este necesar să te retragi și din societate, adică să trăiești în mănăstire, ashram, în izolare ș.a.m.d. și să te dedici unei vieți spirituale în care nu mai este vorba de personalitatea ta, ci despre renunțarea la sine.

Dar dacă dorești să trăiești în societate, să fii un om care are o existență complexă, echilibrată și împlinită, fă-ți din ego-ul tău prietenul cel mai bun, șlefuiește-l până când îți place de tine și renunță la ideea că ar fi ceva rău sau care trebuie exterminat cu orice preț.

3

Principiul după care funcționează inconștientul nostru este "principiul plăcerii" (și evitarea durerii). De aceea, devenim atât de ușor dependenți de orice ne oferă plăcere, fie că este vorba de plăcerile simțurilor noastre, fie că este vorba despre plăcerile oferite de trăirile noastre psihice.

Este foarte ușor să devenim dependenți de un gust, un miros, o imagine, o senzație plăcută etc. precum și de o altă ființă umană care ne asigură plăcerile noastre. Atunci când o persoană ne oferă stimuli pozitivi — de exemplu atenție, afecțiune sau plăcere sexuală — devenim dependenți de acel om și îl percepem ca pe furnizorul nostru de "drog". Prin contactul cu acel om, simțim plăcere și, de aceea ne dorim contactul frecvent cu cel care ne furnizează stimularea pozitivă de care se bucură mintea noastră. Simțim bucurie când ne susține adicția și neplăcere, tristețe sau chiar furie când suntem deprivați de ea. Funcționăm ca un depedent de droguri: fericit când poate să-și ia doza (satisfacție, împlinire) și în sevraj când nu o are (senzația de gol, de dor, de durere).

Pentru a putea să ne păstrăm totuși echilibrul, avem nevoie de o minte puternică și disciplinată, de rezistență la frustrare și de controlul pulsiunilor noastre. Și, cel mai important, este necesar să nu avem prea multe goluri interioare, lipsuri sau neîmpliniri pe care ni le dorim satisfăcute de ceva sau cineva din exterior, deoarece aceasta este calea care duce la dependența de orice: alcool, droguri, mâncare, alți oameni ș.a.m.d.

Când ești o ființă completă, echilibrată, din toate punctele de vedere, nu devii dependent de nimic din exteriorul tău. Poți să te bucuri de orice, însă fără să devii disperat sau să te agăți de ceva sau de cineva. Ești ok și cu și fără acel ceva care îți satisface o plăcere de moment.

Îți tot repetam să fii o persoană autonomă, echilibrată și independentă, din toate punctele de vedere, tocmai ca să te asiguri că nu vei deveni dependent de ceva sau cineva care îți asigură plăcerile tale sau umplerea golurilor tale interioare.

4

În viață sunt lucruri asupra cărora tu deții controlul și sunt lucruri pe care nu le poți controla.

Îți poți controla propria minte și propriile trăiri, propria atitudine și propriul comportament și îți poți direcționa viața în sensul pe care tu ți-l dorești. Tu hotărăști ce impact au asupra ta evenimentele exterioare, tu decizi cum să te raportezi la ceea ce ți se întâmplă și cum alegi să reacționezi la situațiile neprevăzute din viața ta.

Ceea ce nu poți tu controla, și, ca atare, nici nu are vreun sens să-ți investești energia în asta, sunt ceilalți oameni, evenimentele exterioare și vremea.

Tot ce ai de făcut este să-ți asumi responsabilitatea asupra propriei tale ființe, pe de-a-ntregul, să ai încredere în tine, în faptul că vei lua întotdeauna cele mai bune decizii și, apoi, să mergi cu hotărâre prin viață. Ești flexibil, te adaptezi la schimbările și circumstanțele exterioare în felul tău propriu și personal, nu încerci să le schimbi, însă nu-ți iei niciodată ochii de la obiectivele tale.

Când înveți să discerni între lucrurile pe care le poți controla și cele asupra cărora tu nu ai, de fapt, control, dobândești înțelepciunea necesară ca să știi în ce anume să-ți investești energia și, astfel, să-ți atingi obiectivele pe care le ai.

5

Datorită obișnuinței, atașamentelor, dependențelor, orgoliului ș.a.m.d, omului îi este greu să o ia pe o altă cale în viață, chiar dacă prezentul lui îl nemulțumește sau îi provoacă suferință.

Dacă te uiți în jurul tău, vezi atâția oameni care trăiesc în suferință, în conflicte, în compromisuri de toate felurile, atât în viața personală, în relațiile pe care le au, cât și în viața profesională. S-au transformat în victime care plâng și se plâng, sunt mai mereu supărați, triști, deprimați, frustrați, nefericiți, însă continuă să stea în aceleași situații.

Dacă îi întrebi de ce nu fac o schimbare, îți spun că le este frică, că nu au curaj, că nu au putere sau încredere în ei înșiși că va fi mai bine. Unii dintre ei sunt atât de lipsiți de energie vitală, că abia mai reușesc să facă față vieții cotidiene.

Da, nu este ușor să renunți la tot și să schimbi direcția în viața ta, însă întrebarea mea este — oare nu este mai greu să stai în situația aceasta care te distruge psihic și fizic? Poate îmi vei spune că "este mai bine cu răul cu care m-am obișnuit", dar eu vin și te întreb — crezi că poate fi mai rău de atât? Chiar și faptul că gândești în acest mod provine din situația ta mentală actuală care este poluată de negativitate și de frică.

Cu cât stai mai mult într-o situație care îți face rău, cu atât mai slăbit vei fi și cu atât mai mult vei fi predispus să accepți suferința, abuzurile și compromisurile pe care le faci.

Dar în momentul în care vei spune STOP la tot ceea ce îți ia din putere și din bucuria de a trăi, îți vei recâștiga, pas cu pas, ființa și viața.

De fiecare dată, fără excepție, atunci când un om închide ușa suferinței care îl seacă de energie și o ia pe o altă cale, cea pe care îl îndeamnă să meargă intuiția sa, viața i se transformă miraculos. Se îndepărtează de suferință și își investește energia în a-și construi o viață care să îl bucure și în care este prezentă puterea și bucuria de a trăi.

Te simți slab doar atunci când accepți suferința. Atunci când îți accesezi puterea interioară și spui STOP la tot ceea ce-ți face rău sau te îndepartează de bucuria de a trăi, te recâștigi pe tine și controlul asupra vieții tale.

Alege înțelept felul în care trăiești: în suferință sau în bucurie!

6

"Lasă că merge și asa" — pare a fi dictonul după care mulți oameni își conduc viața deoarece este parte din atitudinea și mentalitatea acestui popor.

Lipsa de profesionalism, amatorism, "spoiala de..." orice, lipsa de implicare și de angajament, neasumarea responsabilității față de nimic — nici măcar față de propria ființă sau față de propria viață, lene, lâncezeală, blazare, dar, mai ales, mediocritate — multă mediocritate în toate domeniile.

Efectele acestui tip de atitudine și de mentalitate se văd atât la nivel social, cât și la nivelul personalității omului. Se mulțumește cu puțin pentru că nu cere prea multe nici de la el însuși, se uită în jur și vede că nici alții nu fac și atunci, pe principiul efectului de turmă, își spune "dar de ce să fac eu mai mult?" și uite așa trăim viețile pe care le trăim în societatea pe care o formăm prin aportul fiecăruia dintre noi.

Cum ar fi dacă tu ai începe de astăzi să nu mai accepți

mediocritatea în ceea ce te privește și în privința vieții tale? Dacă nu te-ai mai mulțumi cu puțin, ci te-ai strădui, de fiecare dată, să faci cât de bine poți tu, în orice lucru care te reprezintă sau este important pentru tine? Da, știu, prima reacție a celor din jur va fi să râdă de tine și să-ți spună că "ești fraier, ce te chinui atât — lasă că merge și așa", însă după o perioadă îi vei inspira și poate îți vor urma exemplul. Doar în acest fel se poate schimba viața ta și, apoi, societatea în care trăim.

Evident, nu poți să fii extraordinar în toate domeniile vieții tale, însă poți să excelezi în cele care sunt cu adevărat importante pentru tine. Fă-ți o listă de priorități și investește-ți energia în cele care te reprezintă cu adevărat.

Nu te mai mulțumi cu mediocritatea, ci străduiește-te să fii extraordinar măcar într-un domeniu. Îți garantez că te vei simți împlinit, satisfăcut, iar stima ta de sine va avea enorm de mult de câștigat.

Când depășești mentalitatea mediocrității, devii un creator de valori și, astfel, contribui la evoluția ta și a societății în care trăim cu toții.

7

Îți reamintesc astăzi faptul că nimic nu "trebuie" și că nu ai nicio "obligație" să faci ceva ce nu dorești să faci.

Nu trebuie să petreci timp cu oamenii care nu te fac să te

simți bine, cu oamenii în compania cărora te simți iritat, enervat, frustrat, plictisit ș.a.m.d.

Nu trebuie să respecți niște tradiții — unele chiar stupide sau dăunătoare ție ori altor ființe — doar pentru că "așa se face".

Nu trebuie să-i lași pe alții să decidă pentru tine — cum dorești sau nu dorești să-ți trăiești viața.

Ești o ființă unică, originală, cu imaginație și creativitate și poți să fii și să faci mult mai multe lucruri decât să urmezi niște rețete decise de alții în negura timpurilor.

Nu permite nimănui (și nici credințelor limitative din mintea ta) să te influențeze ca să faci lucruri pe care nu dorești să le faci, cu oameni de care nu-ți place, doar pentru că ți-e frică să ieși din confortul "turmei".

Renunță la pasivitate, la cunoscutul care, de fapt, îți displace, și creează-ți tu propriul drum, propriul sistem de valori și credințe, în acord cu ceea ce gândești, simți, ești și dorești.

Fii tu însuți și alege-te pe tine!

8

Una dintre cele mai dificile lecții pe care ni le dă școala vieții este pierderea... oamenii intră și ies din viața noastră, îi pierdem pe cei dragi, pierdem diferite lucruri de care ne atașăm, de fapt, nimic nu rămâne la fel și nimic nu este pentru totdeauna.

Felul în care învățăm să ne raportăm la pierderi — cum ne ridicăm după ce viața ne ia ceea ce este mai drag, cum adunăm cioburile și renaștem ca să o luăm de la început — este una dintre cele mai importante abilități ale noastre.

Avem nevoie de un psihic puternic, avem nevoie să ne accesăm puterea interioară și să știm că putem să ne bazăm pe noi înșine oricând și să nu ne lăsăm doborâți de pierderile cu care, inevitabil, ne vom întâlni în călătoria noastră.

Fii pregătit pentru orice, oricând, investește în tine însuți și acceptă faptul că viața este presărată de urcușuri, coborâșuri, obstacole și oportunități. Întâmpină-le pe toate cu aceeași seninătate și mergi cu încredere înainte!

9

Când te cunoști și te accepți pe tine însuți, atât cu părțile tale luminoase cât și cu cele mai întunecate, nimeni nu va mai putea să te facă să te simți jignit sau atacat.

Ne simțim jigniți sau ne supărăm atunci când ceilalți ne arată ceva ce nu acceptăm la noi înșine sau nu vrem ca alții să afle.

Ne enervăm doar atunci când ne interesează mai mult ceea ce cred alții despre noi decât ceea ce gândim noi despre noi înșine sau când pozăm în ceva ce nu suntem și alții ne demască.

Ne enervăm și luptăm atunci când vrem să demonstrăm ceva de care nici noi înșine nu suntem foarte siguri.

Cunoaște-te, acceptă-te și modelează-te pe tine însuți atât cât îți dorești, iar când tu vei fi mulțumit de tine, nu va mai conta părerea nimănui.

Fii tu mândru și mulțumit de reflecția ta din oglindă. Asta-i tot ceea ce contează.

În plus, părerea altora te afectează doar pentru că ție îți pasă prea mult de acei oameni, pentru că îi pui mai presus de tine și te hrănești cu validarea și aprecierea lor. Ei pot să te doboare sau să te ridice.

Oare este normal ca puterea asupra ta să fie undeva în exteriorul tău?

Nu crezi că ar fi mai ușor și mai înțelept pentru tine ca, în loc să te chinui să trăiești pentru niște aparențe, să devii tu centrul universului tău și să fii tu cel care decide dacă ești sau nu ok?

Ce-ar fi să nu te mai intereseze ce spune lumea?

Tu te placi pe tine însuți? Minunat. Restul nu mai contează.

Nu te placi pe tine însuți? Schimbă-te până în momentul în care ești încântat de rezultat.

Aceasta este o rețetă simplă și sigură care te va elibera de sub jugul "gura lumii".

Folosește-ți puterea interioară!

10

Nesiguranța ta interioară te face să cauți ancore în exteriorul tău.

Nu ai încredere în tine și atunci vrei să te sprijini pe alții, alergi după iluzia siguranței pe care crezi că ți-o oferă un job "sigur", un partener de viață sau alți oameni.

Încerci să-i schimbi pe alții pentru ca ei să fie așa cum îți dorești tu, doar pentru ca să te poți sprijini pe ei. Îți imaginezi că dacă el/ea ar fi așa cum vrei tu, ai putea să-l faci responsabil/ă de tine și de existența ta. Însă uiți că tu ești adult acum și nu un copil neajutorat...

Cauți încredere, cauți sprijin, cauți susținere, cauți siguranță undeva înafara ta... oare nu îți dai seama cât de mult îți risipești astfel energia?

Singura persoană pe care te poți baza cu adevărat, necondiționat și pentru toată viața ești tu însuți! Orice altceva este o iluzie.

Devino puternic, investește în tine și în dezvoltarea ta

personală și vei câștiga o ancoră de nădejde pentru toată viața ta.

11

Una dintre credințele mele fundamentale este că omul are nevoie de autonomie și independență pentru ca să poată trăi o viață de care să se bucure, în acord cu sine însuși.

Este necesar să învățăm să gândim cu propria noastră minte, să ne bazăm pe propriile noastre forțe, să fim independenți din punct de vedere emoțional, psihic, material ș.a.m.d., tocmai pentru a putea dărui valoare celor din jurul nostru.

Ar fi normal ca fiecare dintre noi să-și descopere și să-și valorifice întregul său potențial, iar astfel, să-și aducă contribuția la binele celorlalți. Dacă trăim dependenți unii de alții, dacă ne influențăm în gândire, comportament, stil de viață etc., vom avea tendința să ne limităm la mult mai puțin decât am putea să avem și să dăruim atunci când trăim fiecare în acord cu comoara noastră interioară.

12

Ca să-ți schimbi viața este necesar să-ți schimbi prioritățile.

Vrei ca viața ta să arate altfel, însă tu continui să faci în fiecare zi același lucru pe care îl faci dintotdeauna.

Visezi la cât de mult ți-ar plăcea să fie altfel, poate să-ți schimbi jobul, să-ți găsești vocația, poate să ieși dintr-o relație disfuncțională, poate să ai corpul pe care ți-l dorești ș.a.m.d. și, cu toate acestea, nu faci nimic pentru visurile tale, ci continui să-ți investești zilnic energia în ceea ce nu-ți dorești, de fapt, să ai.

Nimic nu se modifică dacă tu nu alegi astăzi să faci ceva pentru visul tău.

Visurile tale ar trebui să devina prioritățile tale și, în loc sa continui să dai timpul și energia ta acelor lucruri pe care nu ți le dorești, fă astăzi o schimbare, oricât de mică. Apoi mâine mai fă un pas și continuă să faci zilnic câte ceva pentru visul tău.

Visurile devin realitate dacă tu te îndrepți către ele, pas cu pas.

Foloseste-ți puterea interioară!

13

Dependența de cineva din exteriorul tău, plasa de siguranță pe care o simți că este tot timpul acolo, "colivia de aur" în care trăiești reprezintă uneori cele mai mari piedici în calea dezvoltării tale personale și atingerii potențialului tău uman.

Orice om are nevoie de un scop și un sens în viață, iar dacă nu le are, se poate instala depresia. Plictiseala, blazarea, zona de confort conduc la sentimente de inutilitate și la diferite tulburări emoționale, fizice și/sau de comportament.

Dacă nu ai de ce să te trezești dimineața, dacă nu ai pentru ce să lupți, dacă totul îți este asigurat mulțumitor, dacă soțul/soția/părinții îți asigură existența și nu mai este nevoie de aportul tău în propria ta existență, consecințele ce decurg de aici pot fi foarte triste: te refugiezi în mâncare, alcool, te deprimi, încerci să-ți umpli timpul cu tot felul de lucruri mai mult sau mai puțin inutile de fapt pentru tine, te simți plafonat, neajutorat, fără încredere în tine și în forțele tale și, poate, chiar ca un parazit.

Astfel, cei care din "iubirea" lor față de tine vor sa-ți ușureze existența, nu fac decât să te transforme într-o ființă tristă, lipsită de motivație și de voință. Este greu să-ți dorești să faci ceva, să începi de undeva, dacă ți se tot repetă "lasă, nu te mai chinui tu, eu câștig destul pentru amândoi" sau "lasă, nu te mai obosi tu, am muncit noi destul ca să ai tu", astfel că nu ești nevoit să-ți deschizi aripile, să conștientizezi că poți și să-ți dai voie să zbori.

Unele dintre cele mai de succes povești de viață pe care le cunosc sunt ale unor oameni care nu au avut acea plasă de siguranță sub ei, astfel că au fost nevoiți să lupte, să-și dorească să supraviețuiască și să depășească lipsurile și neajunsurile. Au devenit conștienți de cât de puternici sunt, de fapt, au accesat resursele din interiorul lor și, pas cu pas, și-au clădit o viață cu care se mândresc.

Dependența de alții te face să te simți neajutorat, lipsit de putere și nu ai cum să găsești astfel fericirea și împlinirea pe care le merită orice ființă umană.

Rupe lanțurile dependenței tale și crează-ți singur o viață

care să te împlinească cu adevărat.

14

Regretele dor mult mai tare decât frica.

Mulți oameni nu-și schimbă viața pentru că le este frică — frica de necunoscut, frica de a nu eșua, frica de a nu pierde confortul călduț, dar plictisitor în care se află, frica de "gura lumii", frica de succes, frica de schimbare ș.a.m.d.

Permitem fricii să ne guverneze și uităm să trăim cu adevărat. Însă, la un moment dat, în viața lor, oamenii ajung să conștientizeze că frica nu este reală, că este doar o modalitate de a gândi pe care au preluat-o de la cei din jur sau că este doar metoda prin care mintea lor dorește să-și păstreze status-quo-ul. Și atunci privesc în urmă și își spun "dacă aș fi știut, aș fi acționat altfel", "îmi doresc să fi trăit/gândit/simțit altfel" și își dau seama câte trenuri au pierdut doar pentru că le-a fost teamă să riște să urce în ele.

Întreabă-te de ce ți-e frică mai mult: de teama pe care o simți astăzi sau de teama că îți irosești viața?

Nu-ți pierde viața privind cum pleacă trenurile în care îți doreşti cu disperare să urci ci fă-ți curaj și urcă în ele. Nu-ți petrece restul vieții tale gândindu-te cum ar fi fost dacă...

Trăiește-ți viața. Asumă-ți riscuri. Descoperă-ți curajul și puterea interioară și trăiește din plin!

15

Încetează să-ți mai repeți că ești o victimă!

Când tu crezi că ești o victimă a circumstanțelor, a oamenilor, a trecutului tău sau cine știe a căror cauze, situația ta este fără ieșire.

Când aștepți să vină cineva să te salveze, când predai în exteriorul tău responsabilitatea asupra ta și asupra vieții tale, ești lipsit de putere.

Nimeni nu a venit pe lumea aceasta ca să-ți poarte ție de grijă (doar nu mai ești un copil neajutorat) și nu este responsabilitatea nimănui să te ajute sau să te salveze.

Cauza și rezolvarea problemelor tale nu este undeva în exteriorul tău, ci totul începe și se termină cu felul în care tu gândești și acționezi.

Viața ta este în mâinile tale, responsabilitatea emoțiilor, gândurilor, acțiunilor și existenței tale îți aparțin 100%!

Modifică-ți felul în care gândești despre tine și, în loc să crezi că ești o victimă neajutorată și să cauți înțelegere, validare, ajutor și salvare din exterior, caută să devii tu propriul tău erou.

Gândește ca un om puternic, asumă-ți responsabilitatea vieții tale și acționează!

Nu ești o victimă, ci un învingător!

16

Datorită fragilității lor emoționale sau poate pentru că le lipsește curajul de a privi adevărul în față — deoarece perceperea adevărului i-ar obliga să facă anumite schimbări în viața lor, oamenii preferă uneori să se autoamăgească cum că lucrurile arată, de fapt, altfel de cum sunt.

"Uneori oamenii nu vor să audă adevărul, deoarece nu vor să le fie distruse iluziile."
(F. Nietzsche)

Atât în ceea ce-i privește pe ei și comportamentele lor, cât și în ceea ce privește viețile lor, uneori oamenii se mint pe ei înșiși că sunt bine și că au o viață frumoasă.

Nu vor să-și dea voie să privească realitatea în față pentru că o consideră prea dureroasă și atunci aplică politica struțului — ceea ce nu văd, nu există.

Însă psihicul și fizicul lor le semnalizează că nu este ok ceva: au anxietate, depresie, atacuri de panică, plâng ușor, le lipsește bucuria autentică și pofta de viață sau au diferite probleme somatice — erupții pe piele, dureri de cap, insomnii, dureri de spate, dureri de stomac, probleme cu fierea sau cu ficatul etc.

Nu te ajută, de fapt, cu nimic să te minți pe tine și să-ți investești toată energia psihică în a te autoiluziona că ești ok și că ai o viață de care ești mulțumit dacă nu este așa. Psihicul tău știe că te minți și încearcă să te atenționeze că nu faci bine ceea ce faci.

Ascultă-te, privește adevărul în față, oricât de dureros ar fi să faci asta acum, pentru că după ce îți dai voie să vezi lucrurile așa cum sunt și te apuci să le pui în ordine, îți redobândești puterea interioară.

Nu poți să ascunzi mizeria sub covor la nesfârșit și să crezi că ai o casă curată.

Știu că este greu să-ți dai voie să conștientizezi adevăruri dureroase, însă energia pe care o investești ca să le ascunzi de tine însuți ai putea să o folosești mult mai util confruntându-le și rezolvându-le.

Accesează-ți puterea interioară, conștientizează cum stau lucrurile, de fapt — cu tine însuți și cu viața ta — și fă schimbările necesare pentru ca să-ți redobândești bucuria de a trăi.

17

Perfecțiunea umană este un ideal spre care putem (sau nu) să tindem.

Din punctul meu de vedere, desăvârșirea noastră ca ființe umane, pe cât mai multe paliere, reprezintă un scop în sine al existenței noastre.

Blazarea, plictiseala existențială, depresia și lipsa de sens, provin de cele mai multe ori din refuzul nostru de a ne depăși constant propriile limite (auto)impuse.

Ne mulțumim cu felul în care arătăm — deși nu ne place corpul nostru, ne mulțumim cu situația materială sau socială — pentru că nu credem că putem mai mult, ne complacem în relații disfuncționale sau toxice — deoarece nu credem că putem găsi ceva mai bun, avem gânduri și trăiri negative și nu facem nimic ca să le depășim — pentru că așa suntem noi și așa am fost dintotdeauna...

Te regăsești în cele scrise mai sus? Perfect, înseamnă că îți dai voie să conștientizezi.

Iar acum gândește-te că tot ceea ce scriu eu, și cei ca mine, sunt mesaje menite să te trezească și să te îndemne să-ți schimbi viața sau acele părți din viața ta de care nu ești mulțumit.

De asta existăm noi — psihoterapeuți, life-coach, speakeri motivaționali, lideri spirituali, filosofi ș.a.m.d. — ca să te ajutăm să conștientizezi cum ești acum și să cauți constant să evoluezi în așa fel încât să fii împlinit și fericit cu tine însuți și cu existența ta.

Vrei să arăți altfel? Poți!

Vrei să câștigi mai mult sau să ai un alt impact în mediul social în care trăiești? Poți!

Vrei să ai o relație armonioasă cu un partener care să te iubească și pe care îl iubești? Poți!

Vrei să ai gânduri și trăiri pozitive? Poți!

Vrei ca viața ta să arate cu totul altfel? Poți!

Însă... depinde doar de tine ce alegi — mediocritatea sau tendința către perfecțiune?

Alege înțelept direcția pe care o dai vieții tale!

18

Sunt momente în viață când te simți blocat, când nu-ți mai place unde ești acum însă nici nu vezi ce altceva ai putea să faci ca să ieși din situația ta actuală.

Primul lucru pe care vreau să-l conștientizezi este că blocajul pe care îl percepi este doar o trăire, nu o realitate. Te simți blocat, nu ești blocat.

De multe ori, zona de confort în care te afli, obișnuințele și rutinele tale, zidurile pe care tu singur ți le-ai construit sunt cele care te fac să te simți blocat, într-o situație aparent fără ieșire.

Cu cât mai mult te scufunzi în zona de confort și te obișnuiești cu ea, cu atât mai puțin îți pui la treabă imaginația și creativitatea. În același timp înlocuiești curajul de a experimenta viața cu dorința de (aparentă) siguranță. Îți reamintesc că nu există siguranță în exteriorul tău și că, oricât de mult te-ai strădui să menții zidurile zonei tale de confort, schimbarea va veni de la sine. Singura constantă în Univers, și deci și în viața ta, este schimbarea.

Dacă crezi că blocajul pe care îl simți se datorează factorilor din exterior — alți oameni sau situații — te înșeli din nou. Tu ești cel care permiți oricărui lucru din viața ta să existe pentru că tu ești singurul responsabil de felul în care îți trăiești viața. Nu ai pe cine să învinovățești și nimeni nu este responsabil de existența ta. Tu ești singurul responsabil — 100%!

Ca să depășești acest blocaj, poți prin a începe să percepi cu alți ochi situația ta actuala. Asumă-ți responsabilitatea pentru tot ceea ce ai creat în viața ta și te-a adus în acest punct și, apoi, răspunde la întrebarile:

"Ce aș putea să fac dacă nu mi-ar fi atât de teamă de schimbare?"

"Cum aș trăi dacă nu aș mai învinovăți pe nimeni pentru situația în care mă aflu?"

"Dacă mi-aș da voie să visez și să cred că orice este posibil pentru mine, cum mi-aș schimba viața?"

După ce ai răspunsurile, fă-ți curaj și acționează!

De putut se poate cu siguranță, totul este să vrei!

19

Schimbarea și dezvoltarea în viața ta pot să se desfășoare fie pe orizontală, în exteriorul tău, fie pe verticală, în interiorul tău.

Creșterea pe orizontală poate înseamna să faci mai mulți bani, să-ți iei o casă mai mare, o mașină mai mare ș.a.m.d. Bucuria pe care o vei simți astfel este, de obicei, de scurtă durată și vei ajunge în scurt timp să îți dorești altceva sau mai mult. Iar dacă toată strădania ta este centrată exclusiv pe bunuri materiale și pe a obține mai mult în exteriorul tău, îți vei petrece viața alergând după lucruri care nu au cum să-ți aducă cu adevărat împlinirea.

Pe de altă parte, evoluția interioară înseamnă să lucrezi cu tine însuți, să te cunoști din ce în ce mai bine, să-ți modifici gândirea în așa fel încât să te simți bine în propria ta companie și să fii stăpânul emoțiilor, gândurilor și vieții tale.

Maturitatea nu o obținem dacă ne focalizăm doar pe a deține acele simboluri sociale ale unui om "matur" — căsătorie, casă, un job bun ș.a.m.d. A fi matur, presupune să ne șlefuim personalitatea, să ne cunoaștem pe noi înșine și să ne îmbunătățim continuu.

Este cu adevărat o realizare dacă poți spune: "acum câtva timp eram influențabil / agitat / ușor iritabil / anxios / temător / supărat / negativist / depresiv / aveam crize de nervi sau de isterie / nu mă puteam stăpâni ș.a.m.d., însă am lucrat cu mine, iar acum pot să-mi păstrez echilibrul chiar și în mijlocul furtunii".

Adevarata maturitate și evoluție nu se referă la ceea ce ai, ci la ceea ce ești.

20

"Orice călătorie începe cu primul pas."

Atunci când vrei să-ți îndeplinești un vis, fă-ți un plan și urmărește-l pas cu pas. Nu te gândi prea mult la cât de mult ai de parcurs și la cât de multe obstacole va trebui să depășești, ci doar focalizează-te pe primul pas, apoi pe următorul...

Îți va fi mult mai ușor, din punct de vedere psihic, dacă te focalizezi doar pe acel pas pe care poți să îl faci astăzi pentru îndeplinirea obiectivului tău, decât dacă te tot gândești la toate eforturile pe care crezi că trebuie să le faci.

Păstrează în minte scopul final, însă focalizarea ta trebuie să fie doar pe ceea ce ai astăzi de făcut. Altfel, există mari șanse să te simți copleșit și să renunți.

Nu te grăbi, nu te stresa, obiectivul este acolo și te așteaptă, iar tot ce ai tu de făcut este să înlături, rând pe rând, obstacolele care stau între tine și atingerea lui. Fără înverșunare, fără stres, ci calm și cu determinare, îți vei atinge toate visurile.

Mergi înainte în ritmul tău propriu și personal, nu permite ca acea călătorie să devină una extenuantă sau stresantă, fă atât cât poți să faci astăzi, însă mergi înainte! Vei ajunge astfel cu siguranță acolo unde îți dorești!

21

Mulți oameni învață să trăiască cu durerea, cu depresia sau cu anxietatea, deoarece cred că oricum nu pot scăpa de ea.

Poate că în copilărie a trebuit să se supună unor părinți despotici, poate că, datorită credințelor lor limitative implantate de alții în mintea lor, își selectează din realitate doar acele "evidențe" care spun că "nu are sens", "viața este chin și suferință", "oricum scapi de una și dai de alta" și, astfel, trăiesc permanent într-o neajutorare învățată, o victimizare continuă sau au o atitudine fatalistă.

Ei spun că schimbarea este imposibilă și că sunt fericiți doar acei oameni care trăiesc în minciună sau iluzie.

Însă adevărul este că viața este compusă atât din durere, cât și din bucurie.

De cele mai multe ori simțim durere atunci când în interiorul nostru apare un potențial către creștere, când mintea ne semnalizează că este necesar să schimbăm ceva, să ne depășim condiția actuală, să **acționăm**.

În această situație, ai două opțiuni: fie îți anesteziezi durerea cumva — alcool, droguri, sex, medicamente etc., fie te străduiești să-ți dai seama care este schimbarea pe care ești invitat să o faci și să **acționezi**.

Bucuria este o consecință firească a împlinirii pe care o simți, atunci când depășești durerea sau când cauți activ modalități de a-ți îmbogăți și înfrumuseța viața.

Depășește statutul de victimă, **acționează** și depășește durerea. Da, cu siguranță, poți să faci asta, pentru că viața ta este 100% în mâinile tale!

22

"Cel ce tot alege până la urmă culege" sau "Alegi până culegi".

Acesta este unul dintre proverbele autohtone care influențează mentalitatea oamenilor în așa fel, încât să se mulțumească cu ceea ce au sau cu ceea ce le iese în cale.

Acest tip de gândire, pe lângă faptul că predispune la mediocritate, îi face pe oameni să accepte situații, joburi, oameni etc., care îi fac nefericiți sau care îi împiedică să se bucure de viață, deoarece se tem că nu vor găsi ceva mai bun de atât.

Aud frecvent replici de genul "nu plec de la acest job (deși accept abuzuri, sunt prost plătit, nu-mi place ceea ce fac) că nu vreau să risc", sau "nu mă despart de el/ea pentru că mi-e frică de viitor că nu voi găsi ceva mai bun", "nu are sens să încerci — nu știi ce poate să-ți aducă schimbarea"...

Cel mai trist mi se pare, de exemplu, atunci când o persoană de 20 de ani stă într-o relație în care este nefericit doar pentru că îi este teamă că nu va mai găsi pe altcineva... Cum poți să gândești așa la 20 de ani?

Acest tip de gândire provine din frică, iar frica ne este indusă de cei din jurul nostru și din neîncrederea în forțele noastre proprii. Paralizați de frică, oamenii se mulțumesc cu puținul pe care-l au, de multe ori luptă cu ei înșiși și cu viața ca să păstreze lucruri/oameni/

situații care le fac rău și asta doar pentru că li se tot repetă "să se mulțumească cu ceea ce au" și că "schimbarea este periculoasă".

Însă eu vin și vă spun că acest proverb nu este adevărat. Atât din experiența mea personală, cât și din cea profesională, am observat un alt adevăr: fericirea, bucuria și împlinirea aparține acelor oameni care au avut curaj, care și-au dat voie la o nouă șansă, care au spus NU compromisului și au căutat să trăiască o viață în acord cu ei înșiși.

Alege și caută până gândești exact acele lucruri/situatii/oameni care îți aduc bucuria și împlinirea.

Alege și caută până atunci când tu ești mulțumit de tine, de viața ta și de tot ceea ce te înconjoară.

Nu te mulțumi cu puțin, fii selectiv și nu sta în situații care îți umbresc existența.

Meriți tot ceea ce este mai bun pentru tine, așa că... luptă pentru visurile tale!

23

Frica de singurătate are multiple valențe și am să le iau pe rând.

1. **Teama de singurătate** este o teamă a copilului interior,

care se simte în nesiguranță sau abandonat. Atunci când eram copii, în momentele în care rămâneam singuri ne simțeam în nesiguranță, deoarece copilul este dependent de părinții săi și nu are resursele psihice pentru a face față solitudinii. Singurătatea este percepută ca o amenințare la adresa securității lui fizice. În mod normal, odată cu vârsta, un copil ar fi normal să-și dezvolte abilitatea de a sta în propria sa companie, iar pentru asta părinții trebuie să îi ofere un atașament de tip securizant — adică, de exemplu, să știe că părinții se vor întoarce și că totul va fi în regulă.

Un alt caz este acela în care copilul nu este lăsat deloc singur, nici chiar când ajunge adolescent — adică este un copil "răsfățat", sufocat de grija pe care i-o arată părinții, astfel, că la nivel inconștient el percepe mesajul "nu este ok / nu ești în siguranță dacă rămâi singur". Evident că el va dezvolta o teamă de singurătate, deoarece nu a fost nevoit să învețe să stea singur și să-și gestioneze singurătatea.

În ambele cazuri, copilul interior, acea stare a eu-lui cu care venim din copilărie, nu se dezvoltă adecvat când ajungem la maturitate, astfel că adultul se va comporta la fel ca în copilărie și nu va putea să rămână singur — se va simți în nesiguranță, abandonat și cuprins de tot felul de frici iraționale. Este necesar ca o astfel de persoană să lucreze la maturizarea copilului interior și, de multe ori, este benefică o intervenție din partea unui specialist.

Tot o dovadă de imaturitate psihică este și acea situație în care o persoană adultă caută să fie dependentă de altcineva, când dorește să-și prelungească situația din copilărie în care alții erau responsabili de persoana lor, de existența lor, în care li se spunea ce să facă, cum să facă și se simțea în siguranță alături de "adulți".

2. O altă componentă a fricii de singurătate pornește din **educația pe care o primim tot în copilărie**. Ni se repetă că omul este o ființă socială, că nu este normal ca un om să stea singur, că este ceva "greșit" cu el dacă face asta, astfel că singurătatea este percepută ca un stigmat de care trebuie să ne temem și să fugim. Singurătatea este percepută ca un semn că nu suntem ok și asta generează tot felul de gânduri cu potențial anxiogen. O persoană care are astfel de credințe înrădăcinate în inconștient, atunci când va rămâne singură, pe lângă faptul că se va simți inadecvat, își va diminua încrederea în sine, imaginea de sine și stima de sine.

3. Există o diferență fundamentală între ființele umane, la nivelul structurii de bază a personalității: avem două tipuri mari de caractere — **persoanele introvertite și cele extravertite, iar aceste tipuri sunt înnăscute**. Persoanele introvertite sunt cele care au nevoie de mai puțină stimulare din exterior, deoarece activarea lor la nivel cortical este foarte mare (au o lume interioară bogată), astfel că stimularea din exterior, de multe ori, îi obosește. Ele nu au o problemă de a sta singure și chiar se simt bine în propria lor companie.

Persoanele extravertite au nevoie de multă stimulare din partea celor din jur, se simt bine în compania altor oameni și asta și pentru că activarea lor la nivelul scoarței cerebrale este destul de scăzută și pentru ca să se simtă bine au nevoie de extra-stimulare din exterior. Aceste persoane caută compania altor oameni, iar singurătatea este percepută ca o povară, de care se tem și pe care trebuie să o evite.

4. Teama de singurătate la un adult este, de multe ori, o **fugă de sine însuși**, de gândurile sale care îl înspăimântă. Atunci când o

persoană care are probleme nerezolvate cu sine însăşi, când are tot felul de temeri mai mult sau mai puţin iraţionale, alege să fugă de confruntarea cu ele prin distragerea atenţiei. Atunci când stai în compania cuiva, poţi foarte uşor să te focusezi pe celălalt şi pe relaţie şi, astfel, fugi de tine însuţi. În momentul în care rămâi singur, toate gândurile şi stările pe care încerci să le eviţi te copleşesc şi nu ştii ce să faci cu ele.

Evident, cea mai bună rezolvare este confruntarea cu ele şi rezolvarea lor, însă acesta este un proces cu potenţial anxiogen pe care majoritatea oamenilor îl evită. Şi aici este foarte benefică intervenţia unui specialist.

Maturizarea psihică, vindecarea copilului interior, conştientizarea şi asumarea personalităţii proprii este un demers pe care ar fi bine să-l facă orice fiinţă umană. Altfel, teama de singurătate poate să ducă la multe situaţii de compromis, la acceptarea de relaţii toxice şi la incapacitatea de a deveni un individ autonom, de sine-stătător din toate punctele de vedere, care are o viaţă echilibrată şi armonioasă.

24

Eu încurajez individualismul în sensul în care fiecare om să devină o fiinţă umană autonomă, de sine-stătătoare, conştientă de sine şi care îşi asumă 100% responsabilitatea asupra vieţii sale. Este cumva opusul dependenţei de ceilalţi într-o manieră disfuncţională. Să nu mai trăim ca nişte paraziţi (îmi cer scuze pentru duritatea termenului), să înţelegem că viaţa noastră ne aparţine, că suntem singurii responsabili de cum trăim, de fericirea noastră proprie, de fiecare alegere și decizie pe care o luăm. Să ne preocupăm de evoluția noastră proprie în permanență, să nu mai dăm vina pe circumstanțe, pe alții, pe destin sau pe mai știu eu ce, atunci când nu ne merge bine.

Să ne facem datoria față de societatea în care trăim, prin a deveni noi înșine ființe de valoare — atât ca valoare intrinsecă, cât și percepută de ceilalți. Îți imaginezi cum ar arăta o astfel de societate — în care fiecare își poartă de grijă și le oferă celorlalți din prea-plinul, profesionalismul și expertiza sa? Aceasta este viziunea mea despre individualism și mi-o susțin până la capăt.

Este adevărat că promovez și egoismul, însă un egoism sănătos, așa cum îl văd eu. Egoismul la care mă refer eu, are aceeași sursă ca și individualismul — să pună individul în centrul existenței sale, să renunțăm la diferite tipuri de dependențe sau codependențe și să dăm altora din prea-plinul nostru, pe care urmărim constant să ni-l asigurăm, pe toate palierele: fizic, psihic, material, spiritual etc.

Ce înseamnă un egoism sănătos și "ecologic"?

Să te pui pe tine pe primul plan în existența ta, să-ți asculți intuiția și să te abții de la a face compromisuri cu tine însuți sau cu viața ta.

Să înțelegi că tu ești singurul responsabil de tot ceea ce ți se întâmplă.

Să nu intervii în viețile altora decât atunci când îți solicită ei asta, iar tu îți dorești, ai resursele necesare și poți să le fii cu adevărat alături, fără să te aştepţi la nimic în schimb.

Să ai singur grijă de tine, fără să ai pretenţia ca alţii să-ţi satisfacă nevoile sau dorinţele.

Să le dăruieşti celorlalţi din prea-plinul tău, din ceea ce-ţi prisoseşte, şi nu din ceea ce nu ai nici tu, doar ca să-i manipulezi să facă şi ei la fel (pe principiul "eu îţi dau ţie, aşa că mă aştept să-mi dai şi tu mie").

În orice situaţie, să acţionezi în interesul tău propriu şi, în acelaşi timp, să îi respecţi şi pe ceilalţi — adică să cauţi mereu consensul şi nu compromisul (nu "dacă eu câştig, tu trebuie să pierzi").

Să te respecţi şi să-ţi onorezi fiinţa, respectându-i în acelaşi timp şi pe ceilalţi — libertatea, graniţele şi limitele lor.

Să înţelegi că doar atunci când tu eşti ok, ai rezervoarele pline, poţi cu adevărat să-i ajuţi pe alţii (şi în avion ţi se spune, că în caz de accident, să îţi pui ţie prima dată masca de oxigen şi abia apoi să-i ajuţi pe alţii. Nu poţi să faci nimic pentru nimeni dacă tu nu eşti ok).

Am evita astfel multe drame, neînţelegeri, acuze, frustrări ş.a.m.d.

În ceea ce priveşte singurătatea... eu nu promovez ideea de a fi singuri, însă consider că solitudinea este benefică, din când în când, fiinţei umane. Doar atunci când ne oprim din frenezia socializării putem să rămânem conectaţi la sinele nostru adevărat, să ne cunoaştem și să trăim în acord cu noi înșine. Doar atunci când rămâi singur cu gândurile tale poți să-ți dai seama unde te situezi și ce ai de făcut ca să te schimbi sau ca să evoluezi.

În compania altor oameni vei fi întotdeauna influențat de mentalitățile lor și nu întotdeauna este benefic să trăim vieți de tip "copy-paste" sau să trăim pentru "gura lumii".

În plus, din punctul meu de vedere, este oricând de preferat solitudinea unor relații de compromis, în care stăm cu cineva doar pentru că ne este teamă de singurătate (de noi înșine, de fapt), în care acceptăm tot felul de situații nefericite doar pentru că nu credem că avem resursele necesare să fim singuri sau nu ne conștientizăm puterea personală, atunci când dăruim ca să-i manipulăm pe alții ca să ne dea sau când avem tot felul de motive, mai puțin salutare, pentru a sta cu cineva.

Gândurile mele, stilul meu de viață, lucrurile pe care le cred și pe care le promovez reprezintă doar o opțiune și nu o rețetă care se aplică tuturor. Alegerea aparține fiecăruia în parte, eu doar vorbesc despre ceea ce consider că este o variantă despre a ne trăi viața — rațional, funcțional, obiectiv, evolutiv, frumos, ecologic și armonios.

25

Deși toți oamenii devin adulți la nivel fizic, nu toți oamenii ating și maturitatea emoțională sau psihică. Citisem la un moment dat un studiu care spunea că majoritatea oamenilor rămân la vârsta emoțională a unui copil de 13-14 ani.

Ce înseamnă să fii adult, la nivel emoțional și psihic?

✓ să fii capabil să iei decizii fără să simți nevoia să te consulți cu alte persoane;
✓ să fii ferm, hotărât și să știi exact ce vrei și ce nu vrei;
✓ să nu te lași influențat sau manipulat de cei din jur, nici de cei cu care ai o relație afectivă;
✓ să ai autocontrol emoțional, să fii tu stăpânul gândurilor și emoțiilor tale;
✓ să fii obiectiv și sincer cu tine însuți, și nu să trăiești în autoamăgire, iluzii sau minciună;
✓ să ai o imagine de sine realistă și pozitivă, iar dacă nu-ți place ceva la tine însuți, să schimbi acel lucru;
✓ să fii asertiv, nu pasiv sau agresiv;
✓ să fii capabil să îți delimitezi clar granițele și limitele personale și nu le permiți altora să ți le încalce;
✓ să îți autodetermini existența: să ai obiective, țeluri și să ți le urmezi;
✓ să te bazezi întotdeauna pe propriile tale forțe;
✓ să nu fii dependent de alți oameni, emoțional, material sau în orice alt fel;
✓ să fii o persoană autonomă și de sine-stătătoare;
✓ să fii responsabil de tine însuți, de acțiunile tale și de viața ta și să nu plasezi responsabilitatea asupra vieții tale undeva în exteriorul tău, în mâinile altcuiva;
✓ să te respecți, să te prețuiești și să nu faci compromisuri cu tine însuți și cu viața ta.

26

Cu toții suntem luptători, ne luptăm în fiecare zi cu încercările vieții, sau cu ceilalți și chiar cu noi înșine, uneori.

Toți cei care citiți aceste rânduri, ați trecut prin multe dificultăți sau, poate, chiar acum vă confruntați cu diferite probleme: fie că sunt de natură financiară, fie în iubire sau în familie, fie la locul de muncă, poate aveți diferite probleme de sănătate sau alte situații neplăcute.

De fiecare data când viața ne pune câte un obstacol în cale, găsim cumva resurse să le depășim. Mintea noastră se activează, ni se activează instinctul de supraviețuire și cel de conservare și de fiecare dată reușim să trecem, într-un fel sau altul, peste dificultățile pe care le întâlnim. Nu-i așa că am dreptate?

Stai puțin cu tine și gândește-te că ți-a fost greu de atâtea ori și cumva ai reușit să faci ca soarele să răsară din nou în viața ta. Ai găsit în tine resursele sau soluțiile și le-ai pus în aplicare. Adu-ți aminte acum de toate încercările prin care ai trecut și pe care le-ai depășit.

Oare nu te face asta un luptător?

Acum tot ce ai de făcut este să-ți conștientizezi puterea, să-ți schimbi felul în care te raportezi la tine și, în loc să tot reacționezi atunci când viața îți pune piedici, să fii tu cel care acționează și pune lucrurile în mișcare.

Pasiv — reactiv versus activ — proactiv, aceasta este decizia pe care tu trebuie să o iei în acest moment.

27

Contrar credinței populare, sacrificiile și compromisurile repetate nu conduc către o relație fericită sau armonioasă.

Dacă tu ești cel care face compromisuri, dacă lași mereu de la tine în favoarea celuilalt sau pentru că așa înțelegi tu să menții relația, cu siguranță știi că, de fiecare dată, când cedezi sau abdici de la nevoile sau dorințele tale, îți pierzi câte puțin din încrederea ta în tine și din stima ta de sine.

Pas cu pas, îți vei dizolva personalitatea, vei fi dispus să faci lucruri pe care nu vrei să le faci sau cu care nu rezonezi și chiar vei trăi o viață care nu-ți aparține.

Cu cât mai mult renunți la tine, cu atât mai dependent devii de cel în favoarea căruia faci acele compromisuri și sacrificii. Te transformi într-o ființă vulnerabilă, fragilă, sensibilă și tristă. Nimic nu este mai apăsător decât să te pierzi pe tine și să-ți trăiești viața după capriciile egoiste ale altcuiva.

Cu cât mai mult renunți la tine, cu atât mai puțin respect, admirație și iubire vei primi din partea persoanei pentru care faci acele compromisuri și sacrificii. Așa suntem noi, oamenii, construiți: nu știm să-i respectăm sau să-i admirăm pe cei pe care "îi stăpânim", ci avem tendința să ne folosim de ei la nesfârșit sau atât cât ne permit.

O persoană care te iubește cu adevărat nu-ți va cere niciodată să renunți la tine în favoarea sa. Dacă face asta, nu este vorba despre iubire ci despre cu totul altceva.

Dacă vrei respect, admirație și iubire, stabilește-ți limite clare de interacțiune cu ceilalți. Afirmă-ți persoana, afirmă-ți nevoile și nu le permite altora să se folosească de tine. Străduiește-te să ajungi la un consens cu cei din jur, iar atunci când nu se poate, gândește-te, în primul rând, la tine.

28

Avem, uneori, credința că a îndura sau a accepta, situații sau oameni care nu ne fac bine, este o dovadă de putere. Și așa și este, însă doar atunci când nu avem de ales... însă în majoritatea cazurilor avem de ales: fie rămânem într-o situație care ne solicită toate resursele doar ca să rezistăm în ea, fie ne eliberăm de tot ceea ce nu ne face bine și mergem mai departe.

Ești cu adevarat puternic atunci când ai curaj să spui "nu" la ceea ce te trage în jos sau departe de tine însuți și apoi permiți să intre în viața ta doar acei oameni și acele situații cu care rezonezi.

Ești un om puternic atunci când știi că este momentul să lași în urmă ceea ce nu-ți face bine și apoi acționezi în consecință.

29

Te-ai gândit vreodată ce impact are asupra celor din jurul tău, mai ales asupra persoanelor care te iubesc, faptul că te plângi, ești nemulțumit, că nu-ți convine nimic sau că ai tendința să te focalizezi pe negativ, pe ceea ce nu-i ok?

Cum crezi că se simt ei atunci când tu ești frustrat, trist sau supărat?

Atunci când cineva te iubește, își dorește să fii fericit și să te bucuri de viață, iar când tu ești într-o stare negativă, el se simte neputincios, inutil și se întristează.

Mai ales copiii sunt afectați de stările negative ale părinților și sunt împovărați la nivel emoțional de acestea. Un copil, al cărui părinte are tendința să se plângă, va fi un copil trist, poate chiar cu tendințe depresive și va avea tendința să se maturizeze înainte de vreme, în parte, din dorința de a-și salva părintele și pentru că a intrat în contact cu "greutățile" vieții.

Într-o relație, dacă te porți constant așa, îl vei îndepărta pe partenerul tău de lângă tine, iar acesta va avea tendința să caute o altă persoană care are zâmbetul pe chip și o abordare pozitivă asupra vieții.

În timp, chiar și prietenii tăi te vor ocoli și nu le va mai face nicio plăcere să interacționeze cu tine. Comportamentul tău de victimă va fi perceput ca o metodă agresivă de a obține atenția, ca o lipsă de considerație la adresa lor, astfel că te vor evita.

Alege să fii un om frumos și pozitiv! Meriți să fii fericit și să-i bucuri și pe cei din jurul tău!

30

Când se adună norii pe cer poate fi greu să vezi lumina, însă trebuie să te străduiești să o cauți... ea este acolo întotdeauna, însă ochii tăi nu o pot percepe acum.

Adevărata putere a unui om se vede atunci când are multe lucruri de care să se plângă, însă preferă să zâmbească și să le facă față, rând pe rând. Când ești rațional, pozitiv și iubești viața, știi că în urma fiecărei greutăți pe care o depășești devii și mai puternic, iar înțelepciunea pe care o dobândești în urma experiențelor de viață este de neprețuit pentru călătoria în care te afli — **viața ta**.

Greutățile sunt întotdeauna lecții de viață și îți arată că ai resurse nebănuite în interiorul tău care te fac extrem de puternic.

Greutățile sunt maniera prin care viața îți testează abilitatea de a găsi calea către **lumină**.

31

Pentru a putea să înveți pe cineva ceva trebuie ca prima dată tu să înțelegi acel lucru.

Similar, nu poți să iubești cu adevărat pe cineva dacă nu te iubești prima dată pe tine însuți.

Dacă nu ai o relație frumoasă cu tine însuți, dacă nu te simți confortabil în pielea ta și în viața ta, însă îți dorești să întâlnești un partener care să "te salveze" sau să te iubească — adică să facă pentru tine ceea ce nu faci tu — există mari șanse să intri într-o relație disfuncțională, cu multe compromisuri, sacrificii și conflicte.

Dacă nu te iubești pe tine, nu te respecți și nu te prețuiești, nu ești pregătit pentru o relație.

Cunoaște-ți propriul tău adevăr, dezvoltă o relație de iubire cu tine însuți și, apoi, găsește-ți un partener asupra căruia poți să extinzi iubirea care există deja în interiorul tău.

32

Pentru a realiza orice în viață este necesar să ai o relație frumoasă cu tine însuți și să te iubești. Nu este treaba altora să te iubească, ei pot să o facă sau nu, însă este foarte important să te iubești tu pe tine.

Dorința ta de a găsi pe cineva să te iubească, să te susțină, să te motiveze sau să-ți dea o direcție în viață te transformă într-o ființă dependentă, la cheremul altei persoane. Nimeni nu știe mai bine decât tine ce este ok sau nu pentru tine.

Atunci când te iubeşti, îţi autodirecţionezi viaţa, iei decizii bune şi în acord cu tine însuţi. Nu cerşeşti "iubire", ci devii o persoană demnă de respectul şi iubirea celor din jur.

Iubeşte-te şi lumea îţi va răspunde cu iubire!

33

Cea mai mare putere pe care o ai în această viaţă este puterea transformării tale personale. Poţi să fii tot ceea ce-ţi doreşti să devii.

Ca să ai o viaţă care să te bucure tot ce ai de făcut este să te şlefuieşti până ajungi să fii ceea ce-ţi doreşti.

Fiecare dintre noi aduce în relaţie ceea ce are deja în interiorul său. Dacă vrei să ai o relaţie fericită, fii tu fericit cu tine însuţi şi extinde această fericire şi asupra partenerului tău.

Dacă vrei să elimini suferinţa şi negativitatea din relaţia ta, începe prin a elimina suferinţa şi negativitatea din interiorul tău. Apoi, extinde pozitivismul tău şi asupra relaţiei tale şi, astfel, atât tu cât şi partenerul tău, veţi simţi ce înseamnă cu adevărat bucuria de a trăi şi de a fi împreună.

Meriţi să fii fericit şi să ai o relaţie minunată!

34

Orice dependență este o formă de sclavie.

Atunci când ești dependent de diferite substanțe, lucruri, situații sau oameni, ești la cheremul lor. Tu nu mai deții controlul asupra vieții tale, ci obiectul dependenței tale este cel care dispune de gândirea, emoțiile și viața ta.

Într-o relație ești dependent de partenerul tău pentru că:
✓ Nu suporți singurătatea. Adică nu ai reușit să dai un sens vieții tale și vrei să fie cineva acolo care să-ți țină companie și să te facă să simți că exiști.
✓ Ai nevoie de suport material. Ai rămas în faza de copil răsfățat, în care nu vrei să-ți câștigi existența singur sau ți-e lene să depui orice formă de efort. Mai bine să găsești pe cineva care să te întrețină, să-ți dea totul pe tavă și singura ta grijă să fie aceea de a-l manipula ca să-ți ofere tot ce îți dorești.
✓ Vrei o poziție socială. Încă trăiești marcat de o mentalitate învechită, în care dacă ești căsătorit cu x, care are un anumit statut social, vei avea parte și tu de toate beneficiile "puterii". Nimic mai fals, deoarece în acest moment singurul criteriu care face diferența este valoarea personală.
✓ Vrei să ai pe cineva care să-ți satisfacă nevoile sexuale sau alte nevoi uzuale.
✓ Nu crezi că ai putea să te descurci singur, așa că vrei să ai un salvator în viața ta.
✓ Vrei să-ți satisfaci nevoia de a controla pe cineva, să simți că ai putere asupra unei alte ființe umane.

✓ Te sperie ideea de independență, autonomie sau libertate, deoarece nu te simți suficient de pregătit sau de puternic ca să faci față vieții. Însă, cu cât mai mult timp vei petrece agățat de alți oameni, cu atât mai fragil te vei simți și nu vei avea șansa să-ți conștientizezi resursele interioare de care dispui.

✓ Vrei să ai parte de "iubire", deoarece tu nu simți iubire pentru ființa ta și o cauți undeva în exteriorul tău.

De câte ori alegem să ne predăm puterea în exteriorul nostru, renunțăm la o parte din noi, renunțăm la tot ceea ce am putea să devenim. Ne creăm propria închisoare, ne construim zidurile "zonei noastre de confort" și lâncezim întreaga viață, fără să fim conștienți de faptul că ne pierdem încet-încet pe noi înșine.

Tu ești mult mai mult decât îți dai voie să crezi, însă dacă alegi "calea ușoară" nu vei avea niciodată șansa să-ți descoperi propria măreție!

35

Un om cu adevărat puternic în interiorul său nu va simți niciodată dorința de a bârfi sau de a emite răutăți la adresa cuiva. Integritatea și demnitatea sa îl împiedică să aibă astfel de comportamente.

Un om puternic nu manipulează și nu-i șantajează (emoțional sau altfel) pe alții pentru a face pentru el ceea ce el nu vrea sau nu poate să facă, ci își găsește în interiorul său resursele ca să obțină ceea ce dorește de la viață.

Un om puternic nu așteaptă de la nimeni să-i rezolve probleme și nu este dependent de nimeni pentru că știe că el are deja tot ceea ce-i trebuie ca să trăiască viața așa cum o visează.

Un om puternic nu simte nevoia să poarte măști, nu este ipocrit, dual sau oportunist și nu-și schimbă discursul sau comportamentul în funcție de avantajele pe care poate să le obțină de la ceilalți fiind "cameleonic". El trăiește și se manifestă întotdeauna în acord cu sine însuși, cu verticalitatea sa interioară, cu valorile și principiile sale.

Un om puternic nu se ceartă și nu este agresiv, ci alege întodeauna comunicarea, calmul și asertivitatea (respectul pentru sine însuși și pentru celălalt în același timp). Dacă întâlnește persoane conflictuale, înțelege faptul că ei se manifestă așa pentru că în exterior își arată realitatea lor interioară și nu ia la modul personal comportamentul lor. Dacă nu poate să ajungă la un consens, se distanțează de acele persoane.

Un om cu adevărat puternic caută întotdeauna răspunsurile în interiorul său și nu se lasă influențat decât de acele persoane care sunt exemple pentru el și îl pot susține în evoluția sa.

Un om puternic se bucură de viață, înțelegând faptul că totul este trecător și în continuă schimbare. Nu se opune schimbării, ci o îmbrățișează deoarece știe că are toate resursele în interiorul său care să-i permită să fie flexibil și să se adapteze la cerințele vieții.

Un om puternic nu se victimizează și nu se vaită, ci își trăiește viața având o mentalitate de învingător!

36

Acceptarea oamenilor așa cum sunt ei nu înseamnă să le permiți să se folosească de tine sau se poarte într-o manieră care ție îți face rău.

Aud frecvent motivația "așa este el/ea, nu am ce să-i fac" ca autojustificare pentru acceptarea unor comportamente abuzive sau nerespectuoase din partea cuiva.

Ai dreptate, nu ai ce să-i faci (în sensul de a-l schimba), însă tu ești responsabil să-ți trasezi limite și granițe clare de interacțiune cu celălalt.

Imaginează-ți că tu ești o țară, cu granițe delimitate și că vine cineva care dorește să treacă granița fără să-ți ceară permisiunea, dorește să se mute la tine în țară fără acordul tău, îți folosește resursele sau chiar te atacă. Ce faci, cum reacționezi?

O țară și-ar mobiliza armata, însă tu alegi să nu reacționezi?

Nu te respecți suficient dacă nu iei atitudine, ba chiar te agresezi singur acceptând abuzurile lor.

Sunt unii oameni care se folosesc de tine, de bunătatea sau bunăvoința ta, de faptul că "nu-ți plac conflictele" sau poate chiar de lipsa ta de curaj...

Crezi că vei fi respectat sau iubit dacă te lași folosit de ceilalți? Din contră! Noi, oamenii, suntem construiți într-un mod ciudat uneori: avem tendința să-i respectăm doar pe cei care ne impun limite și să-i considerăm "slabi" pe cei care nu o fac, indiferent de motivația lor. Iar atunci când simțim că cineva este "slab" ni se activează agresivitatea pentru că simțim că avem de-a face cu o "pradă" ușoară, de care putem să dispunem după bunul nostru plac.

Ieși din starea de pasivitate și (re)acționează într-o manieră asertivă: adică respectându-te pe tine și pe celălalt în același timp. Tu ești responsabil de starea ta de bine și ai datoria să-ți respecți ființa.

Respectă-te și vei fi respectat!

37

Atunci când te eliberezi de opiniile și punctele de vedere ale altora, ești cu adevărat independent în gândirea ta și poți să-ți trăiești viața în acord cu propriile tale reguli și dorințe.

O ființă umană evoluată, conștientă de sine nu are nevoie de nimeni care să-i spună cum sau ce să gândească ori să trăiască, deoarece are un set propriu de norme și credințe care o fac să trăiască frumos, "ecologic", respectând drepturile și libertatea altora, fără să fie constrânsă să o facă.

De asemenea, un astfel de om nu va simți nevoia sau dorința de a intra în discuții, certuri sau dispute cu cei care nu gândesc sau nu trăiesc ca el.

Când tu ești convins de ceea ce crezi, nu simți nevoia să te justifici sau să le impui altora punctul tău de vedere pentru că știi că fiecare om se află într-o anumită fază de "trezire" și într-un anumit punct din evoluția sa personală.

38

Atunci când ești aproape de tine însuți, știi ce vrei fără să fie nevoie să-ți spună alții ce vrei și nici nu îți vei proiecta nevoile asupra altora.

Atunci când ești în contact cu tine însuți, îți cunoști nevoile și poți să distingi cu claritate între nevoile tale false și cele adevărate. Știi atât întrebările cât și răspunsurile pentru că știi unde și cum să cauți un răspuns.

Atunci când te cunoști, îți creezi propria ta viață, îți formezi un anturaj din oameni cu care rezonezi și alături de care evoluezi împreună. Știi când, la cine și la ce să spui "da" sau "nu" fără să te simți vinovat sau să simți nevoia să te justifici.

Îți urmezi propriul tău drum și știi că te poți baza pe tine însuți ca să depășești obstacolele și să vezi oportunitățile care te poartă pe calea ta.

Atunci când nu știi cine ești și ce dorești de la tine sau de la existența ta, viața te poate purta ca pe o frunză în vânt, te poți trezi în locuri și situații în care, de fapt, nu vrei să fii, înconjurat de oameni care te mențin la un anumit nivel, te trag în jos sau departe de tine însuți.

Fii prezent pentru tine și mergi cu încredere pe **calea ta**!

39

Sunt unii părinți care își compensează lipsa de putere pe care o resimt în legătură cu ei înșiși și cu viața lor prin influența excesivă pe care o exercită asupra copilului lor.

Un copil nu are o identitate proprie, așa că este foarte ușor unui părinte să-i furnizeze o "personalitate" prin a-i spune ce să facă, ce să gândească, ce să simtă, cum să se comporte, ce este bine și ce este rău, cum să se prefacă în fața altora și așa mai departe.

Acești părinți vor face orice pentru copilul lor mai puțin să-i dea voie să fie el însuși. Atunci când va deveni adult, acest copil va resimți o neîmplinire, un gol în interiorul său, care este dat de faptul că el lipsește din propria sa viață. Modalitățile prin care va încerca să umple acest gol pot fi, ori prin a recurge la alcool, droguri, distracții superficiale sau printr-o goană după statut, faimă sau avere care pot să-i furnizeze un simț al identității prin validarea din ochii celorlalți.

Dacă ești părinte, cel mai bine ar fi să rezișți tentației de a modela un om după dorințele, aspirațiile sau neîmplinirile tale egoiste și să te străduiești să-ți sprijini copilul să devină ceea ce dorește el. Doar așa îți vei fi îndeplinit cu adevărat misiunea de "părinte" și îi vei da șansa la fericire copilului tău.

40

De la un moment dat încolo, odată ce apare conștientizarea, felul în care ai fost crescut nu mai contează prea mult. Ceea ce determină felul în care un om își trăiește viața este dat de puterea personală.

Poți să continui să dai vina pe părinții tăi, pe ghinionul tău, pe lipsurile sau abuzurile prin care ai trecut, însă este inutil. Ceea ce poți să faci este să accepți că lucrurile s-au întâmplat așa cum s-au întâmplat, că nu se mai poate schimba trecutul și să conștientizezi că tu alegi să aduci acel trecut în prezent și, mai rău, să-l proiectezi și asupra viitorului.

Sau... poți să alegi să lași trecutul acolo unde îi este locul, să-ți spui că nu vei permite ca o poveste nefericită să se termine în același fel, să faci apel la puterea ta personală și să-ți schimbi viața.

Tu decizi dacă ești un învins în fața vieții sau un învingător!

41

În general, oamenii văd ceea ce vor să vadă și aud ceea ce-și doresc să audă.

În acest fel, avem tendința să căutăm sfaturi și păreri la acele persoane din anturajul nostru care ne spun ceea ce vrem noi să auzim, iar dacă nu primim feedback-ul așteptat, avem tendința să-l forțăm. Un exemplu elocvent și des uzitat este rugămintea "spune-mi că mă iubești".

Există, astfel, pericolul să cădem în capcana iluziilor sau autoamăgirii și să ne creăm o percepție asupra vieții noastre care poate fi, de multe ori, departe de realitate.

Ar fi extrem de constructiv (și sănătos în același timp) pentru tine să-ți deschizi ochii și mintea și să te străduiești să vezi realitatea așa cum este ea, nu așa cum ți-ai dori tu să fie.

ÎMBRĂȚIȘEAZĂ VIAȚA ȘI SCHIMBAREA

> "Viața poate fi înțeleasă doar privind în trecut, însă trebuie trăită privind în viitor."
>
> (S. Kiergegaard)

1

"Repetiția este mama învățăturii" — auzim frecvent acest lucru încă din copilărie și asa este. Orice obicei, bun sau distructiv, îl permanentizăm în viața noastră prin repetiție.

Orice obicei dorești să implementezi în viața ta parcurge următoarele etape:

1. Incompentența inconștientă — nu știi că nu știi ceva.
2. Incompentența conștientă — știi că nu știi ceva.
3. Competența conștientă — știi că știi acel lucru, dar este nevoie de concentrare și de efort ca să manifești acea abilitate.
4. Competența inconștientă — ai repetat atât de mult acel ceva încât a devenit o deprindere, un automatism, o abilitate care se manifestă de la sine.

Astfel, fie că este vorba de a-ți schimba felul în care gândești, vorbești sau te comporți, fie că este vorba despre a-ți introduce un obicei nou în viața ta sau a renunța la unul care nu-ți mai place, este necesar să accepți că schimbarea va urma întotdeauna regula celor patru pași.

Definește-ți ce dorești să obții, fă-ți un plan, acționează și perseverează, iar, în timp, acel lucru va deveni realitatea ta.

2

"Omul nu poate descoperi noi oceane dacă nu are curajul de a părăsi țărmul."

(André Gide)

Ca să ajungi într-un loc nou trebuie să ai curajul să pleci din locul în care te afli acum, să lași în urmă zona de confort, rutina, obișnuința, iluzia siguranței și să îți dai voie să explorezi viața cu tot ceea ce are ea să-ți ofere.

De multe ori, zona de confort este o închisoare ale cărei uși sunt deschise, dar tu ești atât de atașat de închisoarea ta, încât îți este teamă să o pierzi.

Însă doar în momentul în care îți depășești lașitatea și teama și îți accesezi curajul și dorința de a explora viața vei putea să trăiești pe deplin, în acord cu cele mai frumoase visuri ale tale.

Nu uita că zona de confort în care stai acum nu este sigură, ci poți să o pierzi oricând, chiar și dacă te lupți din greu ca să o menții. Astfel, ai de ales: fie îți asumi riscul de a explora noi teritorii, așa cum știu că visezi, fie poți să îți hrănești frica și să te agăți de zidurile închisorii tale care se pot prăbuși oricând, indiferent de voința ta.

Alege înțelept pentru că știi că ai mult mai multe de văzut și de trăit când îți dai voie să depășești iluzia siguranței în care te complaci acum.

3

Iubirea înseamnă viață!

Iubirea ne înfrumusețează gândirea și ne trezește sufletul, iubirea ne dă aripi să zburăm oricât de sus ne dorim.

Să iubești înseamnă să înveți să te iubești pe tine, să-ți respecți și să-ți prețuiești ființa și apoi să extinzi această trăire și asupra partenerului tău, a oamenilor din jurul tău și asupra vieții, cu tot ceea ce presupune ea.

Să iubești înseamnă să dai tot ce ai mai bun în tine în ceea ce faci, să te porți cu iubire cu ființele pe care le întâlnești și să porți mereu un zâmbet pe chip și în suflet.

Iubirea înseamnă compasiune, grijă, acceptare și respect pentru tine însuți, pentru ceilalți și pentru tot ceea ce te înconjoară.

Fii iubire, celebrează iubirea astăzi și în fiecare zi a vieții tale!

Iubirea înseamnă viață!

4

Viața nu este o experiență liniară și nici nu ar fi interesantă dacă ar fi așa. Cu toții trecem prin bucurii și tristeți, avem realizări dar și pierdem uneori.

Să fii om și să trăiești experiența umană înseamnă să râzi, să plângi, să te bucuri și să te întristezi, să câștigi, să pierzi, să înveți, să cazi, să te ridici și, de fiecare dată, să mergi mai departe.

Nu te bloca într-o experiență negativă, ci învață din ea și nici nu te atașa de o bucurie trecătoare. Gândește-te că totul este în continuă schimbare și fiecare experiență îți este dată ca să simți cu adevărat că trăiești.

Te uiți la filme romantice, de acțiune, la drame, la comedii și uiți că și viața ta este, de fapt, tot un scenariu de film, pe care îl scrii și îl trăiești tu — actorul principal.

Relaxează-te și bucură-te de viața ta cu tot ceea ce-ți aduce ea. În fiecare dimineață, când te trezești, zâmbește pentru tot ceea ce urmează să simți și să trăiești, fără să-ți dorești doar un anumit fel de experiențe, deoarece asta ar însemna să ai o viață liniară de care te-ai plictisi oricum.

Trăiește, experimentează și iubește-ți viața cu tot ceea ce-ți oferă ea!

5

Greșelile, deciziile și alegerile nefaste fac parte din modul prin care omul învață. Orice om ia uneori decizii care se dovedesc a fi greșite. Este în regulă să accepți că ai greșit, să înveți lecția atât de prețioasă și să mergi mai departe.

Cu fiecare greșeală pe care ți-ai asumat-o și din care ai învățat ceva, devii mai înțelept. Nu da vina pe alții, pe conjunctură sau pe cine știe ce altceva. Tu ai fost acolo în acel moment, tu ai ales să acționezi în modul în care ai făcut-o — acceptă asta. Nimeni nu-i perfect, nimeni nu are dreptul să te judece și nu are niciun sens să te simți vinovat sau rușinat, ci doar să-ți asumi responsabilitatea faptelor tale și a consecințelor lor. Repară ce poate fi remediat, iar dacă le-ai făcut rău altora, recunoaște asta și cere-ți iertare. Ei pot să accepte sau nu scuzele tale, însă asta ține de ei și nu de tine.

Tu învață lecția pe care ți-a oferit-o viața și, astfel, asigură-te că nu vei mai repeta acea greșeală în viitor.

Înțelepciunea se construiește uneori pe durere, regrete și suferință, însă, doar dacă îți dai voie să le depășești, vei putea să pășești cu încredere în viitorul tău.

6

De-a lungul timpului, preferințele noastre se schimbă — unele dispar, altele noi apar. Aceasta este normalitatea fluxului schimbător al vieții.

Dacă astăzi îmi place un lucru, nu există nicio garanție că îmi va plăcea și în viitor. Oamenii se schimbă, gusturile se modifică, preferințele noastre urmează calea singurei constante din viață și anume schimbarea.

Faptul că astăzi îți place o anumită activitate, un om, un job, un fel de mâncare sau o haină nu înseamnă că aceste lucruri îți vor plăcea și în viitor. Nu are niciun sens să te străduiești să rămâi loial preferințelor pe care le-ai avut la un moment dat în trecutul tău, dacă nu simți asta.

Să-ți rămâi loial ție însuți înseamnă să-ți dai voie să evoluezi și să te schimbi, să cauți mereu răspunsuri noi la interogațiile existenței. Nimic nu rămâne la fel, totul este într-o continuă schimbare și acceptarea acestui fapt este în acord cu legile universului în care trăim.

Viața înseamnă schimbare și evoluție și nu stagnare sau regres.

7

"Măsura inteligenței este abilitatea de a te schimba".

(Albert Einstein)

Când spui că tu "așa ești" pentru că "așa ai fost dintotdeauna" sau că "dai dovadă de o personalitate puternică atunci când nu-ți schimbi ideile" nu faci decât să-ți afirmi rigiditatea, inflexibilitatea și incapacitatea de a-ți face actualizări care să țină pasul cu o lume într-o continuă schimbare.

Unii oameni se agață de tradiții, mentalități, idei și cutume al căror timp a apus demult, iar asta, pe lângă că le creează frustrare și sentimente de inadecvare, îi face și să fie incompatibili cu trecerea firească a vieții.

Trăim în timpuri în care "update-urile" sunt la ordinea zilei, iar cei care ies câștigători în cursa vieții sunt cei care observă schimbările și sunt suficient de flexibili ca, în felul lor propriu, să se adapteze la ele.

8

Când învățăm să trăim în prezent, în "aici și acum", viața este mult mai simplă și mai frumoasă. Știm să ne bucurăm într-adevăr de ziua de astăzi și învățăm să celebrăm totul ACUM, conștientizând că tot ceea ce este real este clipa prezentă.

Dacă lăsăm mintea să plece în trecut, fie în suferințele, fie în bucuriile de atunci, vom trăi în durere sau în melancolie și pierdem clipa prezentă în care totul este posibil. Dacă facem proiecții asupra viitorului și ne gândim la el fie cu teamă, fie cu speranța că acolo vom găsi fericirea, pierdem singura certitudine pe care o avem: ACUM.

Trecutul nu mai există și nu mai are nicio putere asupra ta, dacă tu alegi asta. Viitorul nu s-a născut încă, iar dacă vrei să fie așa cum îți dorești, concentrează-ți toată atenția pe clipa prezentă. Crează-ți în prezent, moment cu moment, viitorul pe care-l visezi — oricum faci asta, însă poți să o faci conștient sau inconștient.

Singura ta putere este în aici și acum. Orice altceva este o iluzie.

9

Atât în experiența mea de viață, cât și a oamenilor pe care i-am întâlnit de-a lungul timpului, aproape întotdeauna "un șut în fund este un pas înainte".

Spun "aproape întotdeauna" pentru că mai sunt și acele cazuri în care o persoană rămâne fixată cu privirea în trecut, pe ușa care s-a închis sau pe suferința pe care o reiterează clipă de clipă și nu pleacă în căutarea unui nou început, a unei noi oportunități pentru sine însuși și pentru viața sa. Aici este vorba despre acele persoane nesigure, care nu au încredere în sine și care se atașează excesiv și devin dependente de orice — chiar și de ceva care nu le aduce neapărat bucuria și fericirea (pentru că au impresia că dependența de ceva din exteriorul lor le dă o anumită siguranță). De exemplu, sunt oameni care au un job de care sunt profund nemulțumiți, însă nu îndrăznesc să caute altceva, iar atunci când sunt concediați simt că le pică cerul în cap și sunt disperați. Devin victime neputincioase, sunt paralizați de frică și îi auzi spunând "ce bine era la acel job"... Un alt exemplu este de o relație disfuncțională, în care soția se plânge mereu de soțul ei, este veșnic nemulțumită și nefericită alături de el, însă atunci când el ia decizia să divorțeze, ea se prăbușește și îl imploră să se răzgândească...

Cât de bine ar fi și pentru persoanele din aceste două exemple să conștientizeze că este o binecuvântare că au scăpat de ceva ce nu le făcea bine oricum și să plece hotărâți către noi orizonturi?

Pentru că da, atunci când o ușă se închide, se deschide undeva o alta mult mai ok pentru tine și tu doar trebuie să o cauți. Atunci când îți este luat ceva, înseamnă că acel lucru nu era bun pentru tine și vei conștientiza asta cu siguranță cândva în viitor.

Privește "șutul în fund" ca pe o modalitate prin care viața are de comunicat că nu mai vrea ca tu să stai într-o situație mediocră, în zona de confort, ci că își dorește mai mult de la tine — pentru că **poți**!

Nu ești lăsat să lâncezești, să te mulțumești cu puțin sau cu ceea ce nu îți mai folosește... nu este asta oare o binecuvântare?

Acceptă că s-a terminat, mulțumește vieții că ți-a dat un impuls ca să te trezești și caută-ți calea către fericire și bucuria de a trăi!

10

Viața nu este ușoară pentru că este necesar să treci prin tot felul de experiențe ca să devii din ce în ce mai puternic și mai înțelept.

Toate întâmplările îți sunt date ca niște lecții... este ca și la școală, de exemplu la ora de matematică: ți se dă o problemă pentru ca tu să gândești, să-ți pui mintea la treabă și să găsești soluția. În momentul în care gândești mintea ta își dezvoltă noi conexiuni neuronale, se îmbogățește cu soluții și răpunsuri noi, iar tu îți dezvolți inteligența per ansamblu. Însăși definiția inteligenței este "capacitatea de a rezolva probleme".

Mintea ta îți este dată pentru ca tu să supraviețuiești cât mai ușor, să devii din ce în ce mai adaptat și mai flexibil în a găsi soluții care să te ajute să-ți îndeplinești obiectivele și să trăiești așa cum îți dorești.

Percepe problemele ca pe niște soluții deghizate și apleacă-te asupra lor cu interes și curiozitate. Gândește-te că viața este ca un șir de labirinturi care au întotdeauna câte o ieșire și fă din găsirea lor o joacă — pentru că asta este viața: un joc din care înveți încontinuu!

11

Toți oamenii trec prin momente neplăcute din viață, cu toții pierdem persoane dragi sau lucruri de care ne-am atașat. Însă unii oameni nu vor să meargă mai departe, să se vindece de suferință — adică să-și dea o perioadă să jelească, să plângă și apoi să depășească acea pierdere.

Ei rămân blocați pentru mult timp, poate chiar pentru toată viața lor, în acea suferință și permit durerii să îi definească. În loc să permită rănilor să se închidă și să se vindece, ei continuă în fiecare zi să-și facă rău prin felul în care gândesc și simt. Ajung să se hrănească cu acea durere, să fie dependenți de suferința lor, se identifică cu ea și se definesc prin prisma acelei dureri. Aleg să fie victime pentru totdeauna.

Însă alți oameni înțeleg că orice pierdere, orice durere este parte din viață. Nimănui nu-i place să piardă, așa că este normal să fii trist atunci când îți este luat ceva care însemna mult pentru tine. A depăși suferința nu înseamnă să negi faptul că nu s-a întamplat niciodată, însă este bine să o accepți, să o integrezi și să mergi mai departe. Este normal să-ți dorești să permiți rănilor să se vindece și să se cicatrizeze și să-ți dorești să mergi mai departe, fără ca să permiți durerii să te definească, să facă parte prea mult timp din existența ta. Aceasta este alegerea pe care o face un învingător în fața vieții.

Acceptă că inevitabilul s-a produs, ia-ți un timp ca să jelești sau să plângi, însă apoi permite rănii să se cicatrizeze și mergi mai departe cu viața ta.

12

Siguranța, după care aleargă majoritatea în viață, este o iluzie.

Este o iluzie să crezi că ai un job "sigur" — orice se poate întâmpla, de la restructurări de posturi, faliment, la concediere, este o iluzie să crezi că ai o căsnicie "sigură" — partenerul tău poate să aleagă o altă cale sau chiar să plece de pe acest pământ, este o iluzie să crezi că oamenii care te înconjoară acum vor fi tot timpul lângă tine ș.a.m.d. pentru că, de fapt, tot ceea ce este în exteriorul tău este predispus schimbării.

Singurul lucru de care poți să fii sigur este că tu vei trăi în propria ta companie toată viața ta, că te vei baza pe propriile tale forțe până la sfârșit, că tu ai toate întrebările, răspunsurile și puterea de a trăi așa cum îți dorești.

Cea mai valoroasă și mai sigură investiție este cea pe care o faci în tine însuți, în dezvoltarea ta personală și profesională și în puterea ta personală.

Oamenii și situațiile din viața ta vin și pleacă, astfel că este bine să le trăiești din plin și să te bucuri de ele atât cât durează. În orice situație și în orice relație, oferă tot ce ai mai bun din tine, deoarece dăruind îți vei spori bucuria și împlinirea. Însă, nu te atașa și nu te agăța de nimeni și de nimic.

Fiecare om și fiecare întâmplare din viața ta te îmbogățesc, dacă reușești să le dai voie și să le valorifici la maxim. Însă, ține minte, că nu există siguranță și garanții în exteriorul tău, ci doar în tine însuți.

Bucură-te acum de viață, bucură-te acum de oamenii pe care îi întâlnești, bucură-te acum de întâmplările prin care te poartă viața, pentru că totul ți-a fost dat ca să cunoști, să înveți și să dobândești înțelepciunea necesară ca să mergi mai departe.

Viața este o călătorie în care peisajul se schimbă în permanență, iar singura constantă ești tu însuți — în continuă schimbare.

13

Toată cunoașterea pe care o deții, nu valorează nimic dacă nu trăiești în acord cu ea.

Ai citit idei cu care rezonezi, știi ce ar fi bine să schimbi la tine sau la comportamentul tău și, cu toate acestea, trăiești în acord cu lucruri care nu te reprezintă.

Visezi la schimbarea ta, îți dai seama cât de bine ar fi dacă ai trăi în acord cu ceea ce simți că te reprezintă, însă cumva alegi la fiecare pas obișnuița nefastă pentru tine.

Ce lipsește? De ce este atât de greu să treci de la teorie la practică?

De multe ori este vorba de lipsa de încredere în tine sau de curajul de a da drumul obișnuinței și a îmbrățișa necunoscutul. Poate îți este teamă că ai putea să pierzi ceva prin acea schimbare, că poate nu ești capabil să implementezi schimbarea în viața ta.

Însă, vreau sa îți atrag atenția asupra unui aspect: pe de o parte, știi deja că "nu ți se dă niciodată un vis fără să ai puterea să-l duci la îndeplinire", iar pe de altă parte, fiecare clipă pe care o petreci fiind altfel decât ai conștientizat că vrei să fii, îți crează conflict intrapsihic, stres, disconfort și îți pierzi și mai mult încrederea în tine și în forțele tale.

Fă-ți curaj și, pas cu pas, implementează acele schimbări în viața ta. Te vei simți din ce în ce mai încrezător cu fiecare acțiune pe care o faci și care este în acord cu ceea ce simți tu că te reprezintă.

Orice schimbare pare dificilă, însă dacă faci în fiecare zi atât cât poți, în scurt timp te vei trezi că ai devenit acea persoana la care visezi.

14

Adevărurile în viață sunt destul de simple, însă oamenii le fac complicate pentru că nu știu cum să deosebească între ceea ce este important și ce nu, între ce este prioritar și ce nu, între ce este folositor și ce nu.

Ne pierdem în păienjenișul emoțiilor și credințelor disfuncționale, ne place să ne autoiluzionăm și să ne autoamăgim, să ne luptăm cu morile de vânt și să alergăm după "cai verzi pe pereți".

Însă, dacă învățăm cum să dăm la o parte tot ceea ce nu este necesar, vom zări adevărul și realitatea în toată simplitatea sa. Iar atunci, viața devine mult mai clară și mai ușoară.

15

Greșelile tale din trecut, deciziile pe care le-ai luat și care s-au dovedit a nu fi prea bune, slăbiciunile și pierderile tale, pot fie să te dărâme, să-ți înnegureze prezentul și viitorul sau pot să te transforme într-o persoană înțeleaptă, dacă înveți din ele și mergi mai departe.

Dacă regreți anumite decizii pe care le-ai luat în trecut, oprește-te din a te mai pedepsi pentru ele. Știi de ce meriți să te ierți? Pentru că în acel moment ai ales în acord cu ceea ce simțeai și credeai atunci. Experiența ta de viață era mai puțină decât astăzi, mintea ta avea la dispoziție mai puține date cu care să opereze, deci ai luat decizii în acord cu ceea ce știai și simțeai atunci.

Hai să luăm altfel. Astăzi ai în bucătăria ta zece ingrediente cu care să faci mâncare, însă în trecut aveai doar 3. Are vreun sens să te gândești "of, de ce nu am făcut mâncare cu zece ingrediente în trecut?" Nu, pentru că nu le aveai. Atunci ai gătit cu ceea ce aveai la îndemână în momentul respectiv, iar acum lucrurile s-au schimbat.

În trecut ai luat decizii cu ceea ce aveai la îndemână atunci. Astăzi lucrurile stau altfel. Acceptă asta, iartă-te și mergi mai departe cu lecțiile învățate ca să poți lua decizii mai bune în prezent și în viitor.

16

Singura persoană pe care te poți baza cu adevărat toată viața ta ești tu însuți.

Ai venit singur pe această lume și vei pleca tot singur din ea. Toți oamenii care fac parte din viața ta astăzi, poate că nu au fost acolo ieri sau poate nu vor fi acolo mâine.

Nimeni nu va fi alături de tine toată existența ta. Oamenii intră și ies din viața ta, unii stau perioade mai lungi, alții doar câteva clipe, însă niciunul nu va fi acolo ca să te însoțească de la început până la sfârșitul călătoriei tale pe acest pământ. Bucură-te de relațiile tale și prețuiește-le atât cât durează, însă nu te atașa/agăța de nimeni.

Așa stau lucrurile, acesta este adevărul obiectiv și rațional pe care este necesar să îl accepți, fie că vrei sau nu să faci acest lucru.

Toate relațiile tale au un început, un cuprins și o încheiere, însă nu și relația cu tine însuți.

Cea mai importantă persoană din viața ta ești tu, așa că pune-te pe primul plan în viața ta, investește în tine, ai încredere în tine și în forțele tale.

Nu-ți pune viața în mâinile altora, nu trăi la voia întâmplării ci creaza-ți o poveste personală minunată pentru că tu ești scenaristul, producătorul și personajul principal din viața ta.

17

Astăzi, vreau să-ți reamintesc că:
Singurul moment care există este ACUM, clipa prezentă.
Trecutul este amintire, iar viitorul este o proiecție mentală.

Trecutul nu mai poți să-l schimbi, ci poți doar să-l accepți, să-l integrezi și apoi să-l lași acolo unde îi este locul. Nu are niciun sens să-l tot recreezi în prezent, gândindu-te la el și la suferințele pe care le-ai trăit. Nu-ți întuneca prezentul aducând în el fantomele trecutului. Crează-ți astăzi o nouă viață care să te bucure și conștientizează că singura ta putere este acum, în clipa prezentă.

Viitorul depinde de ceea ce gândești și faci astăzi. Îți clădești viitorul cu fiecare pas pe care îl faci. Dacă îți dorești ca viitorul să arate ca în visurile tale, fii atent la ceea ce faci astăzi.

Succes!

18

Dacă ai un obicei care nu-ți face bine, nu trebuie să-l continui doar pentru că l-ai făcut dintotdeauna.

Conștientizează că nu-ți face bine, gândește-te cu ce ai dori să-l înlocuiești și fă asta pas cu pas.

De câte ori te surprinzi că ai acționat în acord cu vechiul tău obicei, acceptă și gândește-te cum dorești să faci data viitoare. Orice obicei se înlocuiește cu un altul doar prin conștientizare, repetiție și exercițiu.

Dacă nu ai făcut niciodată un lucru nu înseamnă că nu poți să începi să-l faci... poate chiar de astăzi!

Permite noului și schimbării să intre în viața ta, fără presiune și fără stres, ci în ritmul tău propriu și personal.

Vei reuși cu siguranță!

19

Când ești într-un moment mai întunecat din viața ta și, în loc să te plângi, să fii disperat sau să crezi că ești o victimă, alegi să rămâi calm și focusat pe pașii pe care îi ai de făcut ca să depășești acel episod, devii din ce în ce mai puternic. Preia controlul asupra emoțiilor tale înainte ca ele să te controleze pe tine.

Chiar dacă ți se pare că totul se prăbușește în jurul tău, acceptă și observă că toate acestea se întâmplă pentru ca tu să fii nevoit să construiești altceva.

Orice sfârșit are în el un nou început.

Mai devreme sau mai târziu, lucrurile se vor aranja. Cu cât mai repede accepți asta și încetezi să te mai lupți ca să menții lucrurile în forma în care au fost, cu atât mai repede vei putea să deschizi ușa către schimbarea care se va întâmpla oricum.

Învață ce ai de învățat, stai calm în prezent și focusează-te pe soluții nu pe cum te face să te simți situația actuală, acționează și fii încrezător că totul are un sens și că va merita tot efortul pe care ești nevoit să-l depui acum.

20

Pentru ca în viața ta să se manifeste schimbarea pe care ți-o dorești, orice fel de schimbare, este necesar ca primul lucru pe care îl faci este să urmezi o rețetă simplă:

Gânduri noi = Acțiuni și comportamente noi = Rezultate noi

Degeaba visezi la schimbare dacă nu o accepți în mintea ta și dacă nu îți modifici acțiunile și comportamentele în așa fel încât să obții ceea ce-ți dorești.

Mulți oameni visează cum le-ar plăcea să fie, însă în același timp își anulează visurile prin credințe limitative de genul: "eu nu am noroc", "ar fi frumos, însă nu cred că mi se poate întâmpla mie", "este prea târziu acum", "este prea complicat", "este prea greu" ș.a.m.d.

Miracolele pot să apară în viața ta doar dacă tu le deschizi ușa. Trebuie să faci și tu ceva, nu doar să fantazezi despre o schimbare pe care nici măcar nu o crezi posibilă.

Nu ajungi niciunde dacă ții simultan piciorul și pe accelerație și pe frână.

Vrei să-ți schimbi viața?

Schimbă-ți atitudinea și mentalitatea, gândește în acord cu schimbarea pe care ți-o dorești, acționează și observă oportunitățile pe care viața ți le aduce în cale.

Îți spun din experiența mea, atât personală cât și cea profesională: schimbarea se întâmplă în viețile noastre, însă doar atunci când noi suntem aliniați — la nivel de gânduri, cuvinte și comportamente — cu acea schimbare.

Orice este posibil, iar dacă nu se întâmplă ceea ce îți dorești atât de mult există doar două variante:

1. Nu faci ceva bine — adică nu ești complet aliniat cu schimbarea, după cum spuneam mai sus.

2. Acea schimbare pe care crezi că ți-o dorești nu este pentru tine sau poate că nu este acum momentul (de multe ori oamenii cred că își doresc un lucru, însă faptul că nu îl obțin este, de fapt, o binecuvantare pe care o conștientizează mai târziu).

21

Omului îi este teamă de schimbare și îi este frică de necunoscut. Cea mai bună metodă de a ne învinge temerile este să le confruntăm, să ne punem în acele situații care ne sperie și să le depășim.

Din păcate însa, mulți oameni aleg iluzia siguranței oferită de o viață monotonă, în care nu încearcă nimic nou ci se limitează doar la ceea ce le este cunoscut. Astfel, preferă să trăiască în adevărate închisori, la care le întăresc zidurile în fiecare zi, repetând același scenariu de viață. Timpul trece și pentru că de fiecare dată aleg calea cunoscută, în loc să se îmbogățească cu experiențe, lecții de viață și înțelepciune practică și teoretică, devin din ce în ce mai săraci și mai temători.

Cu cât mai mult timp petrec în "închisoare" cu atât mai frică le va fi de orice este în exteriorul ei. Câtă libertate și satisfacție poți să simți, facând toată viața ta aceleași lucruri? Cât de multe poți să înveți despre tine și despre viață dacă tu nu-ți dai voie de fapt să trăiești?

Știi că se vorbește despre acei oameni care au "școala vieții" și despre faptul că înțelepciunea vine odată cu experiența și așa și este. Nu contează câți ani ai, ci prin cate lucruri ai trecut si câte lecții ai învățat. Degeaba ai 40, 50, 60 de ani sau mai mult, dacă toată viața ta ai trăit în închisoare și nu ți-ai dat voie să experimentezi, de fapt să trăiești cu adevărat.

Înțelepciunea nu vine odată cu vârsta, ci odată cu experiența. Un om care a trecut prin multe nu se mai teme, ci are încredere în sine pentru că știe că poate să depășească orice îi va aduce viața în cale. Un om care face ce a făcut dintotdeauna este temător și îi este frică să **trăiască** cu adevărat.

Viața este un dar minunat care ne-a fost dat ca să trăim, să experimentăm și să învățăm. Iar tu ce faci cu viața ta? Te limitezi doar la ceea ce cunoști, nu te expui la experiențe noi pentru că ți-e frică, faci ce face toată lumea — așa cum te-a învățat familia și cei din jurul tău — și strădania ta constantă este să cauți siguranța?

Și acei oameni care trăiesc în închisoare sunt într-o relativă siguranță. Au un adăpost, primesc mâncare în fiecare zi, însă nu au deloc libertate de mișcare. Oare nu arată și viața ta într-un mod similar, doar că zidurile închisorii sunt mai flexibile puțin?

Tu adaugi viață zilelor tale sau zile vieții tale? Atunci când vei ajunge la sfârșitul vieții crezi că te vei simți împlinit că ai repetat același tipar în fiecare zi? Oare nu ar fi mai bine pentru tine să acționezi, să acumulezi experiențe și înțelepciune, iar la sfârșit, atunci când tragi linia, să poți spune "am avut o viață plină, a fost o cursă extraordinară și acum plec împacat că am **trăit** și am făcut tot ce mi-am dorit?"

Trăiește, acționează, experimentează pentru că vei lua cu tine doar ceea ce ai trăit... amintiri sau regrete, este timpul să alegi!

22

Oamenii își formează în timp obiceiuri care ajung să-i definească.

Tu ești acele lucruri pe care le faci cel mai frecvent.

Este la fel de ușor să-ți formezi un obicei nesănătos ca unul sănătos. Orice obicei se permanentizează prin repetiție.

Dacă astăzi ai obiceiuri care nu-ți fac bine, poți oricând să renunți la ele încet-încet, formându-ți altele noi. Știu că este mult mai ușor să faci ceea ce ai făcut dintotdeauna, însă dacă simți că nu-ți face bine, înlocuiește acel comportament cu unul nou și bun pentru tine, pas cu pas.

Nicio schimbare nu se produce peste noapte și nici nu este bine să renunți brusc la ceva fără să pui altceva în loc. Cele mai bune și mai durabile schimbări sunt cele pe care le faci treptat, înlocuind un lucru care nu-ți face bine cu un altul dezirabil pentru tine.

Fie că este vorba despre modele de gândire, de comportament, de alimentație ș.a.m.d., pașii sunt următorii:
✓ conștientizează că ai un obicei care nu-ți face bine și ia decizia că dorești să-l schimbi;
✓ gândește-te cu ce anume ai vrea să-l înlocuiești și scrie-ți undeva toate motivele pentru care alegi acea schimbare;
✓ introdu în rutina ta zilnică, pas cu pas, obiceiul nou;
✓ atunci când observi că ai acționat în acord cu vechiul tău obicei, conștientizează asta, acceptă și străduiește-te să faci mai bine data viitoare; repetă-ți în minte de ce (care sunt motivele) alegi să fii sau să acționezi altfel;
✓ ține minte că este mult mai ușor pentru tine să funcționezi așa cum ai făcut-o dintotdeauna și că orice schimbare presupune efort, așa că ai rabdare cu tine și nu te frustra dacă schimbarea nu apare rapid;
✓ orice s-ar întâmpla, nu renunța! Continuă să alegi conștient, din ce in ce mai frecvent, să acționezi în acord cu noul obicei pe care vrei să-l implementezi și în timp vei vedea că schimbarea nu va întârzia să apară.

Succes!

23

Unul dintre cele mai dificile lucruri în viață (însă în același timp și cele mai utile) este să-ți dai voie să depășești anumite emoții — fie că este vorba de furie, vinovăție, iubire, pierdere, frică.

Depășirea acestor emoții este cea mai sănătoasă cale de urmat ca să mergi înainte cu viața ta. Este necesar să te distanțezi emoțional de acele lucruri care au însemnat ceva cândva pentru tine, însă nu se mai regăsesc astăzi în viața ta. A te agăța de trecut înseamnă să aduci în prezent durerea... de ce ți-ai face una ca asta?

Trecutul este în trecut și permite-i să rămână acolo. Adu cu tine în prezent doar lecțiile învățate și amintirile plăcute și distanțează-te de tot ceea ce-ți face rău.

Mintea ta lucrează întotdeauna în favoarea ta. Dacă, de exemplu, o experiență din viața ta te marchează la nivel emoțional, mintea ta o reține ca fiind foarte importantă pentru tine. Dacă experiența emoțională este una negativa, se declanșează frica în creierul tău, iar astfel mintea ta va căuta semnale care, uneori, seamănă doar vag cu experiența care ți-a declanșat inițial durerea — și asta doar pentru că dorește să te protejeze.

Însă, în funcție de cât ești de atașat emoțional de experiența care ți-a declanșat trăirea negativă, mintea ta poate să vadă pericole și acolo unde nu sunt, de fapt.

De exemplu, dacă ai avut o experiență negativă cu un bărbat care te-a abuzat în vreun fel, vei avea tendința să te temi de toți bărbații. Dacă ai avut un șef tiranic, vei avea tendința să-ți fie frică de orice formă de autoritate. Dacă ai fost înșelat de o iubită, vei fi foarte suspicios cu noua ta parteneră.

Acesta este un mecanism natural al minții tale prin care ea încearcă doar să te protejeze de suferințe viitoare, iar dacă tu nu te vindeci de trăirile negative din trecut, îți vei trăi întreaga existență în teamă, refuz de a mai experimenta, îngustarea orizonturilor ș.a.m.d.

Acceptă ceea ce s-a întamplat, încetează să-ți mai faci rău prin a aduce în prezent durerile trecutului și continuă-ți viața cu încredere și deschidere față de experiențele prezentului.

24

Există frumusețe în viața ta, clipă de clipă, tot ce ai de făcut este să o observi sau să o creezi.

Tu ești frumos atunci când ai gânduri și trăiri pozitive, când îți setezi filtre prin care percepi frumosul din jurul tău, când alegi să spui cuvinte frumoase și ai gesturi frumoase față de ființele de pe această planetă.

Gândește-te cât de bine te simți atunci când te duci spre o persoană cu intenții pozitive, când îi zâmbești și îi vorbești frumos și, astfel, o determini și pe ea să îți răspundă la fel. Oprește-te din a mai avea gânduri negative sau judicative despre omul din fața ta, emite gânduri pozitive și vorbește-i frumos și vei vedea că, în majoritatea cazurilor, îți va răspunde la fel (iar dacă nu o face, înseamnă că acea persoană are o zi proastă sau nu se simte bine, astfel că poți să simți compasiune pentru ea, nu să te enervezi și să spui că "lumea este rea").

Fii autentic atunci când interacționezi cu cineva, deoarece dacă ai un zâmbet pe buze, însă în mintea ta îl ponegrești în vreun fel, acel om va simți cumva inconștient vibrația ta și nu se va deschide pozitiv către tine.

Dacă ai hrănit sau mângâiat un animal, știi cât de bine te simți când aceste ființe îți răspund cu afecțiunea lor, arătându-ți cât de mult înseamnă pentru ele gestul tău. Orice animal răspunde la vibrația iubirii cu iubire, iar dacă unii nu o fac de la prima încercare, înseamnă că au amintiri nu tocmai plăcute despre interacțiunea cu oamenii... astfel, că tot ce poți să simți este compasiune față de trăirile lor.

Privește cerul, natura, miracolul unei flori și conștientizează că faci parte dintr-un Univers fascinant în perfecțiunea lui. Ai întotdeauna de ales dacă să-ți hrănești mintea cu gânduri negative, cu frustrări sau supărări cotidiene mai mult sau mai puțin neînsemnate, sau poți să-ți schimbi focalizarea și să privești în jurul tău sau înspre cer și să contempli minunea creației.

Calitatea vieții tale este dată de calitatea gândurilor și acțiunilor tale... așa că alege înțelept felul în care îți construiești realitatea!

25

Lumea în care trăim nu este o lume doar a frumuseții, a trăirilor extatice (mai mult sau mai puțin autoinduse) sau a unui zâmbet afișat cu orice ocazie.

Un om "normal" are bucurii, tristeți, împliniri, dezamăgiri, supărări și reușite, trece prin perioade de urcușuri și coborâșuri, iar toate acestea fac parte din călătoria numită viață.

Un zâmbet forțat și o abordare în care toate emoțiile autoinduse sunt "roz" este o formă de nevroză, în care psihicul se apără de "realitate" într-o modalitate copilarească și imatură.

La fel, atunci când totul este "cenușiu", percepția asupra vieții este trunchiată și subiectivă.

Obiectivismul, realismul și pozitivismul sunt ingredientele care fac ca existența să fie una în care ai atitudinea potrivită ca să depășești cu succes tot ceea ce viața îți aduce în cale și să-ți investești energia în a căuta să-ți faci viața cât mai frumoasă.

Lucrurile sunt exact așa cum sunt, nici mai mult, nici mai puțin. Nu are niciun sens să faci lucrurile mai rele decât sunt prin a-ți induce trăiri emoționale negative (frustrare, furie, depresie, victimizare, disperare etc.) și nici nu are rost să negi realitatea încercând să o "legi cu o fundă roz".

Fii rațional, nu te atașa nici de experiențele pozitive și nici de cele negative (pentru că, oricum, vor trece toate), străduiește-te să găsești soluții și să acționezi atunci când lucrurile nu sunt tocmai ok — astfel, să depășești cât mai rapid "negativul", maximizează clipele pozitive și fii pregătit pentru orice, trăind mereu în prezent.

26

În fiecare moment al vieții tale ești exact acolo unde trebuie să fii.

Chiar dacă conjunctura actuală a vieții tale este una nefericită, este necesar să o trăiești pentru că ai ceva de învatățat din ea.

Chiar dacă ești trist, apăsat, supărat, dezamăgit, anxios etc., să știi că simți aceste stări deoarece este necesar să înveți ceva despre tine, despre alegerile pe care le-ai făcut până în acest moment și care te-au condus la situația ta actuală, sau există ceva din trecutul tău care te-a impactat la nivel emoțional și trebuie să vindeci acele părți din tine ca să mergi mai departe.

Suferința ne este dată ca să învățăm ceva din ea. Suferința ne arată că fie nu am făcut ceva bine în trecut, fie nu facem sau nu gândim ok în prezent, sau că este ceva în neregulă cu ființa și viața noastră.

Suferința poartă întotdeauna în ea un potențial spre conștientizare, spre creștere, spre evoluție. Însă doar dacă alegi să te raportezi astfel la ea!

Dacă, însă, stai și suferi, te victimizezi sau te plângi, suferința nu va putea să te învețe lecțiile atât de prețioase pe care le are pentru tine și, astfel, nu vei reuși să o depășești.

Victimizare sau conștientizare și evoluție... alegerea îți aparține!

27

În viață trecem și prin momente în care trebuie să ne despărțim de cineva drag. Fie că acea persoană alege să urmeze o altă cale, fie noi suntem nevoiți să-i dăm drumul să plece, orice despărțire este dureroasă... însă suferința este opțională.

Timpul pe care îl acordăm stării de suferință după o despărțire este influențat și de mentalitatea celor din jurul nostru. Șase luni, un an, doi ani sau mai mult de suferință sunt intervale de timp mult prea lungi pentru psihicul tău și pentru sănătatea ta. A rămâne blocat în starea de suferință este un deserviciu pe care îl aduci ființei tale.

Însă de ce suferim?

Suferința este dată, din nou, de gândurile noastre: "nu suport", "nu accept", "de ce trebuia să mi se întâmple mie una ca asta", "ce mă fac eu acum", "nu pot să trăiesc fără el/ea", "niciodată nu voi mai fi fericit", "ar fi trebuit să fac / să spun... ca să-l țin lângă mine", "îmi lipsește", "mi-e dor de momentele acelea, aș vrea să se întoarcă", "mă simt vinovat" ș.a.m.d.

Toate aceste gânduri nu fac decât să îți prelungească suferința inutil. O relație s-a încheiat pentru că orice relație se încheie, mai devreme sau mai târziu. Orice relație are un început, un cuprins și o încheiere. O relație care s-a încheiat înseamnă că și-a consumat resursele, sau că unul dintre cei doi a decis că nu mai dorește să continue (sau, uneori, moartea ne răpește ființa iubită).

Se presupune că te-ai bucurat de clipele petrecute alături de cel drag, că ați trăit frumos unul alături de celălalt atât cât a durat relația, că ați împărtășit momente memorabile atunci când ați fost împreună și că ați trăit în prezentul fiecărei clipe.

(Dacă citești aceste rânduri și ești într-o relație, adu-ți aminte să te bucuri de ea **astăzi**, să petreci timp de calitate cu partenerul tău, să-l prețuiești și să-l iubești în această clipă... pentru că nu știi niciodată ce îți poate aduce viitorul.)

Acum relația s-a încheiat. Acceptă asta, nu-ți mai face rău cu gânduri care îți induc suferințe inutile. Nu te mai autoiluziona că poți întoarce pe cineva care nu dorește să mai fie alături de tine, renunță la speranțe deșarte sau la autoînvinovățire.

Ia-ți puțin timp cu tine și încheie relația, atât în mintea cât și în sufletul tău.

Poți să îți imaginezi un dialog în mintea ta cu acea persoană, în care îi spui tot ce ai să-i spui și apoi să-i urezi drum bun, sau poți să faci asta în scris — scrie-i o scrisoare în care închei relația și îți iei rămas bun.

Ia decizia să pui punct și mental acolo unde faptic există deja un punct. Lasă trecutul să rămână în trecut și nu-l mai aduce în prezentul tău... mergi mai departe cu eventualele lecții învățate, cu amintirile frumoase care îți vor aduce întotdeauna un zâmbet pe buze si cu bucuria faptului că ați mers o bucată de drum împreună.

Focalizează-te pe reconstrucția vieții tale și apoi dă-ți o nouă șansă la fericire... viața ta îți aparține, cu tine ai cea mai importantă relație.

Oamenii intră și ies din viața ta și este firesc să fie așa.

Nu te agăța de nimeni (cu atât mai puțin de himerele trecutului), doar bucură-te de clipele frumoase pe care le petreci alături de un om și nu uita niciodată că tu îți aparții doar ție.

Acceptă, eliberează-te de suferință și mergi mai departe către noi orizonturi!

28

Depresia se insinuează în mintea umană atunci când viața din acest moment nu corespunde valorilor, dorințelor și nevoilor tale (mai mult sau mai puțin conștiente), atunci când în mintea noastră este o diferență între imaginea noastră ideală și cea actuală.

În fiecare ființă există dorința de a evolua, de a se schimba, de a depăși rutina, obișnuința și viața repetitivă, de a cunoaște și îmbrățișa noul. Dacă nu urmăm cursul firesc al vieții, ci rămânem blocați într-o anumită secvență repetitivă a vieții noastre, devenim triști, apatici, blazați și, încet-încet se instalează depresia.

De multe ori, nu ne depășim situația prezentă pentru că suntem într-o zonă de confort călduță, pe care ne este teamă să o părăsim în favoarea schimbării, noului.

Însă, în mintea ta se creează o imagine ideală către care tinzi, conştient sau inconştient. A refuza să acţionezi şi să te îndrepţi către acea imagine ideală este echivalent cu a te închide într-o închisoare invizibilă. Începi să trăieşti ca o pasăre într-o colivie, mai mult sau mai puţin aurită, şi îţi negi visurile sufletului tău. Depui armele şi te complaci să lâncezeşti într-o situaţie cunoscută, care îţi dă iluzia unei oarecare siguranţe.

Depăşirea depresiei presupune să conştientizezi cum ţi-ai dori să fii, cum ţi-ai dori să trăieşti şi apoi să-ţi faci curaj ca să-ţi urmezi visurile, pas cu pas. Nu va fi întotdeauna uşor, pentru că te vor trage înapoi obişnuinţele tale şi chiar cei din jurul tău, dar, cu siguranţă, va merita: depresia va dispărea atunci când tu ieşi din închisoarea în care eşti acum, îţi întâlneşti imaginea ideală şi trăieşti în acord cu ea.

29

În viaţă treci printr-o sumedenie de experienţe, unele te ridică, altele te doboară pe moment, însă important este să mergi mai departe.

Nu are niciun sens să trăieşti cu mintea în trecut, să păstrezi în minte suferinţa, furie, frustrare, tristeţe sau să te tot gândeşti cum altfel ai fi putut să acţionezi atunci. Dacă ai fi putut, ai fi acţionat altfel atunci, însă în acel moment ai făcut atât cât ai putut. Nu mai poţi să te întorci în timp şi să schimbi trecutul, aşa că este inutil să ai fantezii despre asta.

Lasă trecutul acolo unde îi este locul, învață ceea ce ai de învățat și apoi închide ușa și mergi către noi orizonturi.

Focalizarea pe trecut și aducerea lui în prezent te împiedică să-ți trăiești viața aici și acum, cu privirea către viitor. Nu mai căra după tine poveri inutile, lasă-le în trecut, acolo unde le este locul și pășește cu încredere în noua ta viață.

Gândește-te cum vrei să arate viața ta de azi înainte, stabilește-ți niște obiective, fă un plan de acțiune și pornește la drum, pas cu pas.

Indiferent cum a fost trecutul tău, poți astăzi să rescrii scenariul vieții tale și să faci în așa fel încât existența ta să arate cu totul diferit de ceea ce ai trăit în trecut.

Orice este posibil pentru tine, dacă îți dai voie să te eliberezi de ceea ce nu-ți folosește și să pleci, hotărât și cu mult curaj, către noi tărâmuri.

30

Acceptă și îmbrățișează schimbarea. Indiferent cât de bună sau de neplăcută este o situație acum, se va schimba cu siguranță.

Schimbarea este singura certitudine pe care te poți baza în viață.

Așa că, îmbrățișează schimbarea și conștientizează că acea

schimbare se întâmplă cu un motiv. Nu va fi întotdeauna ușor sau clar la început de ce se întâmplă ceea ce se întâmplă, însă cândva în viitor, când vei privi la ceea ce s-a întâmplat astăzi, vei înțelege.

Tot ceea ce ți s-a întâmplat, bun sau neplăcut, te-a adus acolo unde ești astăzi. Toate experiențele prin care ai trecut te-au definit și te-au șlefuit, în așa fel încât astăzi tu să fii ceea ce ești.

Depinde doar de tine cum alegi să te raportezi la tine însuți și cum alegi să trăiești astăzi și în viitor, însă poți să fii sigur că schimbarea va fi o constantă în viața ta și că totul se întâmplă cu un motiv — și este responsabilitatea ta să te străduiești să afli care este acel motiv.

Pe baza lecțiilor de viață învățate se fundamentează înțelepciunea.

31

De multe ori, nu ne schimbăm pentru că ne este teamă de ceilalți, de "gura lumii", de "ce o să creadă x sau y".

Însă eu vin și-ți spun cu certitudine că sunt deja foarte mulți ce contemplă schimbarea în mintea lor și le-ar plăcea să o îmbrățișeze, dar au aceleași temeri ca tine. În acest moment, în mintea oamenilor există un conflict între ceea ce simt și își doresc și mentalitatea depășită după care încă își trăiesc viața.

Ai curaj și fă primul pas și vei vedea că, după o scurtă perioadă în care te vei lovi de opoziție din partea celor din jur (pentru că oamenii se agață de "cunoscut", le este teamă și sunt rezistenți la schimbare), vei fi acceptat și chiar vei deveni un exemplu pentru ei.

Nu mai are niciun sens să trăim în ipocrizie sau măcinați de conflicte interioare.

Schimbarea este deja prezentă în realitate, precum și în mințile multor oameni, însă este necesar să existe exemple care să le demonstreze că se poate.

Dă-ți voie să fii tu însuți, trăiește așa cum simți și inspiră-i și pe ceilalți.

32

Dacă vrei să schimbi ceva, acționează.

Dacă vrei să înțelegi, acționează.

Visurile tale nu au nicio șansă de deveni realitate dacă nu le transformi prin acțiune, în realitate.

Acțiunea este răspunsul. Învățarea se află în acțiune.

33

Înainte să distrugi, construiește.

Înainte să critici, creează.

Înainte să urăști, iubește.

Înainte să te cerți, înțelege.

Înainte să te enervezi, acceptă.

Înainte să judeci, observă.

Înainte să condamni, iartă.

Înainte să fii răutacios, fii binevoitor.

Înainte să te temi, îndrăznește.

Înainte să fii lacom, dăruiește.

Înainte să fii frustrat, acționează.

Înainte să fii invidios, iubește-te.

34

Sunt situații în viață care pot să dureze la nesfârșit dacă tu nu schimbi ceva, iar faptul că le accepți te stoarce efectiv de energie.

Cât timp vei mai accepta să-ți tot bandajezi rănile vechi și noi, câte cicatrici vei mai lăsa să-ți apară în minte și în suflet?

Atunci când stai într-o situație care îți face rău constant, iar tu te tot autoiluzionezi că, poate, mâine va fi mai bine, ești prins în capcana autoamăgirii.

Nu poți să schimbi ceea ce nu accepți.

"Nebunia este să faci același lucru în mod repetat și să te aștepți la alt rezultat."
(Albert Einstein)

Deschide ochii, observă că lucrurile nu merg înspre bine oricât de mult te-ai strădui și iubește-te suficient de mult încât să spui "STOP" suferinței.

Viața ta este în mâinile tale și doar tu poți să schimbi ceea ce nu este ok pentru tine. Meriți să fii fericit și să te bucuri de viață!

35

Fii conștient de tine în fiecare clipă, trăiește în **aici** și **acum**.

Pierdem mult din viața noastră atunci când, în momentul prezent, trăim fie în trecut — și, de multe ori, reluăm anumite scene și ne învinovățim pentru ele, fie în viitor — pe care îl privim cu teamă sau îngrijorare.

Viața ta se petrece **acum**. Nu mai există trecutul și nici viitorul nu a venit încă. Dacă îți dai voie să trăiești în prezentul tău, clipă de clipă, să fii conștient de tine, vei vedea cât de multă **viață** se adaugă existentei tale. Ieși de pe "pilot automat" și trăiește cu adevărat.

Lasă trecutul acolo unde îi este locul, acceptă-l pentru că, oricum, nu poți schimba nimic, fă pace cu el și mergi înainte doar cu lecțiile pe care le-ai învățat. Viitorul nu a venit încă, iar el depinde de ceea ce faci astăzi, în prezentul tău.

Trăiește aici și acum, fii atent la ceea ce gândești, simți și faci clipă de clipă și asigură-te că creezi astăzi un viitor care să te bucure.

Toată puterea ta este în prezentul tău. Viața ta este în prezentul tău. Nu lăsa clipa să treacă pe lângă tine, în timp ce tu ești în altă parte, deoarece prezentul tău este, de fapt, tot ceea ce ai.

36

Sunt unele zile în care parcă totul merge pe dos. Nu-ți iese nimic, întâmpini tot felul de obstacole și simți că nu ai energie fizică și psihică așa cum ai de obicei.

Păstrează însă în minte un lucru: și această zi va trece, cu siguranță. Mai avem și astfel de zile în viața noastră și este bine să le luăm așa cum vin.

O zi "proastă" este pur și simplu doar o zi "proastă". Treci prin ea cu calm, rămâi rațional și pozitiv și nu face mai mult caz decât este necesar. Nu are niciun sens să adaugi și emoții negative zilei tale pentru că, astfel, te vei adânci mai mult decât trebuie într-o situație care va trece, oricum.

Este normal să fii uneori trist sau să întâmpini diferite situații neplăcute, însă știi că le-ai depășit de fiecare dată și la fel se va întâmpla și acum.

Viața, cu tot ce are să ne ofere, este o călătorie minunată chiar dacă, uneori, trecem și prin situații dificile. Ele ne sunt date ca să devenim conștienți de cât de puternici suntem, de fapt.

Păstrează-ți optimismul și mergi mai departe!

37

Astăzi este o nouă zi, un nou început, încă un pas din călătoria ta prin viață.

Îmi imaginez că și această săptămână va fi una încărcată cu tot felul de treburi pe care le ai de făcut și cărora le dedici zile din viața ta. Însă, oricât de ocupat vei fi, adu-ți aminte să te bucuri de existența ta. Nu mai amâna relaxarea și bucuria doar pentru weekend sau pentru concediu. Fă ceva pentru tine, în fiecare zi, care să te încânte.

Ai grijă de tine: de corpul tău — mănâncă sănătos, de mintea ta — hrănește gândurile și emoțiile pozitive, de sufletul tău — privește cerul, natura sau fii recunoscător pentru lucrurile frumoase din viața ta.

Ieși din rutina ta de fiecare zi și fii spontan. Adu un element nou în viața ta astăzi — fă o plimbare, sună pe cineva cu care nu ai mai vorbit de mult, află ceva nou.

Fă-ți timp pentru pasiunile și hobby-urile tale — ele îți vor aduce întotdeauna încântare și bucurie.

Stai cu tine însuți câteva minute și reflectează la tine și la viața ta.

Citește din acea carte care stă de mult pe noptiera ta.

Poartă o conversație profundă cu cineva drag ție. Fii deschis, autentic și ascultă fără să judeci. Deschide-ți sufletul și permite-i si celuilalt să se deschidă în fața ta.

Acestea sunt doar câteva exemple despre ce anume poți să faci ca să-ți umpli zilele de sens și bucurie, însă sunt convinsă că ai și tu multe idei pe care poți să le pui în practică.

Cea mai importantă decizie pe care o iei în viață este cum anume alegi să-ți petreci zilele.

Fă în așa fel, încât fiecare zi din viața ta să fie un model pentru o viață echilibrată, împlinită și trăită în bucurie!

Adaugă **viață** zilelor tale!

38

În orice clipă, fiecare om ia cele mai bune decizii de care este conștient. Ceea ce creezi astăzi este expresia cunoștințelor tale din acest moment, iar ceea ce vei face mâine va fi în acord cu ceea ce vei ști atunci. Omul învață și evoluează în permanență, astfel că nu are niciun sens să-ți faci procese de conștiință pentru că în trecut nu ai acționat altfel sau că nu ai știut ceea ce știi acum.

"Cineva l-a întrebat odată pe Van Gogh:
— Care dintre picturile tale este cea mai bună?
Van Gogh a răspuns:
— Cea pe care o pictez acum.
După o vreme, omul l-a întrebat din nou pe Van Gogh același lucru. Pictorul i-a răspuns:
— Dar ți-am mai spus. Aceasta este pictura mea cea mai bună!
Dar picta un alt tablou!
— Cel pe care îl pictez acum este întotdeauna cel mai bun!" (Osho)

39

Primul pas către iertare este acceptarea. Uneori, oamenii te rănesc prin cuvintele sau faptele lor și simți că nu poți să ierți sau să treci peste ceea ce s-a întâmplat. Ai nevoie de timp ca să te vindeci, ca să integrezi experiența și să mergi mai departe.

Vindecarea poate să înceapă în momentul în care accepți că ceea ce s-a întâmplat nu mai poate fi schimbat, că oamenii greșesc uneori — cu sau fără intenție, însă tu alegi cât de mult te lași rănit de ei. Acceptarea înseamnă să-ți dai voie să te eliberezi de suferința prezentă acum în ființa ta, să nu-i permiți să te definească sau să-ți controleze viața.

Acceptă ceea ce s-a întâmplat, oprește-te din a-ți mai face rău gândindu-te la acele evenimente și mergi înainte cu viața ta. La un moment dat, în viitor, iertarea va veni de la sine pentru că vei vedea că trecutul nu mai are nicio putere în prezentul tău, dacă tu alegi să-l lași acolo unde îi este locul.

Oamenii nu sunt perfecți, viața nu este perfectă, însă, cu toate acestea, merită să fie trăita, fără poveri inutile, ci cu seninătate și bucurie!

40

Să gândești și să faci, uneori sunt două lucruri diferite. Dacă rămâi doar la nivelul contemplării, toate lucrurile pe care le știi și toate cunoștințele tale teoretice sunt inutile.

Degeaba știi ce înseamnă să mănânci sănătos, dacă alegi mereu varianta nesănătoasă.

Degeaba știi că furia îți face rău, dacă te enervezi constant pe diferite nimicuri.

Degeaba citești cărți de dezvoltare personală, dacă nu pui nimic în practică. În plus, atunci când știi ce ar fi bine să faci, însă acționezi exact pe dos, în mintea ta apare un conflict, iar acest lucru poate să dea naștere la diferite tulburări psihice.

Lasă deoparte lenea, obișnuința și rezistența la schimbare și acționează.

Implementează de astăzi, pas cu pas, tot ceea ce știi și crează-ți viața pe care o meriți, viața visurilor tale! Îți vei mulțumi cu siguranță mai târziu.

41

Ai nevoie de curaj ca să poți asculta și să ai mintea deschisă la noi posibilități.

Dă-ți voie să fii un bun ascultător. Fii atent la ceea ce spun alții care gândesc diferit de tine. Nu se știe niciodată, poate vei auzi ceva ce îți poate schimba viața.

Dacă refuzăm să procesăm orice informație care contravine cu ceea ce știm deja, orizontul nostru va fi unul destul de limitat și nu vom putea să ne adaptăm la o lume în continuă schimbare.

Rigiditatea și conservatorismul sunt în antiteză cu legea fundamentală a vieții: schimbarea. Poți fie să accepți, să te adaptezi schimbării și noului sau poți să te lupți inutil să păstrezi trecutul în prezentul tău.

Cu sau fără acordul tău, schimbarea se produce oricum, ea fiind singura constantă din Univers.

Flexibilitate și adaptabilitate sau rigiditate și inadaptare. Alege înțelept!

42

Experiențele tale de viață din trecut, "greșelile" pe care le-ai făcut și lecțiile pe care ți le-ai însușit în urma lor, sunt cele care te-au făcut să devii ceea ce ești astăzi.

Nu regreta niciodată ceea ce ai făcut în trecutul tău pentru că ai învățat lecții prețioase prin intermediul acțiunilor tale. Tot ceea ce s-a întâmplat a făcut parte din procesul tău de învățare, din șlefuirea personalității tale. Omul învață cel mai bine în mod experiențial, prin încercare și eroare. Cei care nu-și dau voie să trăiască, să facă "greșeli" și să învețe din ele, nu vor putea atinge maturitatea și înțelepciunea necesare vieții.

Cu cât mai multe experiențe ai avut, cu atât sunt mai mari șansele ca tu să te cunoști pe tine, pe ceilalți și să înțelegi viața.

Experimentează, acționează, trăiește și învață!

43

Se întâmplă în viață să crezi că știi ce dorești, cum să arate jobul perfect, partenerul perfect și așa mai departe, însă viața vine și îți arată că, de fapt, ceea ce te împlinește și te face fericit are o cu totul altă culoare.

Poate că te simți atras de un job care nu este cel pentru care te-ai pregătit, însă simți în fiecare zi plăcerea de a desfășura acea activitate și ești fericit cu ceea ce faci.

Poate că intră în viața ta oameni care îți scot la suprafață o parte din tine de care nu erai conștient, însă te simți atât de bine, încât valorile tale sunt date peste cap și te regăsești într-o nouă realitate firească și atât de frumoasă.

Permite noului să intre în viața ta și te vei descoperi pe tine, așa cum poate nu știai că ești.

44

Iubirea reală este cea care se simte, se trăiește și se vede.

Iubirea înseamnă să-l învălui pe celălalt cu o aură de afecțiune, înțelegere și acceptare necondiționată. Iubirea adevărată izvorăște din interiorul tău, dacă ea există acolo, în primul rând față de tine însuți și apoi față de ceilalți.

Am constatat că oamenii care vorbesc cel mai mult despre iubire nu au cunoscut-o niciodată. Se autoiluzionează, se amăgesc pe sine și pe ceilalți cu acest cuvânt "magic", însă nu este nimic real în spate. Sunt oameni narcisici, egocentrici și manipulatori, lipsiți de profunzime și de trăiri autentice.

Unii dintre ei propovăduiesc iubirea divină și își induc, lor înșile și celorlalți, trăiri care pot fi descrise în terminologia de specialitate ca delir mistic.

Sunt atât de mulți oameni care se refugiază în religie și promovează "iubirea divină", însă sunt conflictuali, plini de ură și resentimente la adresa semenilor lor.

Simpla aderare la un sistem de credințe nu te face un om mai bun sau mai luminos. Dacă doar repeți niște cuvinte sau îți induci niște trăiri "înălțătoare" faci mai mult rău decât bine psihicului tău, pentru că el se cliveaza în părțile care sunt în contrast. Astfel, vei da naștere unui conflict intrapsihic care va duce la alte probleme, poate chiar mai grave.

Refugierea în "trăiri" mistice sau în cuvinte mărețe fără substrat, nu reprezintă o soluție viabilă prin care să-ți rezolvi probleme (psihice sau de altă natură).

Nu mai fugi de realitate, accept-o și caută vindecarea minții (și a vieții) tale cu ajutorul rațiunii tale. Doar atunci vei putea să înțelegi și să simți cu adevărat **iubirea**.

45

Viața este întotdeauna corectă. Vei atrage către tine acele circumstanțe sau oameni care rezonează cu sinele tău adevărat, cu nivelul tău de conștientizare și de evoluție.

Uneori, pentru că cer si își doresc suficient de mult, oamenii pot să atragă către ei lucrurile sau circumstanțele pe care cred că și le doresc, însă dacă nu le merită, le vor pierde sau vor avea parte de mult stres și suferință. Este ca și cum ai lua ceva ce nu îți aparține. Mai devreme sau mai târziu, îți va fi luat acel lucru sau vei plăti altfel pentru că ți-ai însușit ceva ce nu meritai.

Calea către o viață senină și armonioasă este să fim recunoscători pentru ceea ce suntem și avem, să căutăm să evoluăm, să ne desăvârșim mintea și ființa până când orice gând negativ dispare din interiorul nostru.

Adevărata frumusețe interioară va atrage întotdeauna bunăstarea și abundența pe toate palierele existenței, însă impuritatea sau gândurile negative vor aduce nefericire, suferință, zbucium, stres și boală.

Caută să (te) cunoști, să conștientizezi cum ești și să evoluezi și vei vedea că circumstanțele exterioare vor reflecta realitatea ta interioară.

Nu îți pierde vremea încercând să-i controlezi pe alții sau circumstanțele. Schimbă-te tu și întreaga ta viață se va schimba!

46

Regretele pe care le simt oamenii, față de ceea ce au făcut sau nu au făcut în trecut, sunt în mare parte inutile. Un discurs interior de genul "dacă aș fi avut mintea de acum...", "dacă aș fi știut...", sau "am fost un prost..." ș.a.m.d., nu fac decât să te facă să te simți rău cu tine însuți, să te autodevalorizezi sau să-ți induci sentimente de vinovăție care îți vor paraliza și acțiunile viitoare.

Da, este bine să îți analizezi trecutul și să conștientizezi ce ai fi putut să faci altfel, însă fă acest lucru doar ca să înveți lecția și să mergi mai departe.

Dacă ai fi știut ceea ce știi acum, dacă ai fi văzut lucrurile cum le vezi acum, cu siguranță ai fi acționat în alt mod. Însă nu a fost așa și este cel mai bine să accepți asta.

Întotdeauna facem ce putem mai bine cu ceea ce conștientizăm că avem la îndemână la un moment dat.

De exemplu, imaginează-ți că ai în bucătăria ta doar două feluri de mâncare. Când ți se face foame, vei consuma ceea ce ai. Peste un timp, te vei duce la cumpărături și îți vei lua mai multe tipuri de alimente și atunci vei avea mai multe opțiuni când vei dori să mănânci ceva. Nu are niciun sens să te gândești acum la perioada când ai avut doar două feluri și să regreți că atunci nu ai avut mai multe opțiuni. A fost într-un fel atunci și este altfel acum.

Acceptă trecutul, acceptă că ai acționat într-un anumit mod

cu ceea ce ai conștientizat că ai avut la îndemână atunci și mergi mai departe cu încrederea că vei face întotdeauna ceea ce poți mai bine, în funcție de ceea ce știi și simți în acel moment.

47

Viața ta este mesajul tău către lume, către ceilalți. Acest mesaj este cel pe care îl transmiți oamenilor și este ceea ce lași tu în urma ta.

Uită-te la viața ta și analizează ce fel de mesaj transmiți celorlalți: dacă toată lumea ar gândi, ar vorbi, ar acționa și s-ar comporta ca tine, ți-ar plăcea lumea în care ai trăi, ți-ar plăcea să ai de-a face cu oameni ca tine? În ce fel de lume am trăi dacă toți am fi ca tine?

Gândește-te la aceste întrebări și în funcție de răspunsurile pe care le găsești, continuă cu ceea ce faci sau fă schimbările necesare.

48

Este momentul să regândim totul!

Citești cărți de dezvoltare personală, statusuri motivaționale pe facebook, mergi la workshopuri de autocunoaștere și, cu toate acestea, viața ta arată la fel?

Nu s-a schimbat mare lucru în viața ta?

Ești nemulțumit de tine, de felul în care arăți, de sănătatea ta, de relația ta, de viața ta profesională și socială, te confrunți cu aceleași stări emoționale negative?

Schimbarea nu se produce de la sine, doar prin simpla expunere la diferite informații. Este necesar să îți introduci în gândire noile concepte, să ți le însușești, să îți regândești viața în acord cu ele și, apoi, să acționezi.

Așa cum memorarea fără înțelegere și aprofundare nu are niciun efect pe termen lung, la fel se întâmplă și cu informațiile pe care le reții superficial.

Dacă îți dorești cu adevărat schimbarea, cel mai important lucru este să gândești altfel și apoi să aplici ceea ce gândești, zi de zi, prin acțiuni concrete.

Revoluția exterioară începe întotdeauna cu revoluția (sau evoluția) gândirii tale!

Gândește, acționează, **trăiește**!

49

Atunci când nu mai ești interesat să privești înapoi înseamnă că ești pe calea cea bună.

Ți s-a întâmplat vreodată să te desparți de cineva (sau de ceva) și să te îndrepți către noi orizonturi, însă în curând să simți că vrei să te întorci de unde ai plecat?

S-a întâmplat să te întorci și să nu mai găsești acel ceva de care credeai că ți-e dor?

În această situație, înseamnă că nici drumul vechi și nici cel nou ales nu sunt ceea ce ai tu nevoie...

Dacă era ok pentru tine drumul vechi nu simțeai dorința să pleci, iar dacă drumul nou era bun pentru tine nu-ți doreai să te refugiezi în trecut. A-ți dori să te întorci în trecut este, de cele mai multe ori, o capcană, deoarece, cu timpul, mintea ta are tendința "să uite" ce nu a fost ok și îți amintești selectiv doar lucrurile pozitive, mai ales atunci când prezentul nu este așa cum ți l-ai imaginat.

Soluția este a treia cale, pe care nu ai găsit-o încă, dar care cu siguranță te așteaptă să o descoperi.

50

Acționează, experimentează, **trăiește!**

Ieși din zona de confort, din rutina și din obișnuința cotidiană și dă-ți voie să te expui la tot ceea ce are viața de oferit.

Doar așa vei ajunge să te cunoști, vei afla cum ești tu în diferite situații, cum reacționezi la diverși stimuli și, astfel, vei putea să te îmbunătățești acolo unde vei considera de cuviință să te schimbi.

Acționează cu mult curaj, depășește-ți frica și ia fiecare experiență, "bună" sau "rea" ca pe un prilej de a învăța.

Înțelepciunea nu vine odată cu vârsta, ci este rezultatul experienței tale de viață!

51

Când se adună norii în viața ta, nu te panica și nu te lăsa cuprins de disperare deoarece totul trece.

Viața este o călătorie și printre anotimpurile din sufletul tău, așa că înarmează-te cu răbdare, focusează-te pe soluții sau caută să te adaptezi la schimbările prin care te trece viața.

Totul trece și va răsări soarele din nou, dar asta știi și tu deja... ai trecut prin atâtea furtuni și ai supraviețuit, așa că de data asta ai și mai multă experiență ca să faci față cu calm la orice poate să apară în viața ta.

Atitudinea ta în fața încercărilor este cea care va determina intensitatea și durata lor!

52

Uneori, viața nu-ți dă acel lucru pe care ți-l dorești din tot sufletul și pentru care depui mult efort ca să-l obții... Și este foarte bine așa, însă tu vei afla asta doar mai târziu.

Este un semn de înțelepciune să știi să te oprești din zbaterea ta, să știi când să renunți și să accepți faptul că unele lucruri nu îți sunt date deoarece te așteaptă ceva mai bun.

Dar, pentru a putea să obții acel ceva, este necesar ca prima dată să renunți la ceea ce crezi că îți dorești acum... Fie că este vorba de un om, un job, un lucru sau orice altceva.

Uneori viața știe ce este cel mai bine pentru tine și este chiar un "noroc" că nu primești ceea ce crezi că vrei acum.

Ascultă-ți vocea interioară și renunță la încrâncenare... De obicei, viața îți oferă surprize plăcute atunci când înveți să-ți asculți intuiția.

RESPECTĂ-I
PE CEI DIN JUR

1

Dacă te enervezi, atunci când cineva nu este de acord cu tine, înseamnă că simți nevoia să aperi o credință de care nici tu nu ești sigur.

De ce ai dori să te lupți, să-i insulți pe alții sau să intri în conflict cu cineva pentru o idee care reprezintă adevărul tău? Tu știi că pentru tine lucrurile stau într-un anumit fel și nu trebuie să le impui și altora să creadă ca și tine, doar ca să nu-ți simți tu convingerile atacate, iar asta să te facă să te îndoiești de ele.

Fiecare om are dreptul să creadă ce dorește, în funcție de viziunea sa asupra lumii. Însă, libertatea ta se termină acolo unde începe libertatea celorlalți.

Da, oamenii pot să nu fie de acord cu tine deoarece gândesc și percep diferit, dar de ce ai simți nevoia să te cerți cu ei sau să îi lipsești de respectul tău doar pentru că sunt diferiți? Te simți în pericol atunci când alții nu gândesc ca tine? De ce?

Atunci când un om și-a descoperit adevărul propriu, pe care îl simte și îl crede cu toată ființa sa, nu mai are nevoie să le demonstreze și altora asta într-o manieră agresivă, impunătoare sau conflictuală.

Tu poți să vorbești despre credințele tale, să le împărtășești și altora, însă nu ai nevoie de nimeni ca să te susțină să-ți menții credința. Tu știi că pentru tine lucrurile stau într-un anume fel și, dacă ai ajuns la un anumit nivel de conștientizare, accepți și înțelegi faptul că pentru alții lucrurile stau în alt mod.

Tu ai adevărul tău, alții pe al lor și cel mai bine ar fi să acceptăm că oamenii sunt diferiți și că au credințe, gânduri și convingeri diferite. Vorbește despre credințele tale, ascultă-le și respectă-le și pe ale altora și hai să cădem de acord asupra faptului că fiecare deține adevărul său propriu, fără să ne mai luptăm unii cu alții pentru ideile (uneori supraevaluate) în care credem.

Alege-ți grupul de apartenență în funcție de felul în care rezonezi cu ideile și stilul lor de viață și învață să-i respecți și pe cei care nu sunt ca tine. Am trăi în pace unii cu alții dacă am ști să ne respectăm reciproc originalitatea și diversitatea, în loc să ne luptăm pentru niște idei care, oricum, nu reprezintă adevărul absolut.

2

Pierdem atât de multă energie complet inutil, încercând să explicăm sau să ne justificăm în fața oamenilor al căror singur scop este să critice, să găsească "nodul în papură", să spună ce nu este bine. Dorința lor este să te domine și să-și compenseze propriile lor sentimente de inferioritate prin devalorizarea ta.

Nu, nu-ți vrea nimeni "binele" când te critică, ci ceea ce-și dorește este să arate că el este mai bun sau mai deștept decât tine. Când critici pe cineva vrei ca persoana aceea să accepte viziunea ta asupra lucrurilor și vrei să-i arăți că felul în care gândește, vorbește sau acționeaza ea nu este suficient de bun. Pentru cine nu este suficient de bun? Pentru cel care critică, bineînțeles. Cât egoism și egocentrism este implicat în acțiunea de a critica...

Da, este ok să oferi feedback-uri constructive (adică spui ce nu crezi tu că este ok și cum anume se poate îmbunătăți ceva), însă doar atunci când îți sunt cerute.

Da, este în regulă sau să vorbești despre cum te afectează pe tine acțiunile sau comportamentele unei persoane, atunci când te privesc în mod direct.

Dacă alege să le schimbe, este perfect, însă dacă nu dorește să facă nimic și pe tine te deranjează, este responsabilitatea ta să pleci, să ieși din situație.

Un om care trăiește conștient, respectându-se pe sine și pe cei din jurul său în același timp, nu-și permite să critice pe cineva doar pentru că nu se încadrează în viziunea lui îngustă despre viață.

Dacă nu-ți place de cineva, dacă simți nevoia să-i critici sau să te raportezi la ei dintr-o postură de superioritate, înseamnă că mai ai de lucru cu tine. Ceilalți sunt ok așa cum sunt, însă tu ai o problemă cu a-i accepta. Trasează-ți limite și granițe clare de interacțiune cu cei cu care nu rezonezi și mergi pe calea ta.

Trăiește și permite-le și altora să trăiască așa cum cred de cuviință!

3

Nu există bine și rău, există doar definiții date de unii și de alții asupra a ceea ce înseamnă bine și rău, există percepții subiective și puncte de vedere.

Toate lucrurile sunt neutre, însă ele devin bune sau rele atunci când cineva le judecă, prin prisma propriilor credințe și valori și prin propria viziune asupra lumii.

Și cum majoritatea credințelor oamenilor le sunt insuflate de cei din jurul lor — familie, societate, mental colectiv — cine poate decide, cu adevărat, ce este bine și ce este rău?

Binele cuiva poate să reprezinte rău pentru altcineva și viceversa. Înainte să judecăm, să etichetăm și să emitem păreri, ar fi bine să reflectăm dacă gândim cu mintea noastră proprie sau dacă doar am preluat credințele celor din jurul nostru și mai ales, să conștientizăm că tot ceea ce emitem este subiectiv și nu reprezintă decât punctul nostru de vedere — care este doar "un punct" în imensitatea universului.

4

Diferite orientări și școli spirituale sau religioase îi îndeamnă pe oameni să renunțe la ego-ul lor, le spun că ego-ul este ceva rău și că trebuie distrus cu orice preț.

Acest lucru nu este nici sănătos și nici posibil pentru ființa umană care trăiește în societate. Ego-ul începe să se formeze în primii ani de viață și este cel care ne asigură supraviețuirea în lumea în care trăim. Ego-ul este cel care deține motivația, voința, ne ajută să fim asertivi în relațiile cu ceilalți, să avem granițe și limite clare de interacțiune cu cei din jur, să ne stabilim scopuri și obiective și să ne creăm o cale în viață. Inclusiv dorința de evoluție spirituală poate să provină inițial din ego-ul nostru.

Persoanele care doresc să renunțe complet la ego (deși mă îndoiesc că este posibil așa ceva) nu pot să-și ducă existența într-un mediu concurențial și competitiv, așa cum este spațiul social. Ei pot să trăiască doar retrași de lume, singuri sau în locașuri speciale: mânăstiri, ashram-uri ș.a.m.d. Însă, într-adevăr este necesar să lucrăm cu ego-ul nostru în așa fel încât să nu devenim răi, nepăsători, să ne punem pe noi pe prim plan fără să ne intereseze de ceilalți (adică să nu "călcăm pe cadavre" ca să ne atingem obiectivele), să nu acționăm agresiv și cu lipsă de bun simț.

Ego-ul unui om evoluat este unul asertiv și "ecologic": adică își urmărește interesele, însă cu respect ridicat atât pentru sine cât și pentru cei din jur, își găsește un loc în societate în funcție de imaginea de sine obiectivă și realistă și nu face niciun rău sistemelor cu care interacționează, înțelegând că libertatea sa nu are niciun drept să îngrădească libertatea celuilalt.

5

De câte ori judeci pe cineva vorbești despre credințele și dorințele tale, despre felul în care ai vrea tu să trăiască, să se comporte sau să fie cineva.

Însă, dacă ai înțelege că viziunea ta asupra lumii îți aparține doar ție, că punctul tău de vedere este doar cât un punct în imensitatea universului și că părerile tale te definesc doar pe tine și experiența ta de viață de acum, poate ai avea mai multă acceptare, compasiune și înțelegere față de felul în care aleg alți oameni să-și trăiască viața.

Istoria personală a fiecărui om l-a determinat să fie și să trăiască așa cum o face și chiar dacă nu crezi, fiecare om ia cele mai bune decizii și face cele mai bune alegeri de care este conștient la un moment dat. Uneori, cele mai "urâte" comportamente ale semenilor noștri sunt doar strigăte de ajutor neauzite de nimeni...

Nu avem niciun drept să-i etichetăm sau să-i judecăm pe alții doar pentru că nu sunt ca noi. Nu știm de ce o persoană alege să trăiască, să se comporte sau să fie așa cum este și nici nu avem niciun drept să-i cerem să fie altfel decât este doar ca să corespundă dorințelor noastre egoiste.

Da, poți să nu fii de acord cu cineva, poți să nu rezonezi cu credințele sau comportamentele sale și poți oricând să te îndepărtezi de oamenii în preajma cărora nu te simți bine.

Însă a privi cu dispreț, ură sau furie, a judeca sau condamna pe cineva doar pentru că este altfel decât tine este o dovadă de lipsă de acceptare și de respect față de acea ființă.

Iar simțind astfel de trăiri, nu-ți faci bine nici ție și nici lumii în care trăim cu toții.

Dacă în loc să simți dispreț, ură sau furie, ai încerca să înțelegi, să accepți sau să simți compasiune față de semenii tăi și viețile lor, lumea ar fi cu siguranță un loc mai bun.

6

Comunicarea înseamnă în primul rând abilitatea de a asculta activ.

Atunci când cineva îți vorbește, păstrează contactul vizual cu acea persoană, arată-i că-l asculți și prin limbajul tău nonverbal, iar atunci când îți vine rândul să vorbești, oferă-i feedback la ceea ce ți-a spus. Pune-i întrebări suplimentare despre ceea ce tocmai ți-a povestit, astfel încât acea persoană să simtă că tu ești interesat de subiectul pe care ți l-a relatat. Stai cu acel om în realitatea lui, în povestea lui și, astfel, el se va simți validat și va simți atenția ta. După ce i-ai arătat că ești interesat de ceea ce ți-a spus poți să vorbești și despre tine, eventual despre o experiență similară de-a ta.

Unele dintre cele mai frecvente obstacole în comunicarea interumană sunt:
✓ să-l întrerupi pe celălalt ca să vorbești despre tine;
✓ să-ți pregătești răspunsul, în loc să te focalizezi pe ceea ce spune interlocutorul tău; să preiei elementele din discursul celuilalt și să începi să vorbești imediat despre tine (de exemplu: — "Am fost în weekend la munte..." — "Și mie îmi place la munte! Să-ți povestesc ce frumos a fost atunci când...");

✓ să duci discuția spre tine, fără să-i oferi feedback sau fără să fii atent la ceea ce ți-a spus celălalt;
✓ să crezi că o discuție este un concurs despre cine vorbește mai mult despre sine.

O persoană se simte cu adevărat ascultată, atunci când îi acorzi atenția ta, îi oferi feedback și îi pui întrebări suplimentare despre ceea ce tocmai ți-a spus.

Comunică cu celălalt în mod real, prin bucle de feedback și evită discuțiile în paralel. În afară de un schimb de informații superficiale, ele nu aduc apropiere, intimitate și înțelegere între oameni.

Comunicarea înseamnă în primul rând să știi să asculți!

7

Există patru tipuri de comportamente pe care oamenii le au în interacțiunea cu cei din jur.

1. **Comportamentul agresiv.** Cei care au acest tip de comportament, își manifestă frecvent furia, agresivitatea, au un comportament dominator, se simt îndreptățiți să se comporte cu lipsă de considerație și respect la adresa altora, jignesc, adresează acuze, vorbesc pe un ton ridicat. Ei consideră că sunt ok, însă ceilalți nu sunt ok.

2. **Comportamentul pasiv.** Aceste persoane nu au reacție atunci când cineva se comportă sau vorbește cu ei într-o manieră lipsită de respect, le permit altora "să-i calce în picioare", nu au încredere în ei, stau cu ochii în pământ, nu ripostează, le dau voie altora să le încalce granițele și limitele personale. Cred despre ei că nu sunt ok, însă ceilalți sunt ok.

3. **Comportamentul pasiv-agresiv.** Este acel tip de comportament în care un om nu ia poziție în fața celui care îl atacă sau îl face să se simtă inconfortabil, însă acumulează resentimente, furie și ură, iar atunci când au ocazia, se razbună "pe la spate" — prin bârfă, "bețen roate", denigrare ș.a.m.d. Ei cred că nu sunt ok, însă nici ceilalți nu sunt ok. Acest tip de comportament este considerat cel mai indezirabil și cel mai periculos în interacțiunile interumane — atât la job, cât și în viața personală.

4. **Comportamentul asertiv.** Sunt acei oameni care își stabilesc clar limitele și granițele de interacțiune cu ceilalți, sunt calmi, fermi, hotărâți, se prețuiesc și se respectă atât pe sine, cât și pe ceilalți în același timp, își susțin punctul de vedere, au verticalitate și congruență între ceea ce gândesc, spun și fac. Consideră că sunt persoane ok, demne de iubire și de respect, și că și ceilalți sunt la fel — ok.

Acesta este tipul de comportament și de atitudine funcțional și dezirabil în interacțiunile interumane.

Tu știi ce fel de comportament adopți în interacțiunile tale de zi cu zi? Poți să identifici și comportamentele celor din jurul tău?

8

Lucrurile pe care nu le spui, deși ar trebui comunicate celuilalt, ajung să te împovăreze și să-ți întunece existența.

De multe ori, ne este teamă să vorbim despre ceea ce simțim, fie că dorim să-i protejăm pe ceilalți, fie că ne este frică să nu pierdem o relație.

În timp, lucrurile nespuse creează adevărate ziduri și bariere în relația cu celălalt. Acumulăm frustrări, resentimente, nu mai putem să-l privim pe celălalt în ochi, îl evităm sau, din contra, devenim foarte disponibili și facem lucruri pe care nu vrem , de fapt, să le facem doar ca să ne compensăm cumva sentimentele de vinovăție sau de rușine.

"Vreau să-l protejez", "nu vreau să-l necăjesc", "mi-e teamă că s-ar supăra / l-aș pierde dacă ar știi ce gândesc", "mi-e frică de conflict" ș.a.m.d., și, astfel, continuăm într-o manieră disfuncțională relații care ar putea, într-un fel, să fie mult mai deschise și mai armonioase.

Într-o relație apropiată, de cuplu, de familie sau de prietenie, lucrurile nespuse deteriorează calitatea relației. Oferă-le credit oamenilor dragi ție, asumă-ți adevărul tău propriu și comunică-l. Nu-i mai trata ca pe niște copii neajutorați care nu pot să-și gestioneze emoțiile, sunt și ei adulți ca și tine și merită să trăiască în realitate.

Nu-i mai ține în iluzie, minciună sau amăgire pe cei din jurul tău pentru că nu în acest fel se contruiesc relațiile sănătoase. În plus, nu văd care este satisfacția ta sau chiar dorința de a continua o relație în care nu poți să fii tu însuți sau nu poți să fii sincer.

O relație funcțională se contruiește pe adevăr și pe asumarea realității proprii și a celuilalt. Acceptarea, înțelegerea celuilalt și empatia sunt ingrediente necesare într-o interacțiune pozitivă și evolutivă.

Poți să spui oricui orice, doar este necesar să găsești forma potrivită. Nu trebuie să te cerți cu nimeni și nimeni nu ar trebui să se simtă atacat atunci când tu vorbești despre propriul adevăr. Ai dreptul să simți și să gândești orice, iar o persoană care te iubește sau ține la tine, ar fi normal să caute să te înțeleagă, să te cunoască cu adevărat și să te accepte așa cum ești.

Nu te mai împovăra inutil, nu-ți mai da voie să te sufoci sub greutatea lucrurilor pe care nu le spui, ci comunică asertiv despre tine, despre gândurile și trăirile tale.

9

Dragi mame de băieți,

Știu că vă iubiți băiatul ca pe ochii din cap, uneori chiar mai mult decât pe voi însevă sau ca pe bărbatul de lângă voi.

Vă felicit că ați fost alături de copilul vostru și că l-ați înconjurat cu atâta afecțiune și grijă... Însă, acum, că el a ajuns adult, este timpul să-l percepeți ca atare.

Acum este normal pentru el să caute o femeie alături de care să-și trăiască viața. Știu ca îți este greu, că ți-e teamă că iubita lui nu-l va îngriji sau nu-l va prețui ca și tine (sau că o va iubi pe ea mai mult decât pe tine), însă trebuie să-l lași să aleagă singur ce anume dorește să facă și cu cine să-și împartă viața.

Tu vei rămâne toată viața mama lui, ființa care i-a dat viață, însă dacă nu îi dai drumul din brațe acum, îl predispui la nefericire.

Nici ție nu ți-ar fi plăcut ca bărbatul pe care ți l-ai ales ca partener să fie sunat de mama lui zilnic (sau chiar de 3 ori pe zi), să îl întrebe dacă a mâncat, să-i spună ce face clipă de clipă și să fie cocoliși de ea ca și când ar fi un copilaș neajutorat. Pe lângă faptul că ți-ai fi pierdut respectul pentru el și nu ai fi simțit că el face echipă cu tine acum, te-ai fi simțit exclusă și inutilă.

Nici ție nu ți-ar fi plăcut dacă bărbatul tău se consultă tot cu mama lui și nu cu tine, dacă el se raporta la tine așa cum îi spunea mama lui să o facă, dacă tu te așteptai ca el să aibă o atitudine masculină și, în schimb, constați că îți împarți viața cu "puiul mamii".

Dragă mamă de băiat, nu îți handicapa copilul doar pentru că tu nu-ți dorești ca el să crească și să aibă o viață din care tu nu mai faci parte atât de mult. Nu mai fi atât de egoistă, ci gândește-te la binele lui dacă tot spui că îl iubești atât de mult.

Dă-i voie odraslei tale să-și urmeze cursul firesc în viață. Tu l-ai născut și l-ai avut doar pentru tine 18-25 de ani, iar acum, dacă îl iubești, este necesar să înțelegi că el trebuie să devină bărbat și să-și ia viața în propriile mâini.

Dă-i voie să devină bărbat, încetează să te mai raportezi la el ca la un copil neajutorat. Nu va putea să fie niciodată fericit astfel și, chiar dacă îl vei ține lângă tine, el va face asta cu prețul vieții lui. Va sta lângă tine pentru că l-ai debilitat, nu i-ai dat voie să-și dezvolte o personalitate puternică și armonioasă, nu știe cât este de puternic sau cât de multe poate realiza.

Nu plânge, nu-l manipula și nu-l șantaja emoțional... Ai mari șanse să îl ții lângă tine dacă folosești aceste strategii, însă sa știi că o va face pentru că îi este milă de tine, pentru că se simte vinovat și nu neapărat pentru că te iubește.

Îi distrugi șansa la fericire și la o viață normală pentru că tot timpul va fi împovărat de responsabilitatea fericirii (sau chiar a vieții) tale.

Dacă îl iubești atât de mult precum spui, dă-i drumul să-și ia zborul din cuib. Dacă te gândești la binele lui vei face asta, iar dacă nu... oare pe cine pui tu pe primul plan: pe tine sau pe el?

"Băiatul mamii" este un bărbat adult acum și ar trebui să fii mândră că ai crescut un om atât de frumos și de capabil.

El nu va mai putea fi niciodată bebelușul drăguț pe care îl țineai în brațe, oricât de mult ți-ai dori asta.

El este un bărbat care iubește și alte femei (însă pe niciuna ca pe tine), face dragoste cu ele și face copii la rândul lui.

Cu cât mai repede accepți asta, cu atât mai bine va fi pentru amândoi: tu nu vei mai avea așteptări nerealiste de la el, ci te vei bucura (de la o oarecare distanță) de creația ta, iar el va fi liber să-și caute fericirea și să-și trăiască viața așa cum crede de cuviință.

Te îmbrățișez cu drag și îți doresc să-ți alegi atitudinea cu înțelepciunea care știu că te caracterizează.

10

Este mult mai ușor să fii rău decât să fii bun, precum este mult mai simplu să distrugi decât să construiești.

Sunt atât de mulți oameni care își irosesc energia psihică gândind negativ, criticând și bârfindu-i pe cei din jur, în loc să-și investească energia în a căuta să evolueze, să construiască ceva frumos pentru sine sau pentru ceilalți.

Nu am întâlnit oameni cu adevărat de succes care să aibă dorința sau timpul necesar ca să-i discretizeze pe alții, ori care să găsească satisfacție în a bârfi sau a face rău.

Este atât de adevărat citatul care spune "oamenii mici vorbesc despre alți oameni, oamenii mediocri vorbesc despre evenimente, iar oamenii mari vorbesc despre idei."

De multe ori, oamenii aleg să distrugă pentru că este nevoie de mult mai puțină energie ca să facă asta decât să construiască ceva, aleg să stea pe margine și să comenteze despre ce nu este ok, însă nu ridică niciun deget ca să schimbe ceva.

Cum ar fi oare dacă în loc să ne folosim energia ca să criticăm, etichetăm, judecăm, bârfim sau distrugem ceva, să o utilizăm într-un mod constructiv?

Cum ar fi oare ca, în loc să ne focusăm pe ce nu este ok la alți oameni, să ne întoarcem privirea către noi înșine și să ne șlefuim gândirea, personalitatea, comportamentul și acțiunile până ajungem un model demn de urmat?

Un om focalizat pe negativ ajunge să se sufoce sub greutatea propriei sale energii negative, pe când un om care caută și construiește frumosul și pozitivul va avea o viață armonioasă și împlinită.

Alege înțelept în ce anume îți investești energia!

11

Te invit să faci un exercițiu și, de ce nu, să-l permanentizezi în viața ta. Observă cum se schimbă tonusul tău psihic când iei decizia să nu mai bârfești, să nu-i mai asculți pe alții cum bârfesc, când nu mai iei parte la dramele pe care le creează alți oameni (sau, poate, chiar tu însuți) și nu mai accepți să asculți niciun fel de defăimare la adresa altora.

Alege ca, de azi înainte, să vorbești doar despre binele pe care-l observi la cei din jurul tău și încurajează-i și pe ceilalți să facă la fel. Pe cei care refuză să ți se alăture, poți foarte bine să-i ignori atunci când aleg să vorbească urât. Pur și simplu.

Se întâmplă lucruri incredibile atunci când te distanțezi de negativitate, de drame și de cei care o creează. Nu te lăsa prins în bârfe și drame, ci ignoră-le și mergi mai departe.

Bârfele, critica, judecarea și etichetarea, dramele și negativitatea sunt apanajul oamenilor care nu au un respect de sine ridicat și, ca atare, nu pot să-i respecte nici pe ceilalți. Adoptă tu un comportament care să-ți facă cinste, fii un model de respect și bun simț și ignoră toate acele mesaje încărcate de răutate, frustrare, individie, lipsă de respect pe care le emit cei din jurul tău.

"Fii tu schimbarea pe care vrei să o vezi în lume"!

12

Acumulăm diferite frustrări în relațiile cu cei din jurul nostru pentru că nu ne dăm voie să comunicăm clar, calm și direct despre ceea ce nu ne place.

Lăsăm de la noi, uneori chiar permitem altora să abuzeze de bunătatea noastră (sau de lipsa noastră de curaj), suntem pasivi și acceptăm ca oamenii să ia de la noi mai mult decât am dori să le dăm, acumulăm resentimente, furie, frustrare ș.a.m.d.

Apoi, la un moment dat, ni se umple paharul și izbucnim (sau, în cel mai nefericit caz, ținem totul în noi și ne îmbolnăvim). Celălalt va fi foarte surprins și se va supăra pe noi pentru că nu ne mai mai comportăm așa cum era el obișnuit. Scenariul continuă așa: după ce spunem ce avem pe suflet, ne simțim vinovați că l-am supărat pe celălalt și îi spunem că "am vorbit la nervi", că nu credem ceea ce tocmai am spus. Iar relația continuă în același fel până la urmatoarea izbucnire.

Omul, atunci când este nervos, spune adevărul.

Atunci nu mai funcționează barierele autoimpuse deoarece suferința personală este prea mare și vrea să iasă afară, în orice fel.

Dacă te regăsești în acest tip de comportament, poate ar fi bine să știi că există și o altă metodă. Asertivitatea este cheia: adică să le spunem celorlalți ce simțim, ce ne place și ce nu ne place, să ne trasăm clar limitele și granițele de interacțiune și cele personale, să fie clar ceea ce acceptăm și ce nu și să vorbim despre toate acestea într-o manieră clară, calmă, deschisă, sinceră și fermă, respectându-l pe celălalt în tot acest timp.

Nu are niciun sens să acumulezi resentimente și frustrări față de ceilalți, ci să comunici despre tine și nevoile tale. Dacă ei le acceptă, merită să stea în viața ta, dacă nu, atunci poate este momentul să îți reconsideri relațiile.

Respectă-te și prețuiește-te și învață-i pe ceilalți cum să se comporte cu tine. Cei care țin la tine, care te iubesc și te respectă, vor avea considerație față de tine și se vor raporta la tine într-un fel care să fie ok și pentru tine și pentru ei. Iar cei care nu... nu ai de ce să-i păstrezi în viața ta.

13

În orice relație există momente de neînțelegeri, conflicte și certuri.

Este normal ca, atunci când doi oameni sunt împreună, să existe, din când în când, și clipe tensionate.

Aceste momente au potențialul fie să îi aproprie pe cei doi, fie să creeze rupturi în relație.

Pentru ca un conflict să fie soluționat într-o manieră pozitivă, există anumite lucruri pe care poți să le faci:
✓ asigură-te că asculți cu adevărat ceea ce-ți transmite celălalt și nu îți pregătești replica ofensivă sau defensivă;
✓ validează ceea ce-ți spune, chiar dacă tu nu ești de acord. Fiecare om are realitatea sa proprie și are dreptul să simtă orice dorește;
✓ străduiește-te să rămâi calm, nu te enerva și nu îl ataca pe celălalt. Este inutil să aduci acum în discuție, ca argumente, evenimente din trecut. Strategia de a câștiga o discuție prin a-l face pe celălalt vinovat de ceva ce nu ți-a convenit în trecut este distructivă și nu constructivă. Evenimentele din trecut, dacă nu le-ați discutat deja, le discutați altă dată;
✓ cere-ți iertare dacă ai greșit;
✓ găsiți împreună soluții și o concluzie la situația despre care discutați.

Comunicarea, pe lângă respect, atenție și afecțiune, este cheia succesului în relațiile pe termen lung.

14

Relațiile tale cu familia ta, cu prietenii tăi și cu alți oameni pot fi minunate dacă tu alegi să fii o prezență pozitivă. Cum ai putea să faci asta?

Atunci când cineva îți caută compania, oferă-i atenție și interes. Fii cu adevărat preocupat de ceea ce-ți spune, fii focusat pe acea persoană cu totul.

Dă-le voie oamenilor să fie ei înșiși în prezența ta, fără să simtă nevoia să fie ipocriți, să poarte măști sau să aibă un comportament din categoria "așa se face". Mi se par atât de superficiale, sterile și inutile interacțiunile dintre oameni în care fiecare joacă un rol predefinit și inautentic.

Nu-i respinge pe ceilalți doar pentru că nu gândesc ca tine sau nu au aceeași viziune asupra vieții. Este ok ca fiecare să avem propria noastră realitate și, cu toate acestea, să avem relații armonioase, bazate pe respect și acceptare reciprocă.

Arată-le celorlalți considerația și respectul tău, indiferent de felul în care aleg să-și trăiască viața. Uneori, ceilalți se află la un alt nivel de conștientizare sau evoluție personală și nu ai niciun drept să-i desconsideri pentru că nu sunt ca tine. Poate ai fost și tu în același loc unde sunt ei astăzi și ai evoluat. Dă-le și lor șansa să parcurgă acest drum. Poți să alegi cât de apropiate sunt relațiile tale cu aceste persoane, însă nu ai niciun motiv să nu-i accepți exact așa cum sunt acum.

Uneori, oamenii te mint pe tine deoarece se mint pe ei înșiși. Alteori sunt într-o postură care nu le face cinste, au atitudini sau comportamente jenante și te vor aprecia, cu siguranță, dacă în acel moment nu-i vei judeca, nu le vei arăta percepția ta și le vei da spațiul necesar să treacă peste acel moment. Atunci când suntem "jos", ultimul lucru de care avem nevoie este de cineva care să ne arate cu degetul sau să râdă de noi. Fii blând, empatic, ajută-l pe cel de lângă tine sau privește în altă parte ca să nu-l faci să se simtă și mai rău decât o face deja.

Fă în așa fel încât aportul tău în relațiile tale să fie unul pozitiv!

15

Uneori, oamenii care se poartă urât, sunt furioși, exprimă ură sau frustrare, strigă, de fapt, după ajutor. În loc să reacționezi la comportamentul lor în același fel, încearcă o altfel de abordare: arată-le puțină afecțiune și interes. O întrebare de genul: "Ești ok?", "Pot să fac ceva pentru tine?" poate să facă minuni pentru starea în care sunt.

Știu, este greu să arăți compasiune pentru cineva care se poartă urât, însă gândește-te că alternativa — să le răspunzi în același fel — nu va face altceva decât să-i adâncească și mai tare în starea lor, iar tu te vei tulbura, cu siguranță.

Păstrează-ți calmul, gândește-te că ai în fața ta un om care suferă (altfel nu ar alege să fie în acea stare) și ajută-l să treacă peste acele emoții negative arătându-i grijă și afecțiune. O atitudine calmă, rațională și pozitivă poate să facă minuni în relațiile cu semenii tăi.

16

Dacă îți dorești să fii un om integru, există o regulă pe care ar fi bine să o respecți: când nu poți să-i spui unui om în față ceea ce gândești despre el, nu ar trebui să-l vorbești nici pe la spate.

Această regulă se aplică, mai ales, în relațiile apropiate, în cuplu sau cu prietenii tăi. Este mult mai util și corect să-i spui partenerului tău ceea ce nu-ți place la el sau la comportamentului lui, decât să îl bârfești sau să îl vorbești de rău cu alții. Nu-ți face cinste acest comportament, iar cei care te ascultă își vor face despre tine o părere care nu are nimic de-a face cu respectul. Chiar dacă te simți eliberat atunci când bârfești, pe termen lung acest obicei îți va aduce doar deservicii.

Un om vertical și integru, nu bârfește. El spune în față ceea ce are de spus sau nu spune nimic, nimănui. Dacă vrei să fii perceput ca un om respectabil, fii demn și spune-le oamenilor în față ceea ce simți și gândești, în așa fel încât să nu fie o discrepanță între comportamentul pe care îl ai față în față cu ei și ceea ce spui despre ei când nu sunt prezenți.

Fii congruent cu tine însuți, iar, astfel, atât stima ta de sine, cât și imaginea în ochii celorlalți, vor avea foarte mult de câștigat.

17

Unul dintre cei mai importanți stâlpi ai unei relații este comunicarea.

Spune-i partenerului tău ce simți, atunci când simți acel lucru. Exprimă-ți iubirea și bucuria de a fi împreună. Distanțarea și răceala afectivă între parteneri apare cel mai frecvent din cauza faptului că din relație lipsește comunicarea reală, deschisă și sinceră.

Atunci când ești supărat sau trist, comunică-i partenerului tău ceea ce simți. Însă fă asta asumându-ți trăirile tale și fără să îl ataci — de exemplu "comportamentul tău mă face să mă simt trist" — și permite-i să aleagă singur dacă își schimbă sau nu atitudinea față de tine.

Nu avem niciun drept să-i schimbăm pe alții, este alegerea lor dacă aleg să fie altfel sau nu. Ceea ce putem face noi este fie să-l acceptăm pe partenerul nostru așa cum este el, fie să căutăm alți oameni cu care rezonăm și care scot la suprafață cele mai frumoase valențe și trăiri ale noastre.

ALEGE ÎNȚELEPT OAMENII CU CARE TE ÎNCONJORI

> *"Nu am încredere în oamenii care nu se iubesc pe ei înșiși și îmi spun mie 'Te iubesc'... Există un proverb african care spune: Ai grijă când o persoană goală îți oferă o cămașă."*
> (Maya Angelou)

1

Atunci când un om nu se iubește pe sine, va avea tendința să-și umple acest gol cu atenția, afecțiunea sau iubirea cuiva din exterior. Va face orice pentru acea persoană, se va sacrifica pentru ea, se va pune pe sine pe planul secund și își va investi toată energia în a-i face pe plac celuilalt, în speranța că va fi recompensat pentru eforturile sale. Dacă reușește în demersul său, va deveni dependent de acel om și va căuta întotdeauna în exterior umplerea golului interior, iar, dacă celălalt nu-i răspunde așa cum și-ar dori, se va transforma într-o victimă (sau agresor) care folosește șantajul emoțional și manipularea ca să obțină ceea ce și-a dorit: "eu am făcut atâtea pentru tine și tu nu apreciezi și nu-mi dai ceea ce merit", "m-am sacrificat pentru tine, ți-am dat tot ce aveam mai de preț și tu nu mă recompensezi pentru efortul meu", "mă doare și sufăr din cauza nepăsării tale", "mi-ai distrus viața" etc.

Cel care a "beneficiat" de "iubirea" aceasta condiționată (eu fac lucruri pentru tine ca să te determin să faci și tu pentru mine ceea ce-mi doresc) se va simți împovărat de responsabilitatea fericirii celuilalt sau se va simți vinovat că nu-i poate oferi ceea ce-și dorește.

Când cineva investește în tine sau se "sacrifică" pentru tine, mai devreme sau mai târziu, va veni și nota de plată. Cu cât un om dă mai mult din ceea ce-i lipsește și lui, cu atât mai mult se va agăța de cel în care a investit cu speranța de a primi în schimb contravaloarea investiției.

Iubirea necondiționată o întâlnim la om în două situații: între mama și copilul ei mic, cât timp încă este total dependent de ea și la persoana autonomă, independentă din toate punctele de vedere, care se respectă, se prețuiește și se iubește pe sine și le dăruiește celorlalți din prea-plinul său, fără să se aștepte la nimic în schimb. În rest, vorbim despre iubire condiționată de măsura în care celălalt răspunde, în felul în care ne dorim, la nevoile, dorințele și așteptările noastre.

2

Vorbind la modul cel mai general, există două categorii de oameni în această lume: oameni care îți dau energie și poftă de viață și oameni care îți iau energia și îți taie elanul vital.

Cei din prima categorie sunt acei oameni care sunt pozitivi, optimiști, calmi, ambițioși, determinați, pasionați, curajoși, echilibrați emoțional, care zâmbesc chiar și printre lacrimi deoarece știu că totul trece și au încredere în ei înșiși că vor rezolva orice problemă întâlnesc, care te încurajează când tu treci prin perioade dificile, care știu să se distreze, care se respectă pe sine și îi respectă și pe ceilalți, care își doresc mult și te fac și pe tine să-ți dorești din ce în ce mai mult de la tine însuți și de la viață.

Apoi, există oamenii care parcă fac un scop în sine din a suferi, a se simți rău și din a le distruge și altora bucuria. Ei sunt acei oameni care sunt mai mereu nemulțumiți, frustrați, invidioși, pesimiști, bârfitori, furioși, agresivi, conflictuali, triști, depresivi, răutăcioși, cei care pozează în victime (atunci când nu aleg să fie "călăi"), cei care își hrănesc fricile, cei care te descurajează și te trag în jos spunându-ți că este imposibil să reușești, că nu se poate, "să stai în banca ta", cei care se bucură în secret de necazul altuia pentru că asta le arată ca nu sunt singurii care se simt mizerabil, ș.a.m.d.

Știi care este diferența dintre cele două categorii?

Răspunsul este simplu — totul este o chestiune de alegere, de atitudine în ceea ce privește gândurile pe care alegi să le hrănești, de felul în care te raportezi la tine însuți, la ceilalți și la viața în ansamblul său.

Orice om are de făcut această alegere: fie își face viața mizerabilă cu ajutorul gândurilor, cuvintelor și acțiunilor sale, fie decide că este un învingător în fața vieții și adoptă o atitudine în consecință.

Și DA, oricine poate să fie un om frumos și să trăiască frumos. Nu există niciun motiv pentru care să faci parte din a doua categorie, decât dacă tu alegi să-ți găsești scuze și justificări care să-ți susțină acest fel de a fi.

Toți oamenii trec prin greutăți și probleme, toți oamenii sunt confruntați cu situații neplăcute, însă unii decid că vor să le depășească, iar alții decid să se lase definiți de neajunsurile din viețile lor.

Tu din ce categorie alegi să faci parte?

Iar cei din jurul tău... ei ce aleg? Îți reamintesc aici faptul că nu ai nicio obligație să stai în preajma celor din a doua categorie, indiferent cât de apropiați îți sunt. Faptul că tu îi accepți așa cum sunt acum nu face decât să le întărească credința că este ok să fie așa și să continue cu același tip de atitudine. Deci, practic, îi ajuți să fie așa cum sunt astăzi prin faptul că le faci jocul (auto)-distructiv.

Folosește-ți puterea interioară și fii o forță a binelui pe acest pământ!

3

Toți oamenii au nevoie să se simtă iubiți și să dăruiască iubire. Acesta este motivul pentru care intrăm în relații, acesta este motivul pentru care facem copii, acesta este motivul pentru care căutăm relaționarea interumană — prieteni și familie.

Însă, de multe ori, iubirea (sau manifestarea ei) lipsește tocmai din relațiile pe care le-am constituit în acest scop. Ne îndrăgostim și apoi ne căsătorim cu persoana iubită tocmai pentru că avem speranța că asta ne va garanta că vom fi iubiți și vom avea cui să dăruim iubire, dar ceva se întâmplă pe parcurs...

Considerăm că partenerul nostru este acolo, orice s-ar întâmpla, că doar și-a asumat asta la un moment dat. Nu mai comunicăm — decât chestiuni legate de "logistică", nu mai facem dragoste, nu mai depunem niciun efort ca să-l cucerim constant, îl luăm de-a gata, intrăm în rutină, ne blazăm și ne plictisim de relația noastră. Același lucru îl face și partenerul și uite așa, în timp, ajungem să trăim alături de un străin față de care avem mai multe resentimente și frustrări decât sentimente de drag și de iubire.

Calitatea vieții per ansamblu scade, nu ne mai pasă cum arătăm, dacă avem copii toată atenția noastră se îndreaptă exclusiv către ei, petrecem din ce în ce mai mult timp la lucru sau făcând orice altceva decât să stăm acasă, apar relațiile extraconjugale și poate chiar despărțirea sau divorțul.

Ca paranteză, despărțirea poate să apară și pentru că doi oameni evoluează diferit sau nu sunt compatibili, ori pentru că ființa umană nu este monogamă prin însăși natura sa și își dorește varietate și schimbare.

Însă, o relație are mult mai multe șanse să reziste în timp dacă partenerii de cuplu sunt onești unul cu celălalt, dacă nu consideră că celălalt le aparține, dacă nu încetează să comunice și să-și recucerească partenerul în fiecare zi.

Trăim în timpuri în care nimic nu mai este "pentru totdeauna" și este bine să fii conștient de acest lucru. Libertatea omului este unul dintre dezideratele societății actuale, stimuli există la tot pasul, așa că nu mai poți să te autoiluzionezi că cel de lângă tine va fi acolo pentru totdeauna. Dacă vrei să îți păstrezi partenerul este necesar să-i menții interesul pentru tine, să-i arăți că-l iubești și că îl prețuiești, astfel că, orice s-ar întâmpla, să te aleagă mereu pe tine.

Cuplurile care au o fundație solidă și resorturi interne funcționale vor depăși orice, chiar și o relație extraconjugală. Însă, dacă baza nu există, orice pală de vânt mai puternică va destabiliza sau va distruge acel cuplu.

Trăim în alte vremuri, devino conștient de asta, iar dacă îți dorești să-ți păstrezi partenerul, poți să faci asta doar prin deschidere, acceptare, comunicare, interes, prețuire și... mai ales iubire!

4

Este frumos și nobil să le dăruiești oamenilor, însă nu să le permiți să se folosească de tine.

Unii oameni, atunci când observă ca le dai ori de câte ori îți cer ceva, vor învăța că nu mai trebuie să depună niciun efort ca să-și atingă obiectivele, ci este suficient să apeleze la tine și, astfel, problema se rezolvă. Astfel, tu îi înveți pe oameni să fie dependenți, să renunțe la puterea lor personală și îi transformi în ființe lipsite de motivație și de voință proprie.

Este suficient să pozeze în victime, să se plângă că le este greu, să te șantajeze emoțional sau să te manipuleze, iar tu, ca să nu te simți vinovat sau rușinat, le sari mereu în ajutor.

Un alt motiv pentru care tu ești mereu "altruist" este dorința ta de a fi plăcut — ai impresia că oamenii te vor plăcea și te vor respecta pentru cât de multe faci pentru ei. Greșit... Omul este o ființă construită destul de alambicat și îi respectă doar pe cei pe care îi percepe ca fiind puternici și nu pe cei care se supun capriciilor și dorințelor lui.

Nu le dărui oamenilor atât de mult încât să nu mai ai nimic pentru care să fii respectat.

Și înțelepciunea populară îți spune același lucru:
"Îi dai unui om un pește și îl hrănești pentru o zi, îl înveți să pescuiască și îl hrănești pentru o viață."

"Îi dai unui om un deget și îți va lua toată mâna."

5

O relație nu există pur și simplu, ci este co-creată de cei doi parteneri.

Iubirea nu este suficientă decât la începutul relației, apoi este necesar să învățăm să comunicăm despre dorințele și nevoile noastre pentru ca ambii parteneri să se simtă bine în acea relație.

Este bine să ne reamintim faptul că fiecare om are o personalitate unică, cu trăsături care-l definesc și are diferite modalități prin care se simte iubit și prețuit (și totodată feluri diferite prin care își arată iubirea). Unora le plac cuvintele de apreciere, altora timpul petrecut împreună, ori mângâierile fizice, unii apreciază serviciile, iar alții cadourile (îți recomand să citești cartea "Cele 5 limbaje ale iubirii").

Este necesar să te cunoști și să-i comunici partenerului tău ce te face pe tine să te simți iubit și, în același timp, să-l întrebi și pe el cum anume percepe el iubirea.

Orice relație funcțională se bazează pe comunicare, negociere și CONSENS — nu pe compromis.

Fiecare om este liber și are granițele și limitele lui, pe care partenerul ar fi normal să le respecte. Chiar și atunci când suntem într-o relație este sănătos să avem timp personal — pe care să-l petrecem așa cum ne dorim și timp pentru relație — momente de calitate pe care sa le petrecem alaturi de partener.

O relație nu este o închisoare, ci un spațiu în care fiecare dintre parteneri se simte liber să se dezvolte pe toate planurile, fiind susținut de iubirea și prețuirea partenerului său de cuplu.

6

Nu ai venit pe lume ca să corespunzi așteptărilor sau dorințelor altor persoane și nici ei nu trăiesc ca să-ți facă ție pe plac.

Viața fiecărui om îi aparține, este liber să trăiască așa cum consideră de cuviință fără să aibă obligația de a se supune dorințelor sau capriciilor egoiste ale altora.

Singura persoană pe care trebuie să o faci fericită ești tu însuți, scopul vieții tale este să-ți cauți sensul și menirea care să te împlinească, indiferent de ceea ce vor sau spun cei din jurul tău.

Un om care te iubește cu adevărat, te place pentru ceea ce ești tu și nu pentru cât de mult faci ceea ce își dorește el. Egoismul nu este iubire.

Fii tu însuți, trăiește în acord cu visurile și dorințele tale, înconjoară-te de oameni care te susțin pe calea ta prin viață și eliberează-te de condiționările celor din jurul tău!

7

Nu permite nimănui să te facă să ajungi să-l urăști.

Relațiile toxice, relațiile în care îi permiți cuiva să se poarte cu tine într-un mod care te lezează, relațiile în care te simți nedreptățit, devalorizat, umilit, mințit, folosit,etc. sunt acelea care pot să te facă să simți că urăști.

Ura este un sentiment profund disfuncțional și dăunător pentru tine, pentru psihicul tău și pentru sănătatea ta fizică. În același timp, ura este o trăire umană normală care apare atunci când simți că un alt om îți încalcă drepturile, personalitatea și te abuzează fizic sau psihic.

Nu are niciun sens să accepți și să stai într-o astfel de relație. Renunță și la ideea că poate, în timp, celălalt se va schimba, că poate se va întâmpla un miracol și își va modifica atitudinea față de tine. Acest lucru nu se prea întâmplă deoarece odata ce i-ai permis cuiva să se raporteze la tine într-o manieră lipsită de considerație și de respect, va avea tendința să continue în același fel.

Ce poți să faci însă, este să te respecți și să te prețuiești pe tine suficient de mult, astfel încât să-ți trasezi limite și granițe clare, să știi să spui STOP și să ieși din orice relație care îți face rău în mod repetat. Pe ceilalți nu-i putem schimba, însă fiecare dintre noi este responsabil de sine însuși, de viața sa și de relațiile pe care le acceptă.

8

Oamenii din jurul tău pot sa-ți potențeze puterea personală sau pot să te facă să te îndoiești de tine.

Ai nevoie de o voință puternică să nu te lași influențat de toți cei care îți vorbesc prin prisma fricilor lor, a limitelor lor, a neîncrederii pe care o au în ei înșiși.

Dacă părinții sau cei din jurul tău te-au descurajat, ți-au spus să te mulțumești cu ceea ce ai, să nu-ți dorești prea multe ca să nu fii dezamăgit, să cauți întotdeauna siguranța, să nu ieși în față ș.a.m.d., ți s-au creat toate premisele să te îndoiești de tine, de puterea ta personală și să trăiești o viață care nu te împlinește.

Conștientizează că tot ceea ce ți-au spus alții reprezintă realitatea lor și nu a ta, că ei vorbesc astfel pentru că, la rândul lor, și-au înăbușit puterea interioară și își imaginează că dacă ei nu au putut, nici tu nu ai cum să reușești.

Luptă-te pentru tine și pentru viața ta, nu-i asculta și mergi hotărât înainte. Fii un exemplu de voință, motivație și reușită, deoarece doar astfel poți să-i faci și pe ei să se îndoiască de "neputința" lor.

Nu asculta de nimeni care te face să te îndoiești de tine, care te face să renunți la visele tale, ci ascultă doar de acei oameni care te încurajează și te susțin să mergi înainte.

9

Te-ai întrebat vreodată cum de două persoane care au început o relație bazată pe atracție reciprocă și iubire ajung după o perioadă să nu se mai suporte?

Ce se întâmplă într-o relație care sfârșește în certuri și scandaluri frecvente?

Mecanismul este următorul: la început persoana de care ne-am îndrăgostit ni se pare perfectă, are doar calități — pentru că așa alegem noi să îl percepem. Ne creăm o imagine idealizată despre acel om și ne așteptăm ca el să ne facă fericiți, să corespundă tuturor nevoilor și dorințelor noastre, să se comporte așa cum vrem și să nu facă nimic din ceea ce noi — prin prisma credințelor și așteptărilor noastre — nu acceptăm.

Însă, într-o zi, acel om "perfect" face ceva ce nu este pe placul tău, te dezamăgește într-un mod sau altul. Iar tu reacționezi: îl critici, te plângi, te victimizezi, faci o criză de nervi sau de isterie, îl învinovățești, încerci să îl faci să se simtă rușinat, îl ameninți ș.a.m.d. El se simte atacat și ripostează, atacându-te la rândul lui. Așa începe cearta. În funcție de personalitățile voastre și de cât de mult vă iubiți, vă veți împăca, însă cuvintele pe care vi le-ați spus vor rămâne întipărite în mințile fiecăruia dintre voi.

Apoi, unul dintre voi "greșește" din nou. Începe o altă ceartă, care se termină poate prin împăcare. Urmările vor rămâne din nou în mintea voastră și începeți să aveți resentimente unul față de celălalt. Relația continuă, cu momente frumoase, însă și cu trăiri negative reciproce. Timpul trece, iar iubirea este din ce în ce mai mult amenințată de reproșuri, jigniri, cuvinte negative.

Încet-încet, trăirile negative care s-au tot acumulat vor deține supremația, iar iubirea pălește. Astfel, se ajunge fie la despărțire, fie cei doi rămân împreună însă nu se suportă, fiecare caută alte distracții înafara relației, ori se afundă în muncă sau alte activități care să-l țină departe de casă.

De ce s-a ajuns aici? Pentru că, în loc să comunicăm asertiv — adică cu respect ridicat față de celălalt, dar și față de noi înșine, ne comportăm de parcă celălalt "trebuie" să facă ceea ce vrem noi, pentru că, nu-i așa, a venit pe lume ca să ne satisfacă nouă dorințele și nevoile egoiste.

Dacă este ceva ce nu-ți place la partenerul tău, comunică-i asta, dar fă-o într-o manieră în care el să nu se simtă atacat. Spune-i, de exemplu, cu calm, "atunci cand tu faci x, eu mă simt..." și permite-i să aleagă dacă să-și schimbe sau nu comportamentul. Dacă alege să o facă, mulțumește-i, iar dacă nu, fie accepți acel comportament, fie ieși din relație.

Nimeni nu-ți datorează nimic, iar iubirea nu înseamnă că ai dreptul să-i impui celuilalt ce și cum să facă.

Orice om merită să se simtă respectat, admirat, prețuit de către partenerul său, iar când asta nu se întâmplă, se va simți respins și se va îndepărta de tine.

Fă remarci pozitive, apreciază-ți partenerul pentru tot ceea ce aduce frumos în viața ta, acceptă-i personalitatea, dăruiește-i și tu tot ce ai mai frumos și vei vedea că relația ta va avea un cu totul alt destin.

10

Uneori ne agățăm de cuvintele pe care vrem să le auzim de la cineva și trecem cu vederea faptele care sunt contrare acelor cuvinte.

Sunt oameni care mint și manipulează cu ajutorul cuvintelor — pentru că este ușor să le spună și pentru că interlocutorul este dornic să se agațe de ele.

Sunt femei care se lasă amăgite de bărbați (dar și reciproca este valabilă) deoarece ele își doresc atât de mult să creadă că "nu-i adevărat că te înșel", "nu este ceea ce vezi/crezi", "nu știu de ce am făcut asta, nu o să se mai întâmple" etc.

Este o dovadă de maturitate și echilibru emoțional să-ți dai voie să percepi adevărul așa cum este el și să nu te amăgești sau să permiți să fii mințit doar ca să poți să continui să trăiești în iluzia pe care ți-ai creat-o în mintea ta.

Nu le permite altora să profite de pe urma naivității tale (autoimpuse) pentru că vei suferi mult mai mult decât dacă îți dai voie să vezi adevărul acum, așa cum este el. Nu le mai căuta altora scuze doar ca să poți să continui să trăiești în lumea ta "roz" și să-ți faci speranțe deșarte, iar ei să te trateze cu lipsă de respect și prețuire.

Faptele sunt fapte, iar vorbele sunt, uneori, doar o modalitate prin care tu accepți să fii manipulat.

Tu ce alegi să crezi: faptele sau cuvintele?

11

Nu putem obliga pe nimeni să ne iubească. Iubirea nu poate fi forțată și nu poate fi impusă nimănui.

Acceptă faptul că s-a terminat, că el/ea nu te mai iubește sau nu mai dorește să continue relația cu tine și dă-i voie să plece. Rugămințile, implorarea, șantajul emoțional, disperarea și agățarea de cineva care nu mai dorește să fie cu tine nu fac decât să-l facă să simtă dispreț față de tine și, astfel, distrugi posibilitatea de a rămâne în relații bune, de respect reciproc, cu acel om.

Bucură-te de relațiile tale în prezent, străduiește-te să cultivi acea relație prin tot ce ai mai frumos în tine, însă dacă partenerul tău doreşte să o ia pe un alt drum, permite-i să facă asta.

Până la urmă, să iubeşti cu adevărat înseamnă să-i dai celuilalt libertatea de a face ceea ce doreşte. Iubirea presupune libertate, indiferent dacă asta înseamnă ca el/ea alege o altă cale.

Doar "iubirea" egoistă — de fapt posesivitatea care se confundă cu iubirea — îi cere celuilalt să facă ceva ce nu-şi doreşte, de fapt.

Indiferent cât de greu îţi este, vindecă-te şi dă-ţi o altă şansă. Acum nu a fost să fie, însă cu siguranţă te aşteaptă cineva pe care să-l iubeşti şi care să te iubească aşa cum, cu siguranţă, meriţi.

12

Am evita multă suferinţă şi probleme inutile dacă am învăţa să nu le mai permitem oamenilor din jurul nostru să ne facă rău, prin gândurile, cuvintele sau acţiunile lor.

Mulţi oameni au avut parte în viaţă de dezamăgiri din partea celor apropiaţi: prieteni care i-au trădat, părinţi egoişti sau manipulatori, partener care i-a abuzat psihic sau fizic, şi, cu toate că au avut doar de pierdut din cauza acelor persoane, au continuat să le permită să le facă rău.

Da, este adevărat că orice om merită o a doua şansă, însă atunci când un anumit comportament se tot repetă este responsabilitatea ta să-i pui capăt, îndepărtându-te de acel om. Pe ceilalți nu-i putem schimba și este ok să înțelegem și să acceptăm că fiecare om acționează în funcție de credințele, valorile și personalitatea sa, însă noi decidem cât de aproape le permitem să stea de noi.

Faptul că tu speri că se va schimba sau că alegi "să întorci și celălalt obraz" îți poate aduce multă dezamăgire și suferință. Nimeni nu se schimbă dacă nu are o motivație clară ca să facă asta, iar faptul că tu accepți un anumit comportament nu face decât să-i întărească acelei persoane credința că nu exista niciun fel de consecințe, orice ți-ar face.

Fiecare dintre noi este responsabil de granițele și limitele personale pe care și le trasează în relațiile cu cei din jur. Ceilalți pot să facă ce doresc ei, însă tu decizi dacă și cât de mult le permiți să facă parte din viața ta.

Renunță la relațiile tale toxice și fă loc în viața ta pentru acei oameni care merită cu adevărat să facă parte din ea.

13

De multe ori, nu avem curajul să facem ceea ce ne dorim deoarece așteptăm aprobare și validare din partea celorlalți. Vrem ca ei să ne spună că facem bine ceea ce facem, să ne sprijine, să ne încurajeze și să ne spună "da, vei reuși".

Însă, cu toate că este minunat să primești feed-back-uri pozitive, acestea nu vin întotdeauna. Poate că le aștepți de la persoane care nu au încredere în ele însele și proiectează asupra ta această neîncredere — adică dacă ei nu au reușit, nu poți nici tu. Poate că reușita ta ar presupune să te îndepărtezi de ei și de asta vor să te mențină, din cauza egoismului lor, în situația ta actuală. Poate că ele nu-și doresc ca tu să reușești pentru că atunci ar fi puse față în față cu propriile lor limitări și asta i-ar face să nu se simtă bine — adică "tu poți, iar asta pe mine mă face să mă simt incapabil sau inferior" (deși ei nu au reușit pentru că nici măcar nu au încercat sau pentru că sunt comozi și temători). Alteori, te poți lovi chiar de părțile negative ale firii umane: invidie, gelozie, resentimente ș.a.m.d. Da, din păcate, sunt oameni care te descurajează pentru că ar fi geloși pe succesul tău.

Acestea sunt doar câteva dintre motivele pentru care oamenii nu te încurajează sau nu-și doresc ca tu să reușești, așa că... este necesar să te eliberezi de nevoia de aprobare și de validare din partea altora.

Dacă ai un vis, urmează-l indiferent de ce spun cei din jurul tău care "îți vor binele".

Tu ai nevoie să-ți demonstrezi doar ție însuți că poți. Ești suficient de puternic, inteligent și de bun ca să reușești în orice îți propui să realizezi. Nu ai nevoie de sprijinul și de aprobarea nimănui pentru că ai deja în interiorul tău toate resursele necesare ca să reușești — "nu ți se dă niciodată un vis dacă nu ai avea puterea să-l faci să devină realitate".

Când ești hotărât că vrei să faci o schimbare în viața ta, vor fi oameni care nu vor fi de acord cu tine, oameni care te vor respinge, care te vor ignora sau care își vor bate joc de ideile sau de eforturile tale. Permite-le să spuna și să facă ce vor ei, nu te lăsa afectat și urmează-ți visurile fără oprire.

Mergi cu încredere înainte, bazează-te pe tine însuți și pe puterea ta și vei reuși cu siguranță!

14

Unii oameni aleg să nu se schimbe și continuă să recreeze în fiecare zi a vieții lor aceeași realitate bazată pe durere, suferință și chiar boală.

Permite-le să fie așa cum își doresc pentru că este viața lor și au dreptul să trăiască exact așa cum vor.

Am învățat în timp că unii oameni sunt dependenți de durere și de boală. Unii dintre ei au credințe profund înrădăcinate în mintea lor cum că pot să obțină atenția și interesul celor din jur doar atunci când sunt bolnavi.

Alții refuză să depășească traumele din trecut, se agață de ele pentru că ele le dau un sens, o identitate. Se gândesc că traumele și suferința din trecut sunt cele care îi definesc, iar durerea le dă un scop în viață pe care unii reușesc să o folosească în diferite forme de creație. Suferința este motorul vieții lor și nici nu-și imaginează ce ar fi ei fără durerea lor. O contemplă, o îmbrățișează și se agață de ea cu toată ființa lor. Ei nu vor să depășească durerea, ci doar să aibă atenția și validarea celor din jur — "da, înțeleg ca îți este foarte greu".

Suferința psihică prelungită duce la boală fizică, iar un om care alege să trăiască într-o realitate psihică dureroasă, mai devreme sau mai târziu va dezvolta tulburări fizice. Dacă nu acceptăm vindecarea în mintea noastră, corpul nu se poate vindeca.

Dacă cunoști o astfel de persoană, oricât de greu ar fi pentru tine, acceptă faptul că este alegerea ei să trăiască în acest fel. Oricum, dacă vei încerca să o ajuți să depășească durerea și suferința îți va spune că nu o înțelegi și că nu o accepți, astfel că nu o vei putea ajuta cu nimic.

Este călătoria lor, alegerea lor și tot ce poți să faci tu este să accepți că ei așa aleg să trăiască. Singura ta alegere în acest caz este natura relației tale cu aceste persoane.

15

Pentru ca o relație de cuplu să fie funcțională, este necesar ca partenerii să poată comunica unul cu celălalt, despre orice și oricând.

Întâlnesc atât de multe cupluri care se mint reciproc, își ascund adevăruri unul de celălalt, nu cred că pot fi acceptați și înțeleși de partenerul lor, astfel că ajung să se distanțeze și să aibă resentimente. Dacă stai în aceeași casă cu un om căruia nu poți să-i spui ce simți, despre care crezi că nu te acceptă în autenticitatea ta, vei începe să fii frustrat și chiar să-l urăști.

O relație nu poate să evolueze sau să fie una armonioasă și constructivă, atunci când partenerul nu este prietenul nostru cel mai bun. Iubirea, empatia si acceptarea necondiționată merg mână în mână, iar o relație în care îl judecăm, îl criticăm sau îl devalorizăm pe partenerul nostru nu are șanse de succes.

În unele cazuri, el va căuta pe altcineva care să-l accepte așa cum este și astfel apar amanții și amantele, care-i oferă afecțiune, atenție și prețuire. Partenerul "înșelat" se simte trădat și nu înțelege cum s-a putut întâmpla așa ceva, dar oare se întreabă vreodată care este contribuția sa la situația actuală? Ce a făcut ca să-l îndepărteze atât de mult încât să caute pe altcineva cu care să aibă o relație emoțională?

Orice om își dorește afecțiune, intimitate și apartenență, iar dacă "acasă" se simte respins sau se află într-un război mai mult sau mai puțin vădit, se va strădui să caute în afară acele lucruri care îi lipsesc. Uneori, se ajunge la divorț, alteori la relații paralele și în orice caz, este vorba despre multă suferință și nefericire existențială.

Dacă vrei ca relația ta să funcționeze, ascultă-ți și acceptă-ți necondiționat partenerul, străduiește-te să-i fii alături și să rezolvați împreună tot ceea ce viața vă aduce în cale.

16

Relațiile de codependență sunt cele mai disfuncționale relații pentru orice ființă umană. Deși partenerul codependent pare a fi tot timpul disponibil pentru celălalt, îl ajută și îl susține în orice, consecințele pe termen lung sunt devastatoare.

Ce înseamnă o relație de codependență?

O relație în care unul dintre parteneri (sau ambii) îl ajută sau îl susține pe celălalt "așa cum este" — chiar dacă este vorba de dependențe (de alcool, droguri, de mâncare etc.), de tulburări psihice sau comportamentale, de lipsa de responsabilitate, de imaturitate, sau de lipsa de realizare pe plan profesional, relațional, social, material etc.

Într-o familie (sau într-un cuplu) în care unul dintre parteneri îi acceptă tulburările celuilalt este vorba despre o relație codependentă. Un partener care te înțelege că nu ai chef să lucrezi și duce el tot greul, care îți cumpără bautură deși tu ești alcoolic, care îți acceptă manifestările comportamentale disfuncționale sau tulburările psihice — te înțelege că ești furios, depresiv, anxios și îți este alături fără să te îndemne să cauți ajutor de specialitate etc., este un partener codependent. Un astfel de partener este depedent de nevoia de a fi util, de a ajuta, de a deține controlul asupra ta, făcându-te depedent de el prin tot ce face pentru tine. El are o stimă de sine scăzută, are nevoie de atenție, afecțiune și de aprobare, chiar și de control și se sacrifică ca să le poată obține de la tine.

O persoană care pune nevoile tale deasupra propriilor sale nevoi — se sacrifică pentru tine, care te acceptă așa cum ești și nu te îndemnă să cauți ajutor, își dorește ca tu să fii dependent de ea pentru ca el să aibă un scop în viață.

În familiile de alcoolici, deși suntem tentați să dăm vina doar pe persoana care consumă alcool, partenerul de viață este cel care are un aport foarte mare în menținerea acelei adicții. Poate ai văzut emisiuni la TV cu persoane obeze, care nu se mai puteau mișca din pat, având 200-300 de kg, iar partenerul lor le era alături, iubindu-i așa cum sunt și făcându-le toate poftele alimentare. Acestea sunt doar două exemple foarte clare prin consecințele lor, însa în majoritatea cazurilor codependența este mai puțin vizibilă — sunt acele persoane care se oferă să facă totul pentru tine ca să nu-ți fie greu, care știu mai bine decât tine sau știu ce este mai bine pentru tine, care vor să știe tot ce faci, ce gândești, cum te simți, care îți afla plăcerile (indiferent dacă sunt sau nu sănătoase pentru tine) și se străduiesc din răsputeri să ți le îndeplinească.

Cu cât mai disfuncțional ești și cu cât mai mult ai nevoie de ajutorul și susținerea (emoțională, materială sau de altă natură) a unui astfel de partener, cu atât mai mult se va simți acesta util. Dacă tu încerci să schimbi ceva, să ceri ajutor, să ieși din starea de dependență, cu atât mai disperat va deveni el (fie că este vorba de un membru al familiei tale sau partenerul tău de cuplu).

Dacă tu nu mai ai nevoie de el, își pierde sensul vieții. Însă, pe cât de plăcut pare la prima vedere să ai pe cineva care se sacrifică pentru tine, pe atât de mult te handicapează o astfel de relație. Vei renunța la puterea ta personală, te vei complăcea în mediocritate sau vei continua să ai dependențe și comportamente care îți pun viața în pericol. O astfel de persoană va fi drăguță cu tine cât timp te are doar pentru ea — așa imperfect cum ești, ea te iubește — iar când vrei să ieși din acest cerc vicios, va apela la șantaj emoțional, manipulare și chiar agresivitate ca să te mențină în aceeași stare de dependență.

Gândește-te bine dacă chiar îți face bine partenerul tău că se sacrifică pentru tine, că te acceptă și te încurajează să fii exact așa cum ești — când tu știi că nu faci bine ceea ce faci, că tu nu mai trebuie să faci nimic decât să-i accepți ajutorul, dacă merită prețul pe care-l plătești pentru lenea sau comoditatea ta și refuzul tău de a-ți lua viața în propriile tale mâini.

17

De ce eșuează relațiile?

Sunt relații care, cu toate că partenerii sunt compatibili, au credințe, mod de a privi viața și valori comune, ajung să se destrame. De ce se întâmplă asta? Am să-ți enumăr câteva dintre motivele posibile pe care să le ai în vedere atunci când dorești să rămâi alături de persoana cu care simți că te potrivești.

✓ Comunică asertiv (adică cu respect ridicat față de partenerul tău cât și față de tine însuți), nu jigni, nu acuza, nu-l umili și nu-l devaloriza pe cel de lângă tine. Orice om își dorește să se simtă prețuit, respectat, valorizat și iubit de către partenerul său, iar când asta nu se întamplă este foarte greu să mai existe înțelegere și armonie în acel cuplu.

✓ Întâmpină-l cu bucurie atunci când vine acasă, zâmbește-i și oferă-i atenția ta. Lasă tot ceea ce faci în acel moment și oferă-i o îmbrățișare. Astfel, sentimentul de apartenență, de "acasă", îl va face pe partenerul tău să își dorească să vină acasă cu drag.

✓ Arată ca îți pasă de el, de preocupările pe care le are și ascultă-l cu interes atunci când îți vorbește despre jobul lui, despre ceea ce îl frământă sau despre ceea ce se petrece în viața lui dinafara căminului. Fii întotdeauna alături de el atunci când are nevoie.

✓ Surprinde-ți partenerul cu mici suprize, fii atent la ceea îi face plăcere și oferă-i acele lucruri.

✓ Petreceți timp de calitate împreună, indiferent cât de ocupați sunteți amândoi. O relație se construiește, nu există și nu continuă de la sine, ci are nevoie de participarea implicată a ambilor parteneri.

✓ Nu neglija relația fizică, pentru că ea este cea care contribuie la conexiunea intimă între parteneri.

✓ Nu-ți obliga partenerul să facă lucruri pe care nu-și dorește să le facă, nu-l manipula și nu-l șantaja emoțional. El nu a venit pe lume ca să-ți satisfacă ție dorințele și capriciile egoiste, așa că permite-i să-și exprime personalitatea în orice situație.

✓ O relație funcțională este o relație în care nu simți nevoia să ai secrete față de partenerul tău, pentru că asta arată că nu poți să fii tu însuți în acea relație.

✓ Adu-ți aminte că doar tu ești singurul responsabil de fericirea ta proprie, partenerul tău a venit în viața ta ca să ți-o desăvârșească, nu ca să-ți umple golurile, să-ți fie scut împotriva singurătății, plictiselii, să facă pentru tine ceea ce nu-ți dorești tu să faci, să-ți asigure siguranța materială sau de altă natură. O astfel de relație este o relație "din interes", nu una autentică.

✓ Nu încerca să-l schimbi pe partenerul tău, ca să corespundă imaginii pe care tu ți-ai format-o în mintea ta despre cum ar trebui să fie el; nu, nu știi tu mai bine ce este mai bine pentru el, ci doar îți manifești neacceptarea și dorința de control. Poți să-i comunici calm ce anume nu-ți place la el, însă depinde doar de el dacă se schimbă sau nu. Dacă nu o face, tu ai de ales: fie îl accepți așa cum este, fie îți cauți pe cineva care să-ți corespundă.

Iubire, respect, prețuire, atenție, afecțiune și sex — acestea sunt ingredientele necesare și suficiente pentru o relație funcțională, între doi parteneri compatibili.

18

Atunci când iubești cu adevărat pe cineva, îl accepți exact așa cum este, fără să ai așteptări egocentrice sau cerințe egoiste.

Iubirea adevarată nu percepe defectele ca pe un minus, ci acceptă persoana iubită în imperfecțiunea ei.

Atunci când îți critici partenerul, când îl vorbești de rău sau te plângi la alte persoane, nu faci decât să expui nemulțumirile și frustrările tale, care provin din pretențiile tale egocentrice și egoiste... adică, tu nu-l iubești pe el, ci imaginea pe care tu o ai în mintea ta despre cum ar trebui să fie acea persoană.

Oamenii intră în relații din tot felul de motive greșite: dorința de a avea companie ca să nu fie singuri, un anumit statut, de a se sprijini pe cineva (emoțional, material, social) de a plasa responsabilitatea fericirii proprii în mâinile altcuiva ș.a.m.d., iar când partenerul nu își asumă "jobul" pentru care a fost "angajat", apar nemulțumirile, frustrările, critica și războiul.

Vrem să obținem de la partener exact acele lucruri la care ne așteptăm și dacă nu le primim, ne enervăm, îl manipulăm sau șantajăm emoțional, îl pedepsim, îl bârfim etc.

Acest tip de relație nu este o relație de iubire. Nu poți să iubești pe cineva pe care nu-l respecți și nu-l prețuiești pentru exact ceea ce este. O astfel de relație seamănă mai mult cu un contract, cu o relație de tip angajat — angajator, în care angajatul are "fișa postului" și trebuie să și-o îndeplinească, sau suportă consecințele.

Nu confunda iubirea cu o relație de compromis bazată pe un fel de troc. Dacă nu-ți iubești partenerul pentru exact ceea ce este el, dacă nu poți să-l respecți sau să-l prețuiești, fă-ți un bine (și fă-i și lui un bine) și dă-ți o altă șansă.

Nici tu nu ești fericit să stai cu cineva cu care nu ești compatibil și, cu siguranță, există cineva care te așteaptă și cu care te potrivești, fără să te chinui să depui efort "ca să faci relația să meargă".

O relație se presupune că ar trebui să-ți desăvârșească fericirea și nu să-ți umbrească existența, așa că... alege înțelept!

19

Deși majoritatea relațiilor încep frumos, cu fluturi în stomac și bucurie, pe masură ce trece timpul se transformă în relații toxice.

De ce se întâmplă asta?

Pentru că, odată ce am intrat într-o relație, începem să aplicăm relației noastre regulile disfuncționale, însă considerate "normale", ale celor din jurul nostru.

Ce înseamnă o relație "toxică"?

✓ o relație în care ne mințim reciproc, în care ne ascundem adevărul propriu de celălalt;
✓ o relație în care folosim manipularea sau șantajul emoțional ca să-l determinăm pe celălalt să facă ce dorim noi;
✓ o relație în care folosim jocuri psihologice cu partenerul nostru;
✓ o relație în care unul dintre parteneri deține puterea, ia decizii și le impune, iar celălalt este pasiv și acceptă;
✓ o relație în care vânăm greșelile partenerului și le folosim ca arme împotriva lui;
✓ o relație în care nu este prezentă încrederea reciprocă;
✓ o relație în care nu îl iubim, respectăm sau prețuim pe celălalt, însă acceptăm să stăm din diferite motive: sociale, financiare, din teama de a nu fi singuri etc;
✓ o relație în care nu iertăm, nu acceptăm și nu căutăm să-l înțelegem pe celălalt;
✓ o relație în care avem așteptări nerealiste, sau căutăm să ne fabricăm artificial diferite idealuri romantice;
✓ o relație în care cei doi trăiesc în codependență sau una în care unul dintre parteneri este dependent de celălalt;
✓ o relație în care ne așteptăm de la partener să ne "completeze" — adică să facă lucruri pe care noi nu dorim să le facem;
✓ o relație în care ne așteptăm de la celălalt să ne facă fericiți și îi plasăm responsabilitatea fericirii noastre ;
✓ o relație în care nu este prezentă comunicarea asertivă.

20

De multe ori, suferința "din dragoste" este o consecință directă a diferenței dintre realitate și iluzie — autoamăgire. Cu cât mai mare este distanța dintre cele două, cu atât mai mare este suferința.

Sunt atât de multe femei (însă și bărbați deopotrivă) care își construiesc în mintea lor o imagine ideală despre cum ar trebui să fie bărbatul de lângă ele și se luptă efectiv cu el — utilizând toate mijloacele: lacrimi, manipulare, șantaj emoțional, condiționări, sacrificii, compromisuri ș.a.m.d. — ca să-l facă să devină acea imagine (proiecție) și ignoră realitatea.

El este așa cum este, nu așa cum ți-ai dori tu să fie. Nu are niciun sens să te străduiești să-l schimbi pentru că, chiar dacă se va schimba pe moment, o va face împotriva voinței lui și mai devreme sau mai târziu va reveni la forma lui inițială. Sau va acumula resentimente față de tine și, astfel, relația va deveni un câmp de luptă, ori își va găsi pe altcineva care să-l accepte fără reproșuri și condiționări.

Alege-ți un partener de viață de care îți place și pe care îl accepți exact așa cum este și nu-ți mai face rău singură: nu te mai autoamăgi și nu te mai iluziona că tu poți să-l schimbi sau să-l aduci "pe calea cea dreaptă". Nu ai niciun drept și nici nu are niciun sens să-ți investești energia în a face pe cineva să corespundă idealurilor tale.

Nu trebuie să suferi sau să fii nefericită în relația ta, ci să cauți acea persoană care este potrivită pentru tine. Cu siguranță, există cineva acolo cu care ești compatibilă și pe care poți să-l iubești, să-l respecți și să-l prețuiești pentru ceea ce este și exact așa cum este.

21

Felul în care te raportezi la relația ta te poate face fericit și împlinit sau te poate răni frecvent la nivel emoțional.

Studiile arată că oamenii care cred că o relație înseamnă "două jumătăți care alcătuiesc un întreg", "am fost făcuți unul pentru celălalt", "el/ea este sufletul meu pereche" au tendința să fie mai puțin fericiți în relație decât cei care percep relația ca pe o călătorie evolutivă în care partenerii depășesc ca o echipă problemele care apar pe parcurs.

Din nou ni se arată că idealul cu acele jumătăți care se găsesc și formează un întreg, pe cât de romantic este, pe atât de mult rău face unei relații. Atunci când crezi că celălalt este jumătatea ta, că el este sufletul tău pereche, orice conflict care apare are un impact dureros, generează tristețe și dezamăgire. Ai cumva așteptări nerealiste de la partener atunci când crezi că el trebuie să te completeze pe tine sau că relația trebuie să se supună unui ideal romantic.

Însă, atunci când îl percepi pe partenerul tău ca pe un tovarăș de drum compatibil cu tine, tu fiind un întreg și el un alt întreg, când percepi relația ca pe o călătorie evolutivă în care problemele, atunci când apar, sunt depășite prin comunicare și implicare, satisfacția este mult mai mare.

Relațiile de cuplu între doi parteneri autonomi sunt mult mai satisfăcătoare, realiste și funcționale, decât cele în care avem tot felul de așteptări nerealiste de la celălalt, deoarece îl considerăm "sufletul pereche".

22

Despre oamenii "toxici": sunt unii oameni în jurul nostru care, prin atitudinea și comportamentul lor, ne fac rău sau ne fac să ne simțim rău.

Ei sunt acei oameni care:
- ✔ îți spun că nu poți, că ești prea visător și să revii cu picioarele pe pământ;
- ✔ cei care îți ignoră sentimentele, nu le pasă de ceea ce dorești tu;
- ✔ cei care așteaptă de la tine să faci așa cum doresc ei și ca să se asigure că le corespunzi intereselor lor egocentrice folosesc manipularea și șantajul emoțional;
- ✔ oamenii egoiști care doar iau de la tine și nu îți dau nimic în schimb;
- ✔ oamenii răutacioși, bârfitori, agresivi, negativiști sau cei care sunt mereu "Gică contra";
- ✔ cei care pozează în victime neajutorate și îți cer să faci pentru ei ceea ce ei, de fapt, nu au chef să facă;
- ✔ cei care nu-ți respectă granițele și limitele personale, îți încalcă teritoriul sau personalitatea — adică cei care nu te respectă;
- ✔ oportuniștii care se folosesc de tine de câte ori au ocazia;
- ✔ oamenii care te mint;

✓ cei care îți înșală încrederea repetat și cei care te trădează atunci când au ocazia;
✓ oamenii care te invidiază sau cei cărora le este ciudă pentru reușitele tale;
✓ cei care, pe față îți zâmbesc și îți spun că îți sunt prieteni, însă, pe la spate, te sabotează;
✓ cei care îți dau sfaturi fără să le ceri, spunând să faci așa cum spun ei pentru că îți vor binele... deși lucrurile nu stau așa;
✓ cei care îți spun că știu mai bine decât tine ce trebuie să faci tu cu viața ta;
✓ cei care vin și îți spun ce au spus alții despre tine și apoi se bucură în secret când tu intri în conflict cu acea persoană;
✓ cei care vor să te domine prin agresivitatea lor;
și lista poate continua...

Acești oameni recurg la comportamentele pe care le-am enumerat mai sus pentru că le permiți. Dacă tu nu le vei mai da ocazia să-ți facă rău și cu toții ar face asta, în timp, ei vor fi nevoiți să-și revizuiască comportamentele și atitudinea pentru că altfel ar fi marginalizați.

Ca să facem lucrurile clare: cei care au aceste comportamente nu te iubesc, nu te respectă, nu îți sunt prieteni și nici nu îți vor binele. Ei au probleme nerezolvate cu ei înșiși, nu și le cunosc sau nu și le acceptă, însă le aduc în relațiile lor interumane. Faptul că tu îi accepți în continuare în preajma ta, nu face decât să le întărească aceste comportamente și atitudini disfuncționale.

Indiferent care este natura relației tale cu o astfel de persoană — fie că îți este rudă, prieten, partener de cuplu, prieten din copilărie, coleg sau o persoană care a intrat recent în viața ta — cel mai bine pentru tine este să te distanțezi de ea.

Iubește-te și prețuiește-te suficient de mult, încât să nu le mai permiți oamenilor să se poarte cu tine într-o manieră care îți face rău sau care te face să te simți rău — devalorizat, nerespectat, manipulat ș.a.m.d.

Odată ce înlături aceste persoane din viața ta, vei avea locuri libere pentru cei care merită cu adevărat să îți fie alături în această călătorie fascinantă — viața ta!

23

De ce se destramă relațiile?

Știm că relațiile cu sexul opus nu sunt niciodată ușoare sau simple. Doar într-un procent foarte mic există cupluri care se întâlnesc și apoi au o viață minunată până la sfârșit.

Este firesc ca la început să avem parte de atenție, afecțiune și sex și totul să fie minunat, însă, pe masură ce trece timpul, dacă nu există compatibilitate structurală, caracterială și la nivel de stil de viață, cele mai multe relații se destramă sau devin relații toxice.

Proba de foc a tuturor relațiilor sunt până în primii doi ani (plus/minus) până trece îndrăgostirea, iar atunci când ne dăm jos de pe ochi vălul proiecțiilor noastre, îl vedem pe celălalt așa cum este el (şi nu cum ne imaginam noi că este cât timp încă simţim fiorii îndrăgostirii, a găsirii unui partener pe care-l credem "perfect" şi cu care sperăm să rămânem toată viaţa) şi atunci sunt multe şanse să nu ne mai placă.

Aici începe "războiul": nu mai avem toleranţă pentru defectele partenerului şi nici el pentru ale noastre; începem să ne certăm şi să încercăm să ne trasformăm unul pe celălalt, ne acuzăm reciproc pentru tot ceea ce am făcut sau nu am făcut, recurgem la ameninţări şi la şantaj emoţional etc.

Practic, relaţia devine un "câmp de luptă", iar de pierdut are... relaţia. În acest punct, dacă cei doi nu au valori comune, o viziune comună asupra vieţii, au credinţe diferite sau, poate, nivel de educaţie sau profesional diferit, şansele sunt foarte mari să se ajungă la despărţire. Şi, în funcţie de cât de mult simte unul sau altul că are de pierdut, "războiul" poate deveni chiar dramatic.

Se ajunge în acest punct pentru că cei doi parteneri, în prima parte a relaţiei, se conectează cumva la un nivel destul de superficial — reprezentat de nevoile lor imediate, de exemplu: alinarea singurătăţii, nevoia de companie, de afecţiune, de sex, de atenţie, poate chiar nevoi de ordin material — iar atunci când au mers mai în profunzime cu relaţia, şi-au dat seama că nu le mai place, deoarece, ca personalităţi, nu se potrivesc, de fapt.

Un alt element este că, în funcţie de cât de mult şi-au dorit să aibă o relaţie (sau chiar acea relaţie), partenerii sunt dispuşi (din teama de a nu-l pierde pe celălalt sau de a pierde satisfacerea anumitor nevoi personale) să facă diferite compromisuri şi sacrificii, ca să nu "piardă" acea persoană. Deși, pe moment, nu au o problemă cu asta, în timp, mintea acumulează tot efortul depus, împotriva voinței lor. Și, dacă celălalt nu depune o cantitate similară de efort — și, de cele mai multe ori, este vorba de a-i cere celuilalt să facă și el compromisuri și sacrificii — se simt frustrați și începe o luptă care, la fel, poate duce la o disoluție a cuplului.

Mai există și cazul în care apare plictiseala, sau rutina în acel cuplu și atunci partenerii încep să caute în afara cuplului ceea ce le lipsește.

Până la urmă, ceea ce contează cu adevărat este compatibilitatea: la nivel de structură de personalitate, valori comune, viziune similară asupra vieții și obiective compatibile. Dacă ele nu sunt, relația este foarte dificil de menținut sau, cei doi rămân împreună însă nu este vorba despre o viață împlinită, armonioasă și încărcată de afecțiune... ci un război între cine dă mai mult, cine deține puterea, și chiar cum să ne "răzbunăm" pe celălalt.

Dar, există și multe relații împlinite și funcționale, însă pentru ca să găsim o astfel de relație, este bine să ne cunoaștem bine pe noi înșine, să știm ce fel de relație ne dorim și să nu abandonăm niciodată speranța că vom întâlni pe cineva cu care să fim cu adevărat compatibili, în timp ce noi oricum ne trăim viața foarte frumos.

24

Ce își doresc oamenii într-o relație?

Atenție, afecțiune și sex.

Ne dorim cu atâta ardoare o relație pentru că ne dorim să avem pe cineva care să ne acorde atenție și timp petrecut împreună, ne dorim să ne iubească cineva și să avem cui să acordăm afecțiunea noastră și să creăm o legatură intimă prin conexiunea sexuală, care să ne ofere satisfacție.

Aceste trei ingrediente sunt baza oricărei relații împlinite, iar acolo unde există compatibilitate între parteneri, ele sunt prezente de la început și pot fi menținute și aprofundate pe termen lung.

25

O relație intimă fericită se bazează pe încredere, comunicare și atracție. Ambii parteneri simt că joacă în aceeași echipă și nu că se situează în tabere diferite, nu sunt egocentrici sau egoiști și nu luptă cu celălalt pentru ca să obțină avantaje în detrimentul partenerului.

În cuplurile împlinite partenerii petrec timp de calitate împreună și își împărtășesc sentimentele frecvent. Chiar dacă știm că suntem iubiți, ne place să auzim de fiecare dată acest lucru.

Într-un parteneriat funcțional cei doi se întâlnesc la mijlocul drumului, pun pasiune și efort pentru a realiza obiective comune. Într-o relație în care doar unul dintre parteneri oferă și celălalt primește, în scurt timp apare un dezechilibru care poate duce la disoluția cuplului.

Iubirea se vede și prin acțiunile pe care le faci. Nu este suficient doar să-i spui celuilalt ca îl iubești, dacă acest lucru nu transpare și prin faptele tale.

Respectul pentru partenerul tău este un stâlp esențial în relația voastră. Nu poți să iubești pe cineva dacă nu îl respecți.

Într-o relație frumoasă, ne focalizăm pe calitățile partenerului și i le lăudăm, în loc să îi tot atragem atenția asupra lucrurilor care nu ne plac la el.

Conflictele se rezolvă prin comunicare și chiar și în momentele dificile nu uită că se iubesc.

Să-i fii alături partenerului tău în momentele dificile, pentru el este unul dintre cele mai importante deziderate într-un cuplu fericit.

Și nu în ultimul rând, evoluția personală a fiecărui partener, precum și a cuplului este căutată, încurajată și celebrată.

26

Prietenii sunt familia pe care ne-o alegem singuri. Însă ce face diferența între un prieten adevărat și alți oameni?

Un prieten te acceptă necondiționat așa cum ești, nu te critică și nu te judecă pentru ceea ce consideră el că sunt defectele tale, deoarece știe că viziunea lui asupra ta este o percepție personală și subiectivă, care nu neapărat te reprezintă pe tine. Tu nu ai de ce să te schimbi dacă nu dorești, ci el are oricând opțiunea să se distanțeze de tine dacă nu rezonează cu tine sau cu viața ta. Un prieten adevărat îți oferă sfaturile lui doar atunci când tu le ceri și nu-ți va impune să fii sau să trăiești într-un fel sau altul.

Un adevărat prieten nu te lasă la greu, atunci când ai cea mai mare nevoie de el, ci te va susține până în momentul în care vei depăși situația nefavorabilă în care te afli acum. De asemenea, el va simți când și cât să intervină în așa fel încât tu să te bazezi întotdeauna, în primul rând, pe forțele tale proprii.

Un prieten adevărat nu te va descuraja niciodată și nici nu-ți va spune că visurile tale sunt imposibil de atins, din contră: se va bucura pentru fiecare pas pe care tu îl faci pe calea visurilor tale. Ferește-te de oamenii care pretind că sunt "prietenii" tăi, însă te descurajează, te trag în jos și nu se entuziasmează alături de tine.

Un prieten adevărat nu te minte niciodată. Nu te vorbește de rău, nu te bârfește și nici nu le permite altora să facă asta în prezența sa.

Un prieten nu se folosește de tine. Nu ia de la tine fără să-ți dea înapoi și nici nu profită de tine, fără să existe reciprocitate.

Un prieten adevărat nu te va face să te simți că ești o povară pentru el. El face ceea ce face pentru tine deoarece dorește să facă asta și nu pentru că se simte obligat.

Nu ai de ce să cauți să fii prieten cu cineva dacă acea persoană nu simte la fel. Dacă cineva te vrea în viața sa, va face loc pentru tine, fără ca tu să ceri asta. Viața este prea scurtă ca să ți-o petreci cu oameni nepotriviți pentru tine, cu oameni care îți induc stări negative, care încearcă să te manipuleze sau să te controleze în vreun fel.

Alege înțelept, alege cu mintea și cu inima ta, persoanele cărora le acorzi prietenia ta.

27

Multe relații eșuează sau sunt conflictuale pentru că, în loc să ne focalizăm pe aspectele pozitive ale partenerului nostru, căutăm cu obstinație tot ceea ce nu ne place.

Parcă vânăm greșelile și abia așteptăm să-l facem să se simtă vinovat că nu este "perfect" sau că nu corespunde așteptărilor noastre (egoiste).

De multe ori, căutăm probleme care nu există, ne focusăm pe imperfecțiuni, însă uităm să-i spunem partenerului nostru că îl iubim și că îl apreciem pentru toate calitățile pe care le are.

Am observat că în multe relații criticile și feed-back-urile negative sunt frecvente sau la ordinea zilei, însă ele nu sunt contrabalansate de cuvinte de apreciere și de iubire.

Dacă tot ai atât de multe lucruri de reproșat partenerului tău, dacă are atât de multe "defecte" de ce mai stai cu el? Dacă nu-ți place acel om, de ce ai continua o relație disfuncțională?

Te invit să faci un exercițiu și să observi cum se schimbă atmosfera din relația ta: spune-i partenerului tău cât de mult îl iubești și îl apreciezi, vorbește-i despre calitățile sale și despre ceea ce-ți place la el, încetează să-l mai critici constant, iar când nu-ți place ceva la el sau la relație, comunică-i în așa fel încât el să nu perceapă cuvintele tale ca un atac.

Împlinirea și bucuria într-o relație vin atunci când ne simțim iubiți, apreciați și respectați de partenerul nostru, nu-i așa? Dacă îți iubești partenerul, poți să-l ții lângă tine vorbindu-i frumos și nu aducându-i acuze și diminuându-i încrederea în sine.

Împărtășește-ți iubirea, nu frustrările!

28

De ce există atât de multă suferință în relațiile noastre?

Se presupune că stăm într-o relație pentru că ne iubim, ne respectăm și ne prețuim partenerul, însă realitatea, din păcate, nu confirmă asta.

Vedem atât de multe relații în jurul nostru în care cei doi stau împreună doar pentru interese materiale, sociale, "de gura lumii", "pentru copii" sau dintr-o formă sau alta de comoditate.

Cu toate că nu se mai practică acele căsătorii aranjate, mulți oameni privesc încă mariajul ca pe o afacere. Femei care își doresc cu disperare să se căsătorească cu un bărbat care le poate asigura siguranța materială, sau vor să se așeze la casa lor pentru că au o vârstă și vor neapărat copii — pe care-i privesc uneori ca pe o sursă sigură de venit în viitor, sau nu au atins maturitatea necesară ca să poată avea o viață autonomă.

Bărbați care se însoară ca să aibă pe cineva care să o înlocuiască pe mama, sau își aleg o femeie "trofeu" cu care să se mândrească în fața prietenilor, sau își doresc un copil doar ca prelungire a ego-ului lor și aleg o fată "cuminte" pe care să o poată domina așa cum vor ei, în timp ce ei își văd de viața lor, cu "distracții cu băieții" și o amantă sau mai multe.

Acestea sunt doar câteva dintre poveștile pe care le întâlnim la tot pasul și ne mirăm ca în aceste condiții este atât de multă suferință, conflict sau abuz în relațiile de "iubire".

Iubirea nu poate face casă bună cu compromisul, indiferent cât de mult ne străduim. Atunci când nu-ți iubești, nu-ți respecți și nu-ți admiri partenerul, iar reciproca nu este valabilă, nu are niciun sens să te chinui să stai în acea relație.

Dă-ți voie să găsești acea persoană de care nu "ai nevoie", alături de care să simți bucuria de a trăi și de a fi împreună și pe care să o iubești pur și simplu pentru ceea ce este ea.

Viața ta, și felul în care te simți în ea, este întotdeauna rezultatul alegerilor pe care le faci!

29

Nu toate relațiile pot fi reparate și nu toate relațiile merită să fie continuate. Este mult mai ok pentru tine să îți asumi solitudinea ta cu demnitate decât să stai într-o relație în care ești nevoit să faci compromisuri, să îți sacrifici fericirea sau stima de sine. Atunci când o relație se încheie este important să te detașezi emoțional și să mergi mai departe cu viața ta. Percepe aceasta încheiere ca pe un nou început și nu ca pe un sfârșit implacabil.

Uită-te în jurul tău și observă că sunt atât de multe cazuri în care o persoană, cu toate că s-a străduit din răsputeri, nu a reușit să păstreze pe cineva lângă ea, însă, odată ce s-a încheiat acea relație, a întâlnit partenerul potrivit.

Dacă nu închizi ușile care doar îți consumă energia (și viața) fără să-ți aducă iubire, armonie și bucurie, nu vei reuși să vezi acele uși care îți pot aduce în viață exact ceea ce-și dorește sufletul tău.

Atunci când simți că ești într-o relație care nu te face fericit, fă-ți curaj și mergi mai departe. O relație ar trebui să te înalțe, nu să te coboare în suferință.

30

Cei din jurul tău au tendința să te descurajeze sau să te tragă în jos atunci când vrei să faci o schimbare în viața ta pentru că îndrăzneala ta de a ieși din rând îi pune față în față cu propriile lor iluzii în care se străduiesc să creadă. Când tu le arăți că se poate și altfel, credințele și autoamăgirile în care trăiesc se vor clătina, iar oamenilor nu le place să "nu aibă dreptate".

Poate vor vedea că "adevărul" în care ei cred nu este singurul adevăr și că se poate și altfel... iar asta presupune un efort de gândire, ieșirea din zona de confort sau mult mai multă strădurință de a rămâne într-o situație pe care, de fapt, nu și-o doresc nici ei.

Chiar dacă alții se vor supăra pe tine, nu renunța la visurile tale. De multe ori, ei se supără pentru că adevărul tău, calea ta, contravine minciunii în care trăiesc. În plus, nu permite ca egoismul altei persoane să-ți ceară să renunți la tine sau la visurile tale.

31

Într-o relație în care spui că îl "iubești" pe celălalt, critica, manipularea, șantajul emoțional sau neacceptarea nu își au locul.

Iubirea înseamnă să îl vezi și să îl accepți pe cel de lângă tine exact așa cum este el și să-l îmbrățișezi total în autenticitatea lui.

Dacă simți agresivitate, dorința de a-l certa, de a-l face să se simtă vinovat sau rușinat, dacă îl pedepsești, dacă ești în război cu partenerul tău, dacă nu îl respecți sau "știi tu mai bine cum ar trebui să fie" înseamnă că nu este vorba de iubire, ci de cu totul altceva. Înseamnă că ai lângă tine o ființă umană pe care încerci să o schimbi ca să-ți corespundă dorințelor și nevoilor tale egoiste, iar asta nu are nimic de-a face cu iubirea.

Dacă te plângi de comportamentul partenerului, îl "bârfești" la prietenii tăi, îl desconsideri sau diminuezi în ochii altora, înseamnă că ești într-o relație disfuncțională sau toxică. Unele persoane chiar pozează în "eroi" pentru că stau într-o astfel de relație.

Din păcate, sunt atât de frecvente aceste relații încât oamenii au ajuns să creadă că aceasta este normalitatea și că nu se poate face nimic, decât să se lupte cu celălalt ca să-l schimbe în funcție de idealurile lor egoiste. Le place o caracteristică sau două la partenerul lor (și, de obicei, este vorba de un anumit tip de siguranță sau de validare socială), iar în rest îl desconsideră profund.

Nu ai cum să te simți bine în acea relație și asta este adevărat și în ceea ce îl privește pe partenerul tău.

Iubirea merge mână în mână cu admirația și respectul pentru omul de lângă tine. Nu are niciun sens să te chinui să stai într-o relație care nu-ți face bine și nu te împlinește. Cu siguranță, există cineva alături de care poți să ai o relație frumoasă și armonioasă, însă este necesar să ieși din compromisul în care te afli acum și să-ți dai o nouă șansă.

Viața este prea scurtă și prea prețioasă ca să ne-o petrecem în frustrare, furie sau tristețe și cum relațiile joacă un rol foarte important în existența noastră, nu crezi că ar fi mai bine să cauți acea persoană alături de care să descoperi ce înseamnă cu adevărat iubirea?

32

Fiecare om se simte iubit de către partener (sau de către cei din jurul său) în urma unor acțiuni diferite.

Unora le plac CUVINTELE DE ÎNCURAJARE, adică să audă că sunt susținuți și apreciați, altora le plac CADOURILE, pentru că astfel percep că celălalt s-a gândit să le facă o bucurie și că a alocat timp pentru a face acea surpriză, alții se simt iubiți atunci când simt MÂNGÂIERI, ATINGERI FIZICE, deoarece așa simt conexiunea și afecțiunea celui de lângă el, unii doresc să li se ACORDE TIMP, adică să petreacă momente de calitate cu celălalt, iar alți oameni se simt iubiți atunci când facem pentru ei diferite SERVICII, acele lucruri care lor le displace să le facă sau, pur si simplu, nu au timp sau chef.

"**Cele 5 limbaje ale iubirii**", cartea scrisă de psihologul Gary Chapman, detaliază aceste modalități prin care putem să ne arătăm iubirea în așa fel încât celălalt să perceapă cu adevărat ceea ce simțim pentru el.

Și tu ai o clasificare a acestor limbaje, în ordinea importanței lor pentru tine și la fel are și partenerul tău, copilul tău, prietenul tău etc.

Când devii conștient de ele, poți să-i comunici partenerului tău care este principalul limbaj prin care te simți iubit — de exemplu, poți să-i spui "eu mă simt iubit atunci când mă ții în brațe", sau "mă simt iubit atunci când petreci timp cu mine" — iar tu poți să afli de la el pe ce canal înregistrează iubirea ta.

Multe dintre probleme din cupluri provin și din faptul că noi îl iubim pe celălalt, însă el nu percepe, asta deoarece nu vorbim pe limbajul lui de iubire. De exemplu, o persoană care se simte iubită dacă aude cuvinte de apreciere sau de încurajare, va avea tendința să nu prețuiască prea mult cadourile pe care tu i le faci și, astfel, să nu ajungă la ea mesajul tău de iubire.

Află care este clasificarea limbajelor tale de iubire și ale persoanelor dragi ție și vei vedea ca relațiile tale vor deveni mult mai armonioase.

33

Dacă nu știi să trăiești singur și nu poți să fii fericit cu tine însuți în solitudinea ta, vei avea tendința să intri în relații doar ca să îți acoperi golurile tale interioare.

Vei avea tendința să aștepți de la partenerul tău să te facă fericit, vei plasa în mâinile sale responsabilitatea bunăstării tale, iar dacă celălalt nu va reuși să facă asta, frustrarea și certurile vor fi la ordinea zilei.

Ma întristează de câte ori văd că oamenii stau în relații disfuncționale și chiar toxice doar pentru ca să nu fie singuri. Nu le place, de fapt, de partenerul lor, nu îl respectă sau chiar îl disprețuiesc uneori, însă nu renunță la el datorită diferitelor "avantaje" pe care le oferă acea relație: siguranța materială, dorința de aliniere la cerințele sociale, imposibilitatea de a sta singuri, obișnuința ș.a.m.d.

În viziunea mea, merită să îți investești energia într-o relație doar atunci când îl iubești și îl accepți pe partenerul tău așa cum este el, fără să simți dorința să-l manipulezi sau să-l șantajezi emoțional și să nu te folosești de el ca să-ți satisfaci nevoile tale egoiste.

O relație reprezintă "cireașa de pe tort", nu este tortul. Pentru a avea o relație armonioasă și împlinită, prima dată este necesar ca tu să-ți construiești singur tortul vieții tale și să poți fi bine cu sau fără cireașa de pe el.

Dacă nu știai până acum, îți spun că există relații frumoase și funcționale, fără prea mult efort.

Însă, pentru asta este necesar să te cunoști, să-ți creezi singur o viață de care să fii mândru și mulțumit, și abia apoi să intri într-o relație de care nu ai "nevoie", însă care poate să-ți desăvârșească fericirea și bucuria de a trăi.

34

O relație sănătoasă este cea în care două persoane independente — din punct de vedere emoțional, material, social, profesional etc. — se înțeleg ca fiecare să-l ajute pe celălalt să devină cea mai bună versiune a sa.

Iubirea înseamnă să-l acceptăm pe celălalt așa cum este el și să-l susținem să devină tot ceea ce poate fi.

O relație nesănătoasă este cea în care partenerii sunt dependenți unul de altul, pe un plan sau pe mai multe — emoțional, material, social, profesional etc. — și încearcă să-l manipuleze sau să-l șantajeze pe celălalt ca să corespundă nevoilor sau dorințelor lor egoiste.

O relație disfuncțională este cea în care partenerii, atât individual cât și ca și cuplu, nu evoluează, stagnează sau chiar involuează.

35

Oamenii care sunt în jurul tău scot la suprafață diferite aspecte ale personalității tale. Unii te fac să te simți încrezător, te fac să zâmbești, alții te demoralizează sau te fac să te simți fără putere.

Este alegerea ta cu cine îți petreci timpul: cu oameni care scot la suprafață ceea ce este mai bun din tine sau cu cei care te vlăguiesc de putere și te fac să vezi viața în tonuri cenușii. Relațiile tale ar trebui să te facă să evoluezi, nu să te tragă în jos.

Însoțește-te cu persoane pe care le admiri, pe care ești mândru că le cunoști, care sunt pozitive și dornice să-și trăiască viața frumos și care te respectă și te iubesc. Sunt acei oameni care, prin simpla lor prezență, îți fac viața senină.

Viața este mult prea prețioasă ca să ți-o petreci cu oameni negativi. Eliberează-te de ei, de energia lor și stai în preajma oamenilor cu care vrei să semeni, alături de care ești tu însuți, în cea mai frumoasă variantă a ta!

36

Se presupune că într-o relație partenerii joacă în aceeași echipă și nu în tabere adverse, însă felul în care majoritatea aleg să-și gestioneze conflictele în cuplu declanșează adevărate "războaie" care duc către frustrări, resentimente, planuri de răzbunare ș.a.m.d.

Cum ar fi dacă, în loc să îl ataci pe partenerul tău atunci când vorbește despre ceea ce îl supără, te-ai strădui să-l înțelegi și să comunici cu el despre situația apărută, fără furie, fără să intri în ofensivă sau defensivă?

Cum ar fi, dacă ai reuși să-ți stăpânești primul impuls, să te calmezi și să porți un dialog, cu argumente logice și raționale, despre ceea ce se întâmplă între voi?

Un conflict și modalitatea prin care este el soluționat poate să ducă fie la consecințe distructive, fie la o apropiere mai mare între cei doi parteneri.

Diferența dintre cele două tipuri de rezultat constă în atitudinea ta: fie cauți să înțelegi și apoi să rezolvi prin comunicare, fie alegi să te răzbuni și să intri apoi într-o spirală negativă care duce în cele din urmă la disoluția cuplului.

Cred că nimeni nu-și dorește o relație conflictuală, ci una în care cei doi caută consensul și evoluția individuală și comună.

Așa că... Alege înțelept ce fel de relație îți construiești!

37

Uneori este necesar să-i "dez-amăgești" pe cei care și-au făcut așteptări în privința ta pentru ca tu să poți să trăiești așa cum îți dorești.

Ei s-au amăgit singuri, și-au făcut planuri în ceea ce te privește sau au impresia că tu le datorezi lor ceva. Fie vor să te transforme pentru că așa vor ei sau așa cred ei că este mai bine pentru tine (nerealizând cât de egoiști sunt, de fapt), fie consideră că o hârtie sau anumite legături de familie le dă dreptul să-ți dicteze ce și cum să faci.

Chiar dacă ai primit ajutor cândva, cei care ți l-au dăruit se presupune că au făcut-o pentru că au vrut și au putut și nu pentru ca să te manipuleze sau să te șantajeze emoțional după aceea.

În astfel de situații, adu-ți aminte că ești un om liber care nu datorează nimănui nimic și, oricum, nu rezolvi ceva dacă te sacrifici pe tine pentru satisfacția altcuiva. De ce să te pierzi pe tine doar pentru că altcineva își dorește să trăiască prin tine sau să-ți dicteze cum să trăiești?

Fii tu însuți, trăiește pentru tine, bazează-te în primul rând pe tine și urmează-ți visele...

Dacă am face asta cu toții, îți dai seama în ce lume minunată am trăi?

38

Motivația unor persoane de a intra într-o relație de "iubire" este, de multe ori, doar o modalitate de a eluda confruntarea cu sine, cu propriile defecte și slăbiciuni.

Atenția focalizată pe partener, pe ceea ce nu face el bine (de fapt cum am vrea noi) și încercarea de a-l acuza sau de a-l corecta pe celălalt nu face decât să ne ajute să ne protejăm imaginea de sine și să ignorăm ceea ce nu este ok la noi înșine.

Îl vedem pe celălalt cu minusurile lui, ne îndreptăm atenția și energia pe a ne pedepsi sau lecui partenerul și, în tot acest timp, mergem înainte cu "ochii larg închiși" în privința propriei persoane.

Noi suntem ok însă celălalt nu, așa că trebuie să-l corectăm sau să-l acuzăm pentru tot ceea ce nu ne place la el, evident, în funcție de percepția noastră subiectivă.

O relație în care partenerii se acuză reciproc pentru defectele lor este o relație de tip nevrotic între două persoane care nu se cunosc, de fapt, pe ele însele sau care nu doresc să lucreze la evoluția propriei persoane, ci se focalizează pe un altul ca să evite confruntarea cu sine.

O relație de iubire autentică presupune că ambii parteneri să trăiască conștienți de sine, să-și șlefuiască propria personalitate în permanență, să-l respecte pe celălalt pentru ceea ce este acum și să-i fie alături în procesul său de evoluție, în felul și în ritmul pe care acesta îl dorește.

39

Ideea de "socializare", nevoia oamenilor de a vorbi despre ei și de a-i asculta pe ceilalți este, de multe ori, doar o pierdere de vreme. Discuțiile despre mâncare, mașini, vedete "de carton", despre diferite fleacuri sau bârfele despre alții ne consumă energia inutil și nu ne îmbogățesc cu nimic.

Omul fuge de singurătate sau de izolare prin căutarea companiei semenilor săi, însă atunci când caută să-și petreacă timpul cu ființe superficiale, vulgare, distructive sau ostile vieții, nu face altceva decât să se încarce cu mesaje care îl conduc către involuție.

Este mult mai bine să căutam solitudinea decât o companie nefastă și să ne umplem constructiv timpul îmbogățindu-ne în interior (de exemplu prin citit, meditat, timp de calitate petrecut cu noi înșine) decât să ne pierdem energia cu oameni și subiecte care doar ne distrag de la evoluția noastră.

Mai bine să fii considerat "antisocial", însă tu să crești în interior și să evoluezi constant, decât să fi văzut ca un "tovarăș de nădejde" însă tu să rămâi pustiu înlăuntrul tău.

Alege înțelept modalitatea în care vrei să trăiești!

40

Încrederea de sine autentică presupune să nu simți nevoia să controlezi pe nimeni sau nimic ci doar să fii relaxat, deschis, să trăiești în prezent și să nu te aștepți la nimic de la nimeni în condițiile în care te aștepți la orice.

Dacă renunți la așteptări (care pot fi oricum o sursă majoră de dezamăgire) și la dorința de a-i controla pe ceilalți și te focusezi doar pe a-ți căuta siguranța în interiorul tău, atunci când viața te va surprinde într-un mod neplăcut vei ști ce să faci și pe cine să te bazezi — pe tine însuți.

Tu deții controlul, tu ai puterea, la tine sunt resursele și soluțiile la orice poate apărea în viața ta, iar ceilalți pot să acționeze și să trăiască oricum doresc pentru că nu te aștepți ca ei să funcționeze cum îți dorești tu.

Dacă sunt pe aceeași "lungime de undă" cu tine este perfect, iar dacă nu, "lupta" cu ei este un consum de energie inutil și totodata distructiv. Ceea ce poți tu să faci este să alegi cum să te raportezi la ei și la relația dintre voi. Nu are niciun sens (și nu avem niciun drept) să ne străduim să-i facem pe alții să fie cum ne dorim noi, împotriva voinței lor sau doar de dragul nostru, însă putem decide dacă le facem sau nu loc în viața și în sufletul nostru.

FERICIREA TA DEPINDE DE TINE

1

"Fericirea depinde de noi înşine."
(Aristotel)

Din punctul de vedere al psihologiei, fericirea unui individ este dată de următorii factori:
- ✓ acceptare de sine;
- ✓ relaţii pozitive cu ceilalţi;
- ✓ autonomie personală;
- ✓ abilitatea de a te adapta şi de a influenţa mediul;
- ✓ sensul vieţii (scopul pentru care trăieşti);
- ✓ evoluţie (dezvoltare) personală.

Dacă eşti în căutarea fericirii, analizează cum stai la aceste capitole şi fă schimbările necesare până în momentul în care te vei simţi împlinit cu felul în care îţi trăieşti viaţa.

Fericirea ta depinde doar de tine!

2

Stând de vorbă cu mai multe persoane, le-am pus întrebarea "Cât de mult îţi place viaţa ta?". Răspunsurile pe care le-am primit au fost următoarele:
"Deloc."

"5 la sută."

"Foarte puțin."

"Nu este așa cum îmi doresc și nici nu am curaj să fac schimbări, poate la anul..."

"10-20 %", ș.a.m.d.

Se pare că omul, deși deține întreaga putere asupra ființei și vieții sale, alege să trăiască într-un mod care nu-i aduce împlinirea și bucuria de a trăi. Acceptă compromisuri care oricum nu-i aduc fericirea, ia decizii nefaste și apoi continuă să traiască cu ele, deși ar putea oricând să schimbe totul, dar nu dorește să-și asume această responsabilitate de teama că ar putea să piardă... mai exact ce anume? Nefericirea?

Ne dorim cu toții libertate, ne dorim să fim fericiți, însă se pare că acceptăm cu mult mai multă ușurință lanțurile care ne mențin în suferință, tristețe și nefericire. Am putea oricând să rupem aceste lanțuri și să ieșim din închisoarea suferinței pe care ne-am creat-o, dar ne lipsește curajul să ne dăm o altă șansă și să alegem diferit.

E normal că trăind în compromis și suferință ți-ai pierdut încrederea în tine și vei sta din ce în ce mai rău la acest capitol dacă nu faci astăzi ceva. Autoanularea, renunțarea la tine însuți și la visurile tale îți slăbesc puterea și încrederea în forțele tale. Știu că ești conștient de toate compromisurile pe care le faci și, cu toate acestea, îți este teamă să renunți la ele din diferite motive iraționale pe care ți le tot repeți în mintea ta.

Suferința nu are niciun sens, o viață trăită în compromisuri și renunțări este un calvar pe care îl accepți pentru că nu vrei să-ți dai voie să crezi că se poate și altfel. Din păcate, nimeni nu-ți va ridica nici măcar o statuie ca recompensă pentru toate pe care le "înduri". Salvarea nu va veni din exterior, iar miracolele apar doar dacă tu le accepți în mintea ta și apoi muncești pentru ele.

Viața este un cadou minunat pe care l-ai primit, iar tu alegi să ți-o petreci în suferință? Mai exact, de ce? Ce urmărești trăind în acest mod?

Îți tot spunem că fericirea ta depinde de tine și așa și este, însă este necesar să-ți asumi responsabilitatea, să o cauți și să "lupți" pentru ea.

Dacă ți-aș pune și ție întrebarea "Cât de mult îți place viața ta?" cum ai răspunde la ea?

3

Dacă asculți motivele, scuzele sau justificările pe care le spun oamenii ca să explice de ce au făcut sau nu au făcut un lucru ori de ce s-au comportat într-un anume fel, ai de multe ori tendința să spui "ai dreptate".

Răspunsurile lor par logice, însă problema este că pleacă de la o premisă falsă. Avem o minte rațională care ne ajută să ne găsim diferite explicații logice și cu ele să ne autoamăgim (și să îi amăgim și pe ceilalți) că avem toate motivele ca să fim așa cum suntem.

Suntem foarte buni în a plasa responsabilitatea în exterior, suntem foarte buni în a găsi motive pentru acțiunile noastre (indiferent cum sunt ele), în a găsi scuze pentru că nu acționăm așa cum ne dorim sau în a găsi justificări logice pentru comportamentele noastre indezirabile.

Dar... la ce ne ajută toate acestea? Ca să putem să trăim mai bine cu noi înșine, să ne păstrăm iluzia (aparența) că viața noastră este ok, chiar dacă în interiorul nostru știm că nu este așa?

Indiferent de ceea ce-ți spui, la un anumit nivel tu știi că nu este bine, iar asta va duce la conflicte intrapsihice care vor necesita alte explicații, alte autoamăgiri și așa mai departe.

Soluția este mult mai simplă și funcțională pentru tine: în loc să cauți scuze, motive, explicații și justificări, trăiește așa cum îți dorești, cum știi tu că este bine pentru tine și fii cu adevărat mulțumit și fericit de viața ta.

4

Fiecare zi este un cadou pe care ți-l dă viața. În fiecare zi poți să alegi să creezi ceva care să te bucure sau poți să ți-o petreci în suferință, stres și emoții negative.

În fiecare zi poți să îți amâni bucuria, mulțumirea și împlinirea pentru un viitor incert și nesigur sau poți să trăiești frumos și astăzi, și mâine și câte zile vei mai avea. Singura ta certitudine este clipa de acum și ziua de azi, așa că fă tot ce poți tu mai bine ca să trăiești astăzi așa cum îți dorești.

Nu trece superficial peste aceste rânduri, ci conștientizează-le cu adevărat! Trăiește astăzi în așa fel, încât la sfârșitul zilei să nu ai regrete, scuze sau să fii nevoit să-ți justifici nefericirea. Și fă la fel și mâine și pentru tot restul zilelor tale.

Moartea, destinația finală, este privită cu teamă doar de acei oameni care nu au știut să-și trăiască viața. Pentru cei care au trăit în acord cu muzica lor interioară, moartea este ca un somn binemeritat după o călătorie minunată!

În discursurile despre fericire se vorbește despre două abordări care par să fie contrare: o metodă ar fi să-ți dai voie să visezi și, apoi, să acționezi ca să-ți atingi obiectivele, iar cealaltă abordare îți spune să te mulțumești cu ceea ce ai și să-ți cobori așteptările pe care le ai de la viață.

Ambele variante sunt corecte. Sunt unii oameni care se mulțumesc cu ceea ce au, trăiesc bucurându-se și fiind recunoscători pentru ceea ce le-a oferit existența, oricât de puțin sau mult înseamnă asta, precum sunt persoane care "țintesc către stele" și își investesc toată energia vitală în a-și atinge obiectivele mărețe. Este o chestiune de alegere personală felul în care te raportezi la viața ta.

Capcana primei abordări, cea în care îți dorești tot timpul mai mult, este să nu reușești să fii fericit decât atunci când îți atingi visurile, iar până în acel moment să fii tot timpul stresat și încordat. Și cum fericirea este efemeră, bucuria atingerii obiectivelor tale nu este de durată și vei fi nevoit să alergi din nou după alte realizări.

Capcana celei de-a doua abordări, cea în care te mulțumești cu ceea ce ai, este că te resemnezi, devii o ființă fără obiective și fără scopuri, care nu are în ce să-și investească energia și, astfel, ajungi să te blazezi și să te plictisești de viața ta. Viața fiecărui om are nevoie de un sens, iar omul este definit de produsele activității sale.

Însă există și îmbinarea celor două abordări: să-ți dai voie să visezi și, în ritmul tău propriu și personal, să îți urmărești cu determinare visurile tale, dar în același timp, să te bucuri și să fii recunoscător pentru tot ceea ce ai realizat deja.

5

Sunt oameni care suferă și vor continua să facă asta pentru că nu acceptă faptul că doar ei sunt singurii responsabili de persoana și de viața lor. Caută vinovați în exterior, plasează responsabilitatea altora și așteaptă soluțiile magice de la alții.

Sunt oameni care suferă și vor continua să facă asta ca să nu-i supere pe cei din jur care au așteptări în ceea ce-i privește. Mama, soțul/soția, prietenii ș.a.m.d. le controlează și le direcționează viața în funcție de așteptările și nevoile lor egoiste, iar ei nu fac nimic ca să depășească suferința deoarece asta ar însemna să-i "dezamăgească" pe cei din jur.

Nimeni nu poate să facă nimic pentru acești oameni. Nimic

nu se schimbă în viața ta atât timp cât nu-ți asumi 100% responsabilitatea asupra vieții tale și nu conștientizezi faptul că tu nu ai venit pe lume ca să deții un rol secundar în viața altora, ci ca să fii personajul principal din scenariul pe care tu însuți îl scrii și îl regizezi.

Nu renunța la fericirea ta proprie pentru alții și nici nu le cere lor să renunțe la viața lor ca să-ți corespundă așteptărilor și nevoilor tale egoiste. Tu ai calea ta și ei pe a lor, iar dacă vă întâlniți și drumurile voastre coincid este minunat. Dacă nu, nu se poate face nimic. Nu fi egoist cerându-le altora să se sacrifice pentru tine și nici nu te lăsa prins în capcana de a te simți responsabil pentru fericirea altor oameni.

Urmează-ți calea către propria ta fericire și permite-le și celorlalți să facă asta, deoarece fericirea ta depinde doar de tine și nu de măsura în care le ceri altora să se sacrifice pentru "binele" tău.

6

Cu toții am fost copii și am trăit starea de dependență și de lipsă de griji pe care o presupune copilăria. Adulții aveau grijă de noi, aveam toate nevoile asigurate, alții se preocupau de bunăstarea noastră și singurele noastre responsabilități (într-o copilărie normală) era să ne jucăm și să învățăm bine la școală.

Pentru că această perioadă a fost una relativ ușoară, din punctul de vedere al asigurării din exterior a necesităților noastre, mulți adulți (în special femei, deoarece sunt influențate suplimentar în acest sens) își doresc să prelungească și la maturitate această stare de dependență de o putere din exterior. Nu doresc să-și asume prea multe responsabilități, se mulțumesc cu a găsi pe cineva care să-i protejeze, să le asigure nevoile, să aibă grijă de ei, să le spună ce să facă și cum să facă.

Fericirea sau nefericirea personală este dictată de felul în care răspunde la nevoile lor persoana din exterior de care au devenit dependenți. Nu caută maturizarea și autonomia, ci, eventual, își însușesc diferite modalități de manipulare sau șantaj emoțional prin care să se asigure că le vor fi satisfăcute nevoile. Și, pentru o perioadă, chiar reușesc, deoarece persoana care își asumă responsabilitatea vieții lor se simte puternică și primește validări pentru tot ceea ce face, iar dacă nu se supune capriciilor persoanei dependente, va simți vinovăție sau rușine, așa că va face orice ca să scape de aceste trăiri. Tot pentru o perioadă. Însă, mai devreme sau mai târziu, există mari șanse să se simtă copleșit de responsabilități, să se simtă prins într-o capcană, să-și piardă respectul și dorința de a mai purta pe umeri responsabilitatea vieții unui alt adult.

În acest punct se produce despărțirea, inițial la nivel emoțional, apoi la modul efectiv. Persoana, care până în acel moment era întreținută de altcineva din exterior, se va trezi fără resurse, fără o direcție în viață și îi va fi foarte greu să învețe să se descurce singură după atâția ani de dependență și lipsă de responsabilități.

Oricât de "simplă" pare viața pentru un om care alege să trăiască depinzând de alții, riscul de a rămâne fără persoana în mâinile căruia îți pui existența este esențial de luat în calcul.

Asumă-ți responsabilitatea vieții tale, maturizează-te și caută să ai o direcție clară în viața ta.

Doar în acest fel vei putea să ai relații funcționale, bazate pe respect, iubire și admirație reciprocă și nu vei avea tendința să te agăți de un alt om doar pentru că tu refuzi să-ți asumi responsabilitatea propriei ființe și a propriei tale vieți.

7

Dacă nu-ți dai voie să visezi și nu ceri de la viață împlinirea dorințelor tale, nu vei obține ceea ce-ți dorești.

Dacă nu îți urmărești visurile și nu acționezi ca să obții ceea ce-ți dorești, nu vei primi ceea ce vrei.

Dacă nu faci un pas înainte, vei rămâne mereu în același loc.

Nu există noroc, există doar alegeri inspirate și decizii înțelepte. Atunci când știi ce îți dorești și acționezi ca să obții acele lucruri, vei ști și ce alegeri să faci la fiecare pas, deoarece fiecare decizie te apropie sau te îndepărtează de visurile și obiectivele tale.

Nimeni nu-ți dă și nici nu te baza pe asta, ci este necesar ca tu să fii determinat și să-ți urmărești împlinirea visurilor tale, pas cu pas. Acest tip de gândire face diferența dintre oamenii de succes și cei care trăiesc la voia întâmplării.

Dă-ți voie să visezi, acționează și fii perseverent!

8

Unul dintre cele mai dureroase regrete ale oamenilor aflați la finalul călătoriei în această existență este că nu și-au trăit viața așa cum ar fi dorit. Regretă faptul că au trăit pentru și prin alții, pentru aprobarea celor din jur, și-au sacrificat propria fericire ca să nu-i facă pe alții să sufere (adică le-au hrănit altora egoismul) sau au făcut diferite compromisuri ca să se adapteze la credințele limitative pe care le-au preluat de-a gata de la ceilalți.

În loc să fie împăcați cu felul în care și-au trăit viața, iar pe chipul lor să fie zâmbetul dat de împlinirea și bucuria pe care au trăit-o, îi vezi cât sunt de înnegurați, de supărați și de triști pentru felul în care au trăit și pentru alegerile pe care le-au făcut.

Ai primit viața asta ca pe un cadou de care să te bucuri și responsabilitatea ta este să fii fericit și să iradiezi de bucuria de a trăi. Singura întrebare la care trebuie să răspunzi la sfârșitul vieții este "Ai fost fericit?"

Suferința, chinul, disperarea, frustrarea, nefericirea nu sunt virtuți, ci sunt boli ale minții și sufletului tău.

Indiferent câți ani ai acum, oprește-te din a mai suferi și clădește-ți o altă viață, care să te bucure. Fă în așa fel încât să pleci de pe lumea aceasta cu zâmbetul pe buze, cu amintiri frumoase, nu cu regrete, și cu împlinirea dată de călătoria minunată pe care ai parcurs-o.

Suferință și regrete, sau bucurie și amintiri plăcute? Alegerea îți aparține.

9

Unii oameni nu doresc să știe adevărul, depun o cantitate imensă de energie ca să se autoiluzioneze, să se mintă în fel și chip și să trăiască făcându-și speranțe deșarte că lucrurile nu sunt așa cum sunt. Chiar dacă află adevărul, întorc capul și spun "nu doresc să știu... prefer să trăiesc în ignoranța mea".

Poți să te prefaci că nu știi, însă adevărul tot adevăr rămâne, faptele sunt fapte și, mai devreme sau mai târziu, tot va fi necesar să le accepți. Când îți vei da voie să te maturizezi, să depășești starea de copil care crede în basme și în povești, vei vedea că realitatea aceasta de care fugi atât de mult nu este atât de înspăimântătoare precum crezi acum. Și atunci vei putea și să te ocupi de rezolvarea tuturor problemelor, vei găsi soluții la orice și vei putea să-ți creezi în realitate viața visurilor tale.

10

Una dintre credințele adânc întipărite în mentalul oamenilor este ideea că "în viață trebuie să faci compromisuri". Trebuie să faci compromisuri pentru părinții tăi, pentru partenerul de viață, pentru jobul tău, pentru prieteni, "ca să fie bine" ș.a.m.d.

Trebuie să lași de la tine pentru binele altora, să nu-i superi sau să nu-i deranjezi pe ceilalți, să mulțumești "gura lumii" sau egoismul altora și ți se spune că așa îți va fi și ție bine. Însă... lucrurile nu stau deloc așa. Eu încă nu am întâlnit pe nimeni care să fie fericit, mulțumit și împlinit cu adevărat cu sine și cu viața sa, în urma compromisurilor repetate pe care le-a făcut. Un compromis duce la un alt compromis prin care să-l gestionezi pe primul și tot așa, până ajungi să te învârtești într-un cerc vicios. Este la fel ca și cu minciuna: ai mințit odată și, apoi, va trebui să minți mai departe și să devii din ce în ce mai creativ ca să acoperi minciuna inițială.

Cu fiecare compromis pe care îl faci, renunți la o parte din tine, la adevărul tau și te îndepărtezi de calea ta. Cu fiecare compromis pe care îl faci, te simți din ce în ce mai împovărat, îți crește frustrarea, nemulțumirea de sine și îți scade încrederea în tine. Cu fiecare compromis pe care îl faci pentru alții, ai resentimente și, poate, chiar începi să urăști. Cu fiecare compromis pe care îl faci, te trădezi pe tine. Ajungi la un moment dat să nu te placi pe tine, să simți că nu-ți trăiești viața ta proprie și, poate, să-i detești și pe ceilalți. Nu te mai respecți, nu te mai prețuiești, nu te simți bine în pielea ta și în viața ta.

Cu fiecare compromis pe care îl faci, te indepărtezi de fericire, împlinire și de bucuria de a trăi. Oare... nu ar fi mai bine pentru tine și, până la urmă, pentru toți cei din jurul tău dacă tu ai fi un om care gândește, vorbește și acționează într-o manieră verticală, congruentă cu sine, cu adevărul său propriu și cu ceea ce-și dorește cu adevărat? Poate că ți se pare că nu este la fel de ușor, însă, pe termen lung, cu siguranță vei vedea că te vei simți mult mai bine cu tine însuți și cu viata pe care o trăiești.

Tot ce ai de facut este să devii un om vertical, ferm, încrezător în sine, care gândește, vorbește și acționează într-o manieră ecologică și care știe să aleagă cu înțelepciune la ce anume spune "da" și când să spună "nu". Succes!

11

Atunci când suntem pe calea noastra în viață, pe cea cu care rezonează sufletul nostru, simțim liniște interioară și bucurie de a trăi indiferent prin câte încercări trecem.

Însă mulți oameni se îndepărtează atât de mult de propria lor cale și rătăcesc prin viață purtați de evenimente și de diferitele influențe ale celor din jur, încât se pierd pe ei înșiși și nici nu mai știu cum sunt ei, de fapt, și cum și-ar dori să arate existența lor.

Și este foarte ușor să te abați de la calea ta deoarece ești bombardat încă de mic cu tot felul de mesaje despre cum ar trebui să-ți trăiești viața, apoi ajungi adult însă nu ești lăsat să devii o persoană independentă ci ești încurajat să faci ceea ce se așteaptă ceilalți de la tine, faci compromis după compromis și apoi alte compromisuri ca să gestionezi compromisurile anterioare și continui tot așa până nu mai poți și te prăbușești fizic sau psihic.

Ca să poți să te găsești este necesar să conștientizezi mai întâi că te-ai rătăcit.

Nici nu mai contează când și unde, important este să te oprești acum și să începi să privești în jurul tău și în interiorul tău: îți place cum arată viața ta? Îți place de tine?

Oprește-te pentru o clipă din goana aceasta nebună după tot felul de lucruri care nu-ți folosesc și cu care nu rezonezi, de fapt.

Ce faci cu viața ta? Ce faci acum, în acest moment? Care sunt planurile tale pentru astăzi, pentru săptămâna asta, pentru anul acesta? De ce faci ceea ce faci?

Câte dintre răspunsurile pe care le-ai dat sunt pe placul tău? În câte dintre ele te regăsești și cu câte rezonezi cu adevărat?

Dacă nu-ți place ce ai descoperit, oprește-te.

Când conștientizezi că te-ai rătăcit nu mai continua să mergi pe un drum care nu duce nicăieri.

Evaluează-ți situația prezentă, imaginează-ți cum ți-ai dori să arate viitorul tău și apoi, pas cu pas, creează o punte între prezent și viitorul pe care ți-l dorești, până când te reîntorci (sau îți găsești) pe **calea ta**.

Oricât ai mers pe un drum greșit, întoarce-te deoarece acea cale nu va duce nicăieri.

Fii dispus să renunți la tot ceea ce ai investit pe drumul tău greșit și ia-o de la început.

Nu va fi întotdeauna ușor, însă merită, cu siguranță, să te găsești pe tine și să-ți trăiești propria ta viață!

12

Orice om are anumite fragilități, aspecte la care este vulnerabil, diferite insecurități manifestate prin lipsa de încredere sau teamă.

Nu avem o copilărie ideală, nu avem o viață lină, lipsită de obstacole sau încercări deoarece aceasta este condiția umană, astfel că fiecare ne structurăm personalitatea în funcție de evenimentele la care am fost expuși și de felul în care le-am gestionat.

Majoritatea oamenilor a avut o copilărie pe care este necesar să o vindece atunci când ajung adulți. Psihicul unui copil este extrem de fragil și ușor de tulburat, iar pe acel teren se structurează personalitatea sa viitoare.

Este foarte important, pentru fiecare dintre noi, să ne cunoaștem punctele sensibile și să căutăm să ne vindecăm durerile sau traumele interioare. Nu putem să avem o viață frumoasă dacă avem un psihic afectat de răni care ne populează mintea conștientă sau inconștientă și ne tulbură existența în diferite momente.

Nu are niciun sens să porți cu tine suferința, să îi permiți să-ți facă viața un calvar sau să-ți răpească bucuria de a trăi.

Nu poți să fii cu adevărat fericit și nici nu poți să fii fericit alături de alții, atâta timp cât tu suferi și te doare. Suferința psihică este cea mai grea suferință umană.

Acceptă-ți rănile, nu fugi de ele și caută să te vindeci pentru că meriți să ai o viață minunată, eliberată de povara suferinței tale.

13

Atunci când atinge adevărata maturitate psihică, omul conștientizează că el este cel care deține întreaga responsabilitate și putere asupra vieții sale. Nimeni nu este "de vină" pentru felul în care îți trăiești viața — nici părinții, nici societatea, nici altceva, ci fiecare dintre noi își autodetermină existența.

În termeni psihologici, omul poate să aibă fie un "locus de control extern", adică să creadă că ceva din exteriorul său îi influențează viața — fie că este vorba de alți oameni, evenimente sau alte forțe, sau poate să aibă un "locus de control intern", adică să știe că el este singurul care decide felul în care trăiește, simte, acționează și își direcționează viața.

Omul care crede că alții sau evenimentele sunt responsabile de existența sa, va avea tendința să aibă o atitudine pasivă în fața vieții. Cel care înțelege și acceptă că este singurul care decide pentru sine, va avea o atitudine proactivă.

Dintre cele două modalități de a trăi și a privi viața, tu care crezi că este varianta care predispune la eșec și care la succes?

Dacă ești pasiv, stai cu mâinile în sân și crezi că ești o frunză în bătaia vântului, viața poate să te poarte oriunde dorește ea. Tu ești la mila circumstanțelor, evenimentelor, a altor oameni sau a unor forțe exterioare și viața ta arată... "cum o fi". Nu-ți faci planuri, nu visezi, nu acționezi, cauți siguranța în exteriorul tău, ești dependent de alții și te simți lipsit de putere în fața vieții.

Însă, dacă înțelegi că "norocul și-l face omul cu mâna lui", că dacă îți dorești ceva, tot ceea ce ai de făcut este să îți faci un plan și să acționezi, să ai încredere în tine și să te bazezi pe propriile tale forțe, dacă alegi să-ți creezi propria ta existență prin acțiune, voință și determinare, viața ta va arăta exact așa cum îți dorești.

Pasiv și dependent versus proactiv și independent — aceasta este alegerea pe care este necesar să o faci.

14

Inteligența este fie un instrument pe care poți să-l folosești ca să ai o viață minunată, fie o armă cu care îți faci rău ție însuți sau altora.

Atunci când ne folosim inteligența ca să (ne) distrugem, ori ca să ne argumentăm nouă înșine pesimismul și lipsa de putere, sau atunci când ne hrănim gândirea cu credințe false și gânduri limitative, ne predispunem la o viață nefericită.

Fiecare om care gândește poate să găsească argumente la orice idee de care vrea să se convingă sau dorește să-i convingă pe alții.

Manipularea și persuadarea sunt, de cele mai multe ori, apanajul oamenilor inteligenți.

Însă, cel mai periculos mod de a ne folosi inteligența este de a ne convinge pe noi înșine de neadevăruri, de a ne autoamăgi că gândurile și acțiunile noastre sunt ok, ori să credem că "știm", că "înțelegem", să fim convinși că deținem "adevărul" și să ne găsim nenumărate argumente prin care să ne justificăm credințele.

Ne putem pierde efectiv în păienjenișul gândurilor pe care alegem să le hrănim, dobândim convingeri ferme, suntem atotștiutori, însă cumva... viața noastră nu arată așa cum ne-am dori și nici nu ne simțim cu adevărat liniștiți, echilibrați și în armonie interioară.

Dacă simți o neliniște în interior, dacă ai conflicte cu tine însuți sau cu ceilalți, dacă te simți apăsat de anxietate, depresie, furie sau ai alte stări disfuncționale, poate că este timpul să te oprești și să pui sub semnul întrebării ceea ce "știi" sau gândești.

Adevărata măsură a calității cunoașterii și gândirii tale se reflectă în felul în care te simți și în felul în care trăiești. Exteriorul reflectă întotdeauna interiorul.

Orice altceva este o iluzie care îți face mai mult rău decât bine.

15

"Unii oameni mor la 25 de ani, însă sunt îngropați la 70".

Sunt atât de mulți oameni care își înăbușă visurile și trăiesc o viață rutinieră, blazată și plictisitoare, care ajunge să se transforme într-o povară greu de dus. Nu există aventură, strălucire sau pasiune în existența lor.

Zilele arată la fel, anii trec în același fel, cu mici variațiuni pe aceeași temă. Nimic notabil, lipsesc momentele care se pot transforma în amintiri, iar pentru ca să-și înăbușe sentimentul de gol sau de lipsă de sens, apelează la alcool, medicamente, mâncare sau alte modalități de a face ca timpul să treacă mai repede.

Nu speră la mare lucru — decât să nu-și piardă siguranța, zona de confort în care lâncezesc — nu au visuri, obiective sau planuri mărețe.

Acești oameni se "trezesc" la 50-60 de ani că nu și-au trăit viața, că au mai multe regrete decât amintiri și atunci perspectiva morții îi terifiază.

Moartea ar trebui percepută ca un somn binemeritat după o călătorie fascinantă, în care ai dat tot, ți-ai explorat toate opțiunile, ai profitat de toate oportunitățile și... **ai trăit** cu adevărat.

Trezește-te acum și transformă-ți viața într-o operă de artă!

16

Creierul are două emisfere: emisfera dreaptă — unde își au locul creativitatea, imaginația, intuiția și emisfera stângă — care se ocupă de rațiune, logică, analiză.

Astfel, o parte a creierului tău se ocupă de crearea de imagini mentale, de proiecții asupra viitorului, iar cealaltă parte transformă în realitate, prin acțiuni concrete, acele lucruri la care visezi.

Imaginația și creativitatea sunt cele care te ajută să visezi, să-ți scrii scenariul vieții tale ideale, iar apoi, logica și rațiunea sunt uneltele prin care îți transpui visurile în realitate.

Dă-ți voie să-ți folosești imaginația și creativitatea, visează la ceea ce ți-ar plăcea să trăiești și apoi, fă-ți un plan concret, urmat de acțiune care, pas cu pas, să transforme în realitate ceea ce-ți dorești.

Da, este atât de simplu! După cum vezi, ai deja tot ceea ce ai nevoie ca să-ți imaginezi și apoi să realizezi tot ce visezi.

17

Tu câte scuze îți găsești ca să-ți justifici comportamentul, să cauți să eviți consecințele acțiunilor tale sau să stai în situația ta actuală?

"Ceilalți sunt de vină pentru că eu...", "Traficul este de vină pentru că am întârziat", "Nu e vina mea, nu am putut să fac altfel", "Sunt prea tânăr/prea bătrân/prea slab etc. ca să schimb", "Părinții nu mi-au dat ceea ce trebuia" ș.a.m.d.

Sunt convinsă că lista ta de scuze este mult mai creativă decât ceea ce am scris mai sus :)

Te-ai întrebat vreodata la ce te ajută să-ți găsești scuze și justificări?

Crezi că îi pasă cuiva de ce ai făcut/nu ai făcut un lucru sau ei observă faptul că încerci să te victimizezi și să le câștigi bunăvoința? Ai vrea să scapi de consecințele acțiunilor tale? Ok, însă la ce îți folosește?

Dacă nu îți asumi acțiunile tale și consecințele lor (sau lipsa ta de acțiune) nu vei putea niciodată să-ți dezvolți o încredere în tine sănătoasă, nu vei putea să acționezi ca să-ți schimbi viața și nu vei fi cu adevărat fericit.

Un adult, un om matur, echilibrat psihic și emoțional, nu va folosi strategiile unui copil de a scăpa de responsabilități. El nu va căuta scuze, ci își va asuma tot ceea ce este și va acționa ca să se îmbunătățească.

Tu ești 100% responsabil de existența ta, fie că vrei sau nu să accepți asta.

Poți să alegi să fii o victimă nedreptățită și neajutorată sau un om integru, responsabil, care este aliniat la nivel de gânduri-cuvinteacțiuni.

18

La toate situațiile problematice din viața ta există soluții. Nu doar o solutie, ci cel putin trei. Orice problemă ai avea, dacă înveți să te focusezi pe găsirea de soluții și nu pe cum te face să te simți situația respectivă, o vei depăși cu succes.

Însă, uneori nu vedem soluțiile din cauza credințelor noastre limitative, a rigidității sau lipsei de flexibilitate în gândire, a felului în care am învățat să ne raportăm la diferitele situații din viața noastră.

Ceea ce avem de făcut pentru a putea depăși mai ușor situațiile problematice din viața noastră este să ne dezvoltăm creativitatea, să "gândim înafara cutiei", să ne cunoaștem cu adevărat pe noi înșine și valorile noastre, de fapt să ne dezvoltăm personal ca să devenim conștienți de resursele de care dispunem deja.

În acest moment, diferența dintre oamenii care au succes și trăiesc așa cum doresc și cei care se simt apăsați de problemele vieții este dezvoltarea personală, un demers nu doar necesar, ci care poate fi chiar vital pentru omul contemporan.

19

Trei căi de a-ți trăi viața:

"Se spune că erau trei prieteni care îşi doreau să urce un munte pentru că în vârful lui trăia un bătrân plin de înţelepciune pe care îşi doreau să-l cunoască.

La un moment dat, au ajuns la o răscruce, şi fiecare a continuat să-şi aleagă drumul după cum îl îndemna sufletul.

Primul a ales o cărare abruptă, ce urca drept către vârf. Nu-i păsa de pericole, dorea să ajungă la bătrânul din vârful muntelui cât mai repede.

A doua cale nu era chiar atât de abruptă, dar străbătea un canion îngust şi accidentat, străbătut de vânturi puternice.

Al treilea a ales o cărare mai lungă, care ocolea muntele şerpuind în pante line.

După 7 zile, cel care urcase pe calea cea abruptă a ajuns în vârf extenuat, plin de răni sângerânde. Plin de nerăbdare s-a aşezat să-şi aştepte prietenii.

După 7 săptămâni, ameţit de vânturile puternice care i se împotriviseră, ajunse şi al doilea. Se aşeză în tăcere lângă cel dintâi, aşteptând.

După 7 luni sosi şi cel de-al treilea, cu faţa strălucindu-i de fericire, semn al unei profunde stări de linişte şi mulţumire interioară.

Ceilalţi doi erau furioşi pentru că drumul lor a fost greu şi au avut mult de aşteptat, în timp ce drumul celui de-al treilea a fost o adevărată plăcere. Aşa că l-au întrebat pe bătrânul înţelept care a ales cel mai bine.

— Ce ai învăţat tu? îl întrebă pe primul.

— Că viaţa este grea şi plină de pericole şi greutăţi; că este plină de suferinţă şi adeseori ceea ce întâlnesc în cale îmi poate provoca răni; că, pentru fiecare pas înainte, trebuie să duc o luptă încrâncenată care mă sleieşte de puteri. Aşadar... am ales eu calea cea mai bună către tine?

— Da! ai ales bine... Şi tu, ce ai învăţat? îl întrebă pe al doilea.

— Că în viaţă multe lucruri mă pot abate din cale; că uneori pot să pierd drumul, ajungând cu totul altundeva decât doresc... dar dacă nu îmi pierd încrederea, reuşesc până la urmă. Aşadar... am ales eu calea cea mai bună către tine?

— Da! ai ales bine... Şi tu, ce ai învăţat? îl întrebă pe ultimul.

— Că mă pot bucura de fiecare pas pe care îl fac dacă aleg să am **răbdare**; că dacă privesc cu înţelegere, viaţa nu este o povară grea, ci un miracol la care sunt primit cu bucurie să iau parte; că iubirea care mă înconjoară din toate părţile îmi poate lumina sufletul dacă îi dau voie să pătrundă acolo. Aşadar... am ales eu calea cea mai bună către tine?

— Da! ai ales bine...

Uimiţi de răspunsurile bătrânului, cei trei prieteni au căzut pe gânduri. Şi au înţeles, în sfârşit, că la orice răscruce **pot alege**... iar viaţa fiecăruia este rezultatul alegerilor făcute de-a lungul ei."

20

Fiecare om îşi doreşte împlinire şi bucurie în viaţa sa. Fiecare om îşi doreşte să simtă mulţumire şi satisfacţie în urma acţiunilor şi gândurilor sale.

Însă, unii oameni caută împlinirea sau satisfacţia de moment şi îşi canalizează energia şi eforturile spre a o dobândi. O casă, o maşină, un partener, un job, o haină nouă, o excursie: "atunci când voi avea asta, voi fi fericit" şi aleargă toată viaţa lor după bucurii efemere, iar în restul timpului sunt agitaţi, stresaţi, iritaţi ş.a.m.d.

Viaţa trece pe lângă ei şi pierd prezentul pentru că nu-i satisface — "acum nu am acel lucru care m-ar face fericit, aşa că nu mă simt bine". Se trezesc dimineaţa fără chef, au diferite nemulţumiri şi frustrări de-a lungul unei zile şi se culcă seara cu multe griji şi insatisfacţii în minte. Împlinirea şi bucuria o simt doar pentru perioade scurte de timp, atunci când obţin acele bunuri materiale sau de altă natură, iar apoi recad în starea lor obişnuită de insatisfacţie.

Există şi o altă cale de a ne trăi viaţa şi sunt mulţi oameni care au înţeles acest adevăr şi îl îmbrăţişează. Aceşti oameni investesc în ei înşişi la nivel de dezvoltare personală, îşi investesc energia în cunoaştere şi în modelarea minţii lor în aşa fel încât, indiferent de circumstanţele din exterior, ei pot să simtă pace interioară, armonie, împlinire.

Aceşti oameni au succes în viaţă tocmai pentru că fiecare zi a existenţei lor este încărcată de semnificaţie, se trezesc dimineaţa cu zâmbetul pe buze doar pentru că trăiesc şi se culcă seara recunoscători pentru tot ceea ce are viaţa să le ofere.

Ei au parte atât de împliniri în exteriorul lor, pe care de obicei le obţin mai uşor (fără luptă, frustrare, încrâncenare), dar, mai ales, pentru că ştiu cum să gândească în aşa fel încât realitatea lor să fie una în care le place să trăiască în fiecare clipă. Şi ei au parte de urcuşurile şi coborâşurile vieţii, însă trec liniştiţi prin toate pentru că înţeleg faptul că aceasta este normalitatea în viaţă.

Bucurii efemere sau armonie interioară? Tu în ce îţi investeşti energia?

21

Uneori nu ne simţim bine în pielea noastră sau în viaţa noastră pentru că ne comparăm cu ceilalţi, de fapt, cu ceea ce vedem că afişează ei în exterior.

Ne uităm la viaţa noastră şi la noi înşine, la neajunsurile noastre, la lipsurile noastre, la luptele noastre etc. şi, în acelaşi timp, privim la imaginile pline de strălucire, zâmbet şi împlinire ale celor din jur. Şi... ne simţim inferiori. "Uite la ea/el ce viaţă minunată are, ce familie frumoasă, ce bine îi merge" ş.a.m.d.

Însă, uiți faptul că tu nu vezi după cortină. Nu vezi ce se întâmplă în spatele scenei, ce simte sau ce gândește acel om, cum trăiește, de fapt, în spatele acelei imagini de fațadă pe care o percepi tu. Tu vezi doar "poza", dar uiți că oamenii sunt condiționați să pară, să afișeze o anumită imagine ca să dea bine în fața altora — "gura lumii".

Fii convins că fiecare om are zbaterile sale, trăirile sale neplăcute, neajunsurile sale. Nu prea există oameni care să aibă o viață lină sau lipsită de obstacole pentru că așa este viața: cu urcușuri și coborâșuri.

Da, sunt oameni care muncesc mult, care își asumă riscuri și uneori reușesc, alteori învață, însă merg înainte și reușesc să-și creeze o viață care să-i împlinească. Iar asta poți să faci și tu, dacă renunți la mentalitatea de victimă neajutorată, la frică și la comoditatea zonei tale de confort.

Cel mai important lucru este să nu te compari cu nimeni, decât cu tine însuți — cel de ieri — să cauți să te îmbunătățești constant și să lupți cu curaj pentru visurile tale, pentru tot ceea ce-ți dorești să obții în viața ta.

22

Deciziile pe care le iei, și nu circumstanțele, îți modelează destinul.

Te afli astăzi în acest punct din viața ta datorită deciziilor pe care le-ai luat de-a lungul timpului. Tu ai ales cu cine să te căsătorești, ce profesie să-ți alegi, să fii angajat sau liber profesionist, dacă să faci sau nu copii, tu ți-ai ales prietenii, mașina, garderoba ș.a.m.d. Tu alegi ce și cum să gândești, tu alegi ce fel de comportamente să ai, tu alegi cum să reacționezi la tot ceea ce ți se întâmplă.

Tu alegi să te vezi ca pe o victimă neajutorată, tu alegi dacă lași trecutul să te definească, dacă vrei să rămâi în acest punct sau dacă îți dorești mai mult pentru tine.

Tu alegi în fiecare zi să trăiești exact așa cum o faci — de la cele mai mici decizii, până la cele mari — fie că îți dai voie să conștientizezi acest lucru sau nu.

Nu-ți place cum arată viața ta? Nu-ți place de tine, conjunctura în care te afli, nu-ți place ceea ce faci? Este în regulă, ia alte decizii și totul se va schimba.

Da, este atât de simplu! Schimbarea în viața ta apare în momentul în care iei o decizie diferită și apoi acționezi ca să o pui în practică.

Și nu aș vrea să-mi spui "ușor de zis, greu de făcut" sau "teoria este bună, însă practica ne omoară". Acestea sunt exact acele credințe limitative care te mențin în situația ta actuală și sunt exact acele scuze pe care ți le repeți ca să-ți justifici lenea, comoditatea și apatia existențială.

Vrei să fii și să trăiești altfel?

Ridică-te și alege diferit pașii pe care îi faci în viața ta.

23

Compromisurile pe care le faci, mai ales dacă sunt frecvente sau majore, te îndepartează din ce în ce mai mult de tine însuți și de calea ta în viață.

Oamenii acceptă compromisurile din diferite motive și, la un moment dat, se trezesc că toată viața lor este un compromis, o renunțare la valorile și credințele lor și, până la urmă, la ei înșiși.

Mi se pare atât de trist când aud oameni de 40, 50, 60+ ani care spun "de fapt, toată viața am făcut ceea ce au vrut alții, am făcut ceea ce 'trebuia' să fac, am renunțat la mine și... nu îmi dau seama la ce mi-a folosit..."

Atunci când sunt la începutul vieții, când încă nu și-au format o personalitate clar structurată, oamenii sunt foarte influențabili. Au tendința să asculte de cei din jur, de familie, să preia nediscreționat cutumele din mentalitatea societății în care trăiesc, iar toate acestea îi fac să o ia pe un drum care, poate, nu are nicio legatură cu autenticitatea și dorințele lor, care rămân îngropate în inconștientul lor.

Fac diferite alegeri pentru că "așa se face", iau decizii bazate pe emoții sau induse de alții prin manipulare și șantaj emoțional, iar apoi toată viața lor este un lung șir de compromisuri, minore sau majore.

Le lipsește bucuria de a trăi, fac mecanic diferite lucruri, își amorțesc conștiința cu alcool sau alte substanțe și se simt captivi în propria viață.

"M-am făcut medic pentru că este o tradiție de familie, deși mi-e rău când văd sânge... înainte să intru în sala de operație consum puțin alcool pentru a putea face față. De fapt, eu mi-am dorit să fiu pianist, însă tata mi-a spus că asta nu este o meserie din care se fac bani."

"Mi-am dorit să fiu profesor de fizică și să lucrez în cercetare, însă a trebuit să mă fac notar, pentru că așa au vrut părinții mei."

"Nu eram pregatită să fac copii, însă mă apropiam de 30 și era o presiune foarte mare pe mine. Acum îi cresc și îmi sunt dragi, însă în fiecare zi mă gândesc că am renunțat la mine și la viața mea..."

"Nu mi-am dorit copii, însă soția mea a insistat și am cedat... acum mă focalizez pe muncă, stau la birou cât mai târziu pentru că nu mă simt bine acasă."

"Parinții mei au insistat să mă fac programator, însă tot ce îmi doream eu era să pictez... însă din pictură nu poți să ai o viață decentă."

"M-am căsătorit repede pentru că părinții mei nu acceptau să stau cu prietenul meu fără să fim căsătoriți, apoi am făcut un copil, am luat o casă în rate... între noi nu mai este nimic de mult, însă nu avem cum să ne despărțim că avem obligații."

Toate aceste scenarii arată cum să NU ne trăim viața.

Este atât de multă nefericire, frustrare și boală în jurul nostru pentru că oamenii trăiesc viețile altora, după rețetele altora și fac compromisuri cu ei înșiși și cu viețile lor.

Însă acum noi trăim vremuri în care la fiecare pas întâlnești mesaje care spun "fii tu însuți", "fii liber", "trăiește-ți viața așa cum dorești", "pune-te pe tine pe primul plan în viața ta"... Conștientizează esența și îndemnul acestor mesaje și nu mai face nimic din ceea ce nu simți să faci, din ceea ce nu te reprezintă pe tine și autenticitatea ta.

Și orice vârstă ai acum, nu uita: niciodată nu este prea târziu să fii și să faci exact ceea ce-ți dorești!

24

Dacă ai pierdut totul, dacă deciziile și alegerile tale de până acum te-au adus în punctul în care ai pierdut totul, înseamnă că de astăzi tu poți să pornești de la zero și să îți rescrii viața exact așa cum îți dorești.

Când nu ai nimic, ai în tine potențialul de a avea tot. Ești liber să trăiești așa cum vrei, să experimentezi, pentru că nu mai ai teama de a pierde. Ai pierdut tot ce îți era teamă să pierzi și de acum încolo, fără teamă, poți să-ți creezi o nouă viață.

Pierderile pot să te înfrângă sau pot să te mobilizeze extraordinar de mult.

Citește și inspiră-te din biografiile unor oameni care au fost în acest punct: au pierdut tot ce aveau mai de preț, însă nu s-au dat bătuți ci au luptat și s-au ridicat chiar mai sus decât erau înainte. Dacă ei au putut, și tu poți, cu siguranță.

Ai de învățat atât de mult din pierderile tale, poate chiar este o binecuvântare (de care îți vei da seama mai târziu) că ai pierdut acele lucruri pentru că în acest moment poți să alegi altfel, să afli ceea ce este cu adevărat important pentru tine.

Nu te mai lamenta, nu te mai victimiza, ci ridică-te și luptă pentru tine și pentru viața ta.

Învins sau învingător în fața vieții, alegerea îți aparține!

25

"Memento mori!"

Ești conștient că, cu fiecare clipă care trece, te apropii din ce în ce mai mult de finalul vieții tale? Nu, nu vreau să te deprim, ci vreau să te **trezesc**!

Îți trăiești viața pe pilot automat, ai renunțat la visele tale, zilele tale sunt plictisitoare, rutiniere, repetitive? Și... de când trăiești așa? Dintotdeauna? Ești blazat, frustrat, resemnat? Chiar asta este tot ce poți să faci cu viața ta?

Uită-te in jurul tău: sunt din ce in ce mai mulți oameni care rup barierele și își trăiesc viața așa cum și-o doresc. Ei sunt aceia care spun "nu" plictiselii, blazării si zonei de confort.

Au obiective, vise, idealuri, nu se mulțumesc cu puțin, caută provocarea si aventura în detrimentul siguranței. Ei sunt cei care chiar simt ca trăiesc, că valorifică la maxim fiecare clipă din acest dar numit **viață**!

Și tu poți mult mai mult decât faci și ești acum!

Hai să începem pas cu pas... ce vei face cu timpul tău? Te gândești să faci ce faci în fiecare zi?

Am eu o idee mai bună pentru tine: fă ceva ce nu ai făcut de mult sau poate ceva ce îți dorești să faci, însă nu ai făcut niciodată. Adu-ți aminte de visele tale, de ceea ce te bucură sau îți încântă mintea și sufletul și acționează.

În loc să ții în mână telecomanda de la TV, mai bine schimbă peisajul în viața ta!

26

Până acum 100 de ani (iar in România de vreo 20 de ani) regulile și valorile după care se ghidau oamenii erau mult diferite față de cele care guvernează societatea zilelor noastre.

Existau 3 clase sociale, fiecare cu valorile și regulile ei, atât implicite cât și explicite, oamenilor li se decidea locul și rolul în societate în funcție de familia în care s-au născut, iar posibilitățile de migrare într-o clasă socială superioară erau limitate.

Femeile aveau roluri clar stabilite — soții și mame — și ieșeau de sub jurisdicția familiei de origine doar prin căsătorie, iar apoi trebuiau să se supună soțului și familiei lui. Cea mai importantă decizie pentru viitorul unei femei era căsătoria, așa că, de cele mai multe ori, familia îi aranja un mariaj "bun".

În orice clasă socială s-ar fi aflat, omul avea posibilități limitate, iar regulile erau atât de restrictive încât libertatea omului era foarte mult îngrădită. Din punct de vedere psihologic, lipsa opțiunilor și un scenariu de viață care nu permite libertate de alegere conferea un anumit sentiment de siguranță, de previzibilitate și de predictibilitate, iar atunci când omul nu poate alege, ajunge să se mulțumească cu ceea ce are.

Însă acum... lucrurile arată cu totul altfel. Atât femeile cât și bărbații, indiferent de clasa socială din care provin, au acces la educație și pot să-și decidă singuri viitorul. Opțiunile de a ne trăi viața sunt, practic, nelimitate și fiecare om poate să aleagă ce să facă cu viața sa. Pus în fața atâtor alegeri, omul poate să se simtă confuz și să-și găsească mai dificil locul în societate. Responsabilitatea propriei sale vieți, liberul arbitru pe care trebuie să-l folosească la fiecare pas, lipsa unor reguli absolute și a unor scenarii de viață clare îi induc omului o anumită angoasă existențială.

De aceea, mai mult ca oricând, ființa umană trebuie să-și desăvârșească personalitatea și să-și construiască un psihic puternic, pe care să se bazeze atunci când este pus în fața atâtor alegeri care îi definesc existența.

Nimic nu mai este pentru totdeauna, schimbarea la nivel de societate este foarte accelerată și fiecare dintre noi trebuie să țină pasul cu ea.

Odată cu libertatea pe care am dobândit-o, după secole întregi de opresiune a ființei umane, avem și obligația responsabilității vieții noastre. Nu ni se mai dă nimic, fiecare este liber să aleagă cum dorește, însă este și responsabil de consecințele alegerilor sale.

Tu poți acum să-ți scrii orice scenariu de viață îți dorești, poți să trăiești exact așa cum vrei, nu-ți mai este inhibată libertatea de exprimare și nici cea de dezvoltare a întregului tău potențial.

Tu ești singurul responsabil de felul în care arată viața ta... dar ești oare conștient de acest fapt?

27

Căutarea fericirii este, de fapt, căutarea unui sens pe care tu îl dai existenței tale.

Te simți fericit atunci când ești împlinit, atunci când simți că ceea ce faci are sens și că existența ta de zi cu zi este orientată către obiective și scopuri care sunt în acord cu valorile tale.

Lipsa de sens sau de semnificație pe care o resimt unii oameni este cauza principală a depresiei lor, a blazării sau a angoasei existențiale.

Tu ai un răspuns la întrebările:
- ✓ Ce te face fericit?
- ✓ Ce te motivează să te trezești dimineața?
- ✓ Care sunt acele lucruri pe care le faci cu cea mai mare bucurie?

Și... cea mai importantă întrebare pe care te invit să ți-o adresezi este:
- ✓ Ce ai vrea să lași în urma ta? sau
- ✓ Cum ți-ar plăcea să rămâi în amintirea oamenilor?

Dacă nu ai gasit încă răspunsurile, continuă să le cauți. Nu renunța niciodată pentru că în aceste răspunsuri stă misiunea ta, sensul existenței tale.

Sper că răspunsurile pe care ți le dai să nu fie doar acelea pe care ți le-au furnizat ceilalți și sper că viața ta să aibă pentru tine și un alt sens înafară de "o casă, un copil, un copac..."

Și ele sunt obiective salutare, însă mie îmi vine greu să cred că oamenii, în diversitatea și unicitatea lor, pot să aibă același obiectiv care să le aducă fericirea și împlinirea.

Iar când găsești acele răspunsuri, urmează-le neîncetat, cu orice cost și indiferent de ce îți spun cei din jurul tău.

Existența ta are scopul pe care tu i-l dai.

Calea către fericirea ta este data de sensul pe care tu îl găsești vieții tale.

28

De multe ori, nefericirea oamenilor provine din faptul că le pasă prea mult de ceea ce gândesc alții despre ei.

Îi afectează bârfa, remarcile răutacioase sau negative, invidia celor din jur, neacceptarea din partea unor persoane care de fapt nici nu contează, se chinuie efectiv să placă altora renunțând la propria lor autenticitate.

Oprește-te din a mai lua lucrurile la modul personal, adică înțelege faptul:
✓ că ceilalți te percep pe tine în funcție de cât sunt ei nu de cât ești tu;
✓ că ei te judecă, te dezaprobă sau te etichează atunci când nu corespunzi dorințelor și nevoilor lor egoiste, când nu ești așa cum se așteaptă ei;
✓ că ar fi nevoiți să depună un efort ca să te înțeleagă, iar oamenilor nu le place să depună niciun efort în plus;
✓ că pe ei îi sperie faptul că tu ești diferit pentru că asta le dă un anumit sentiment de nesiguranță;
✓ că fiecare om are o anumită viziune asupra vieții, punctul lui de vedere care este cât un punct, însă pe care îl consideră universal valabil, iar dacă nu corespunzi viziunii lui limitate va crede că este ceva

în neregulă cu tine, fără să-și pună problema că de fapt el poartă "ochelari de cal" ș.a.m.d.

Eliberează-te de povara de a te strădui să le faci altora pe plac, să fii așa cum vor ei și dă-ți voie să trăiești în acord cu singurul adevăr valabil pentru tine: autenticitatea ta.

Lasă-i pe ceilalți să vorbească (asta le dă ceva de făcut, atunci când viețile lor sunt plictisitoare sau când vor să-și exteriorizeze propriile frustrări și nemulțumiri existențiale) și mergi cu fruntea sus și cu încredere pe calea ta.

29

Uneori ne facem viața mult mai complicată decât este ea, de fapt.

Trăim cu impresia că răspunsurile pe care le căutăm sunt dificile și greu de obținut, că poate situațiile în care ne găsim nu au cale de ieșire sau că fericirea noastră depinde de cine știe ce realizări.

Dacă te găsești în astfel de situații este timpul să simplifici totul și să vezi lucrurile așa cum sunt în realitate. Eliberează-te de haosul sau de dezordinea din viața ta, de influențele negative și de relațiile toxice. Este o mare diferență între ceea ce crezi că vrei și ceea ce ai nevoie, între exces și lucruri cu adevărat necesare.

Fie că este vorba despre strădania ta de a obține bunuri materiale, fie de a menține relații care nu te fac să te simți bine și care mai mult îți iau decât îți dau, fie de a te chinui să atingi obiective care nu rezonează cu valorile tale, oprește-te, simplifică totul și eliberează-te de poverile inutile.

Nu îți spun să trăiești cu mai puțin decât ai nevoie pentru că asta înseamnă sărăcie, iar sărăcia nu este benefică nici pentru tine și nici pentru viața ta, însă nici să îți dai efectiv viața pentru bunurile materiale nu este o soluție.

Nu îți spun să trăiești singur pentru că omul este o ființă socială și este bine să ai lângă tine oameni — însă oameni de valoare, care te inspiră și scot la suprafață ceea ce ai tu mai frumos în tine.

Nu îți spun să nu ai obiective sau țeluri, însă asigură-te că mergi către acele lucruri cu care rezonezi cu adevărat, nu că urci anevoios treptele către ceva ce nu-ți va aduce fericirea.

Dacă îți dai voie să ai un moment de sinceritate cu tine însuți, sunt convinsa că știi la ce anume ai vrea să renunți și știi că, de fapt, răspunsurile sunt simple... însă, probabil, te-ai pierdut în hățișurile minții tale și în influențele nefaste ale celor din jur și nu mai știi încotro să o apuci.

Eu vreau doar să-ți readuc aminte că în viață, de câte ori vei închide o ușă, se vor deschide alte uși pentru tine. Că de câte ori vei spune "nu" la ceea ce nu-ți folosește sau te trage în jos, viața îți va aduce în cale acele întâmplări, situații, oameni cu care rezonezi și care îți vor desăvârși fericirea și împlinirea.

Alege înțelept ce este bine pentru tine!

30

Un om invidiază pe cineva pentru că acea persoană deține ceva ce își dorește și el: fie că este vorba despre un statut social, o situație materială, o relație, un aspect fizic ș.a.m.d.

Definiția din DEX a invidiei este "sentiment egoist de părere de rău, de necaz, de ciudă, provocat de succesele sau de situația bună a altuia; pizmă".

Partea cea mai interesantă este că oamenii îi invidiază pe alții pentru ceea ce au, însă nu mișcă un deget ca să lupte și ei pentru idealurile lor. Își duc existența de zi cu zi în frustrare, nemulțumire, blazare, plictiseală, pierd vremea cu diferite distracții de moment fără să facă nimic constructiv sau productiv și apoi se uită în ograda altora și îi invidiază. De multe ori, își găsesc și explicații, mai mult sau mai puțin răutacioase, pentru succesul altora: au avut noroc, au avut parte de conjucturi favorabile, au furat, au înșelat etc. (Într-adevar există și oameni care dobândesc anumite lucruri prin metode neortodoxe, însă la ei nu putem să vorbim despre un adevărat succes și nici nu avem de ce să-i invidiem...)

Însă, oamenii care au cu adevărat succes în viață sunt acei oameni care muncesc mult, care depun eforturi susținute și constante pentru idealurile pe care își doresc să le realizeze, care știu să-și dozeze eforturile și să le investească în lucrurile care sunt cu adevărat importante pentru ei. Succesul nu se obține peste noapte, ci este întotdeauna rezultatul unui efort pe care ești dispus să-l faci.

Un om de succes nu îl invidiază pe altul care, poate, are mai mult decât el, ci îl priveşte cu admiraţie şi este inspirat de realizările altuia pentru că ele îi arată cât de mult poate el însuşi să realizeze.

Un om cu adevărat "mare", este conştient de valoarea şi de potenţialul său şi nu îi priveşte pe ceilalţi cu invidie, cu superioritate sau inferioritate, ci cu admiraţie şi respect.

31

Nu ştiu alţii cum sunt, însă eu când văd un animal în lanţuri simt tristeţe şi revoltă.

Aceleaşi sentimente le am şi când văd un om care este înlănţuit de credinţele sale limitative sau de alţi semeni de-ai săi.

De multe ori, lanţurile unui om sunt menţinute de părinţii săi, exact aşa ca în copilarie. Omul face ceea ce-şi doresc părinţii lui, nu le iese din cuvânt ca să nu-i supere, îşi duce existenţa în acord cu dorinţele şi capriciile celor care i-au dat viaţă şi nici nu-şi pune problema să trăiască în acord cu sine însuşi ca să nu fie cuprins de sentimente apăsătoare de vinovăţie. El crede că este responsabil de fericirea părinţilor săi, iar aceştia îi spun zilnic ce este bine să facă, cu cine să-şi împartă viaţa, ce meserie să aibă, cum să trăiască ş.a.m.d.

Dacă în copilărie era normal să-şi asculte părinţii, atunci când un om devine adult, nu mai are nicio obligaţie de a se complăcea într-o existenţă care-i limitează libertatea de a gândi sau de a fi aşa cum îşi doreşte.

Nu, părinţii tăi (şi nici alţi oameni) nu ştiu ce este "mai bine pentru tine" acum. Doar tu ştii şi simţi cum ai vrea să-ţi trăieşti viaţa, iar singura ta responsabilitate este faţă de propria ta fericire. Părinţii tăi, tocmai pentru că te iubesc şi îţi vor binele, ar fi normal să depună efortul să te cunoască şi să te accepte aşa cum eşti şi cum vrei tu să fii, nu să continue să-ţi dicteze cum să-ţi trăieşti viaţa — adică în funcţie de nevoile şi dorinţele lor egocentrice şi egoiste. (Sigur că ei au o intenţie pozitivă, însă rezultatul este, de cele mai multe ori, contrar).

Imaginează-ţi un elefant care a fost prins într-un lanţ când era mic. Atunci nu se putea elibera pentru că nu avea puterea necesară, însă deşi el a crescut acum şi lanţul a rămas la fel, el este condiţionat psihic să rămână înlănţuit. Dacă şi-ar trage piciorul cu putere, ar fi liber, însă frica şi obişnuinţa îl menţin înlănţuit.

Nu eşti responsabil de fericirea nimănui, ci doar de propria ta fericire. Eliberează-te de tot ceea ce simţi că te impiedică să fii tu însuţi sau să trăieşti aşa cum vrei, caută-ţi calea proprie şi mergi cu încredere pe ea! Cei care te iubesc cu adevărat vor fi fericiţi pentru tine, iar cei care se supără că nu mai funcţionezi cum vor ei, interesele cui le au, de fapt, în vedere: ale tale sau ale lor?

32

O viaţă împlinită este o viaţă încărcată de sens şi semnificaţie.

Existența ta nu are un sens în sine (înafară de cel biologic) ci va avea întotdeauna direcția pe care tu i-o dai, prin obiectivele și scopurile tale.

Dacă citești cărți de dezvoltare personală, știi cu siguranță că ți se tot spune să faci un panou al visurilor tale. Să-ți dai voie să visezi, să pui pe hârtie acele obiective și apoi să acționezi ca să le duci la îndeplinire.

Însă, pentru a-ți putea atinge țelurile, este important să-ți dezvolți abilitatea de a-ți economisi energia și de a o investi în ceea ce ai decis că este important pentru tine.

Astfel, este necesar să faci diferența dintre acele activități care te duc mai aproape de atingerea obiectivelor tale și cele care te îndepartează de ele. Trebuie să-ți fie clare în minte prioritățile tale și să nu permiți să fii distras de la ele.

Fiecare dintre noi are o anumită cantitate de energie zilnică, iar de felul în care ne investim energia depinde realizarea visurilor noastre.

Astfel, este bine să tratezi cu superficialitate acele lucruri care nu sunt importante pentru tine în acel moment și nu te aproprie de realizarea țelurilor tale și să îți investești energia în ceea ce tu știi că îți va aduce împlinirea pe care ți-o dorești.

Stabilește-ți obiective, acționează ca să le duci la îndeplinire, elimină tot ceea ce te poate împiedica să le atingi și apoi bucură-te de realizările tale!

O viață împlinită este întotdeauna o viață încarcată de sens și semnificație.

33

Prin gândurile, cuvintele și acțiunile noastre ne creăm prezentul și viitorul.

În fiecare clipă omul poate să decidă dacă se îndreaptă...

✔ de la "întuneric" înspre "întuneric", atunci când starea lui prezentă este una negativă și o prelungește prin ceea ce gândește, spune și face;

✔ de la "întuneric" spre "lumină", atunci când realitatea actuală este una focusată pe gânduri și trăiri neplăcute, însă ia decizia că dorește să schimbe ceva și începe un demers de transformare pozitivă a personalității și vieții sale;

✔ de la "lumină" către "întuneric", atunci când, poate, ca reacție la stimulii sau evenimentele din jurul său, își schimbă starea și adoptă una focusată pe negativ: furie, depresie, frustrare, invidie ș.a.m.d.

✔ de la "lumină" către "lumină", când are o atitudine pozitivă și o permanentizează în viața sa, indiferent de factorii din mediu care acționează asupra sa și indiferent de circumstanțele în care se regăsește în viață. O astfel de persoană își păstrează calmul, echilibrul și pozitivismul și în "mijlocul furtunii" și știe că doar de ea depinde vibrația pe care alege să o acceseze și să o trăiască.

Tu știi unde te afli acum și înspre ce anume te îndrepți?

34

> *"Spiritul critic sau scepticismul nu trebuie considerate neapărat expresii ale inteligenței, ci mai curând ale contrariului ei."*
>
> (Carl Jung)

Sunt mulți oameni care, din lipsa unei viziuni pozitive sau creative asupra lumii, caută să iasă în evidență prin criticile pe care le fac celorlalți și prin scepticismul pe care îl au față de semenii lor sau față de viață.

Aleg calea negativismului, a căutării de "nod în papură", atrag atenția asupra acelui poate doar 1% care nu este ok și neagă sau trec cu vederea restul. Ei își folosesc mintea ca să distrugă, ca să argumenteze de ce nu este ok ceva, se focalizează pe defecte, pe lipsuri și nu sunt niciodată mulțumiți sau satisfăcuți.

Pe chipul acestor oameni se poate citi această nemulțumire continuă, nu sunt plăcuți la vedere, de multe ori au ochii îngustați și buzele strânse și transmit o energie negativă. Unii dintre ei au uitat să zâmbească, sunt mai mereu iritați sau supărați și îmi imaginez cât de înnegurat trebuie să fie un astfel de om care ajunge, la un moment dat, să se înece efectiv cu propria "otravă".

Cu timpul, aceste persoane vor fi măcinate în interior de gândurile lor agresive, depresive și "nihiliste", iar întreaga lor existență va fi un calvar creat de propria lor percepție asupra lumii. Bolile sau accidentele nu vor întârzia nici ele să apară, fiind o consecință firească a unei astfel de vieți.

Echilibru înseamnă să poți să observi atât aspectele pozitive cât și pe cele care mai pot fi îmbunătățite, în niciun caz nu înseamnă să te focalizezi doar pe aspectele pozitive (și să trăiești într-o lume "roz") și nici să vezi întotdeauna doar ceea ce nu este ok la ceea ce te înconjoară.

Tu îți creezi realitatea cu propriile tale gânduri, așa că străduiește-te să fii obiectiv, rațional și optimist, dacă dorești să trăiești o existență echilibrată și cât mai apropiată de "adevăr".

35

"Majoritatea oamenilor nu-și dorește cu adevărat libertatea, deoarece libertatea presupune responsabilitate și majoritatea oamenilor este speriată de responsabilitate".

(Freud)

Ni se pare mai sigur să depindem de cineva, să fim înconjurați de alți oameni care să ne spună ce să facem, ce să simțim sau cum să trăim, să avem un job care ne oferă iluzia siguranței unui salariu și, nu în ultimul rând, să avem pe cine să dăm vina atunci când nouă nu ne merge bine.

Însă ceea ce nu văd oamenii atunci când refuză să-și asume responsabilitatea asupra vieții lor 100%, este că, de fapt, ei predau puterea personală undeva în exteriorul lor și că se găsesc în aceeași situație în care erau în copilărie: aveau o anumită siguranță, li se spunea ce să facă, nu aveau libertate de mișcare, erau mereu condiționați de voința părinților lor. Atunci când ești copil, această situație este cumva normală, însă dacă alegi să trăiești în același fel și în momentul în care devii adult, îți pierzi, de fapt, puterea ta personală.

Cum crezi că s-ar schimba viața ta dacă ți-ai asuma 100% responsabilitatea pentru ea? Dacă nu-ți place o situație, ieși din ea, dacă nu-ți place de cineva sau vibrația pe care o aduce în viața ta, te îndepărtezi de acea persoană, dacă nu-ți place ce gândești sau ce simți, îți asumi demersul de autocunoaștere și dezvoltare personală ș.a.m.d.

De câte ori crezi că ești o victimă a altora sau a circumstanțelor, nu faci decât să plasezi în afara ta puterea și responsabilitatea fericirii sau vieții tale.

Fii tu propriul tău stăpân, asumă-ți 100% ființa și viața ta și trăiește liber!

36

Imaginează-ți că trăiești într-o casă în care este multă dezordine, în care spațiul este ticsit de lucruri de care nu ai nevoie sau care sunt stricate și nu mai poți să le folosești. Imaginează-ți că nu ai mai aerisit spațiul de mult, că aerul este stătut și îmbâcsit de praf. Rulourile sunt stricate și ele, astfel că nu mai poți să le deschizi, iar lumina nu mai poate intra. Nu ai mai făcut curat de mult, totul este apăsător și nici nu-ți mai place să stai acasă, pentru că dacă stai acolo te cuprinde depresia sau angoasa.

Iar acum imaginează-ți că, de fapt, ceea ce am descris mai sus se aplică vieții tale: acolo este dezordine, îmbâcșeală, sunt gânduri sau lucruri nefolositoare, stricate sau care te apasă. Nu faci curat, nu te debarasezi de ceea ce nu-ți folosește, nu repari ceea ce este stricat și, astfel, nu poți să permiți luminii și noului să intre.

Orice schimbare presupune conștientizarea și asumarea situației prezente. Oricât de mult te-ai strădui să ignori realitatea, felul în care trăiești este exact așa cum este.

Uită-te la viața ta, observă ce anume te face să nu te simți bine sau împovărat și ia decizia să faci curat. Lasă lenea sau comoditatea la o parte, prețuiește-te suficient de mult încât să depui efortul necesar ca să îți "igienizezi" viața și treci la treabă.

Aruncă tot ce nu te mai face să te simți bine și tot ceea ce nu-ți mai folosește și fă loc în viața ta pentru orice îți aduce zâmbetul pe chip și în suflet.

Viața ta este un dar neprețuit, nu o povară apăsătoare... Așa că, treci la treabă!

37

Nu este niciodată prea târziu ca să faci ceea ce-ți dorești, nu este niciodată prea târziu ca să fii așa cum vrei, nu este niciodată prea tarziu ca să trăiești așa cum vrei.

Indiferent că ai 20, 30, 40, sau 50 + ani, fiecare clipă pe care o petreci făcând ceea ce nu-ți dorești este o piedere de timp. Nu contează vârsta pe care o ai, importante sunt visurile pe care îți dai voie să le hrănești și pe care le duci la îndeplinire.

Una dintre cele mai în vârstă paciente pe care le-am avut, acum mulți ani, avea 74 de ani. A venit la mine pentru că avea anxietate și atacuri de panică, iar după mulți ani în care a tot luat tratament medicamentos fără prea mult succes, a fost sfătuită să încerce și psihoterapia. Este o doamnă simpatică, care a avut o viață dificilă încă din copilărie, iar acum credea că nu mai are la ce să spere... pentru că este prea târziu. Însă împreună, am explorat lucrurile pe care i-ar plăcea să le facă, iar după câteva săptămâni introdusese în viața ei numeroase schimbări: și-a făcut o grădină de flori în spatele blocului, pe care o îngrija zilnic, a rugat-o pe fiica ei să o ajute să-și găsească vechi cunoștințe și prieteni, i-a sunat și a început să socializeze cu ei, făcea plimbări în parc în fiecare zi, își planificase și concedii, petrecea timp cu copiii vecinilor ș.a.m.d. Lucruri care pot părea simple, însă care îi aduceau bucurie și sens în viață.

A fost și pentru mine o lecție de viață, despre cât de adevărat este că poți oricând să alegi să depui armele și să renunți la a mai căuta bucuria de a trăi, sau poți să cauți activ să-ți valorifici fiecare clipă din darul minunat pe care l-ai primit — VIAȚA TA.

38

Duminica este ziua în care parcă totul se oprește în loc, este liniște și relaxare în jurul tău, adică un moment foarte bun ca și tu să te oprești și să reflectezi la tine și la viața ta.

Ia-ți puțin timp doar cu tine însuți, poate într-un parc la umbra unui copac sau oriunde poți să fii singur cu gândurile tale și fă-ți o evaluare:

Îți place de tine, ca om? Îți plac gândurile și emoțiile care îți conduc viața?

Îți place viața ta? Îți place prezentul tău și direcția în care se îndreaptă viața ta?

Îți plac oamenii de care ești înconjurat?

Ai planuri și obiective, ai un țel motivant și onorabil către care tinzi?

Dacă răspunsul este "nu" la vreuna sau mai multe dintre întrebarile de mai sus, imaginează-ți ce ar fi necesar să schimbi pentru ca raspunsul să devină "da".

Orice este posibil, doar dă-ți voie să-ți imaginezi ce ar fi bine să modifici la tine sau la viața ta în așa fel, încât să te simți bine, împlinit și fericit.

Poate chiar poți să iei niște decizii, să alegi altă cale și să începi pas cu pas să faci schimbările necesare.

Îți propun acest exercițiu de conștientizare pentru că am observat că majoritatea oamenilor funcționează pe pilot automat, că își petrec viețile accesând emoții negative și că nu fac nimic ca să le oprească, că li se întâmplă tot felul de lucruri pe care nu și le doresc, că nu trăiesc proactiv ci reactiv (nu-și determină singuri calea în viață, ci doar răspund la ceea ce se întâmplă).

Ființa ta și viața ta îți aparțin doar ție, însă dacă nu determini tu direcția în care te îndrepți, existența te va purta ca pe o frunză în vânt și sunt șanse să ajungi în locuri în care nu-ți dorești să fii.

Preia controlul asupra ființei tale, asupra gândurilor, emoțiilor și vieții tale în așa fel, încât la final să fii mulțumit de călătoria pe care ai făcut-o și nu să fii copleșit de regrete.

Succes!

39

Ce simplă este viața atunci când suntem tineri! Suntem deschiși, sinceri, facem ce ne place, mâncăm când ne este foame, dormim când ne este somn, bem apă când ne este sete. Ne plac oamenii veseli, care zâmbesc și îi evităm pe cei care sunt supărați sau încruntați.

Apoi, pe masură ce devenim adulți, ne transformăm parcă în roboți. Ni se șterge zâmbetul de pe chip, ne pierdem veselia, suntem serioși și încruntați mai tot timpul și uităm să ne bucurăm de viață.

Ne lăsăm prinși în iluziile pe care ni le dictează cei din jurul nostru și ne pierdem pe noi înșine. Facem ce ni spune, facem ce "trebuie", parcă suntem programați de cineva care deține telecomanda vieții noastre. Dormim când trebuie, mâncăm când trebuie și facem tot felul de lucruri pentru că "trebuie".

În mintea și în sufletul nostru apar tot felul de goluri pe care le umplem cu mâncare, alcool, droguri sau medicamente. Ne încarcerăm în închisori din ce în ce mai strâmte și mai restrictive, însă ne hrănim cu iluzii, ne autoamăgim ca să putem continua să trăim și alergăm prin viață fără ca să ne mai putem bucura de ea.

Ne refugiem în muncă sau în socializare excesivă, căutăm tot felul de activități ca să fugim de conflictele nerezolvate de acasă. Suntem din ce în ce mai puțin autentici și sinceri, ne mințim pe noi înșine și pe ceilalți și trăim apăsați de povara unei vieți trăite în dezacord cu noi înșine.

Căutăm soluții de moment ca să putem merge înainte, ne facem rău nouă înșine și celorlalți pentru că e normal, "așa face toată lumea" și ne pierdem umanitatea pe parcurs.

Viața nu ne-a fost dată ca să o transformăm într-o luptă în care mai tot timpul avem de pierdut, atât noi cât și ceilalți.

Viața ne-a fost dată ca să ne bucurăm de ea, să trăim autentic și în acord cu noi înșine, să ne căutăm rețeta fericirii personale și să o implementăm în existența noastră.

Îți place lumea în care trăiești? Îți place ceea ce vezi la cei din jurul tău, îți plac viețile lor? Îți place cum trăiești tu de când asculți de ceilalți?

Caută-ți adevărul propriu, trăiește în acord cu el și lasă deoparte toate iluziile pe care ți le-au servit alții. Nu trebuie să faci nimic din ceea ce nu-ți place și, mai ales, nu ai de ce să urmezi calea altora, deoarece aceste variante de a ne trăi viața au scris scenariul de mai sus.

Oprește-te puțin din vâltoarea vieții tale zilnice și întreabă-te: cum aș vrea să arate viața mea pentru ca să pot să trăiesc fericit și împlinit? Și fă schimbările necesare, nu este niciodată prea târziu!

40

Nu le mai permite altora să te facă să te simți vinovat pentru felul în care îți trăiești viața.

Atât timp cât nu faci rău nimănui, trăiește-ți viața așa cum vrei. Prin a nu face rău altora înțeleg să nu-i rănești la nivel fizic, să nu îi tratezi cu lipsă de considerație sau de respect, să nu încalci regulile bunului simț, însă nu mă refer aici la a ceda la cerințe de genul "dacă nu faci cum vreau eu, mă supăr / mă îmbolnăvesc / mă sinucid" ș.a.m.d. — ele reprezintă manipulare și șantaj emoțional și nu avem de ce să cedăm acestor tipuri de cerințe. Ele sunt formulate de persoane instabile din punct de vedere emoțional și nu este responsabilitatea nimănui să trăiască după capriciile egoiste ale acestor oameni. Ei sunt cei care trebuie să conștientizeze faptul că nu procedează corect și nu este problema ta ce aleg ei să simtă dacă tu nu faci cum doresc ei.

De multe ori ne pierdem pe noi înșine pentru că ne străduim să ne trăim viața așa cum se așteaptă alții să o facem, ne lăsăm manipulați sau șantajați emoțional de persoanele egoiste din jurul nostru sau trăim doar ca să-i impresionăm pe alții.

Ni se spune cum ar trebui să trăim ca să fim "bine văzuți", ni se spune ce înseamnă "succesul", le permitem altora să ne spună ce să facem, cum să gândim ș.a.m.d. Chiar dacă nu rezonăm cu felul în care ni se spune să trăim, facem toate acestea ca să ne simțim acceptați de către oameni care, de multe ori, au o viziune îngustă despre viață și care, la rândul lor, doar reiterează niște idei preluate arbitrar din jurul lor.

De ce faci asta?

Crezi că vei fi respectat, iubit, prețuit când tu ești doar o copie, lipsită de originalitate și unicitate?

Ia-ți un moment și gândește-te puțin. Ce este important pentru tine? Care sunt valorile tale? Trăiești pentru tine sau pentru ceilalți — pentru relațiile pe care le ai?

Relațiile tale cu oamenii de care te lași influențat în acest moment pot să se încheie în orice clipă, însă tu vei trăi cu tine însuți până la sfârșitul vieții tale.

Trăiește, acționează și iubește așa cum simți tu.

Viața ta îți aparține!

41

Una dintre superstițiile care ne sunt întipărite în minte prin influența mediului este cea care nu este bine să fim prea fericiți, deoarece se vor întâmpla lucruri rele după aceea.

Pe lângă faptul că superstițiile sunt credințe iraționale, odată ce ni le însușim, începem să fim terorizați de ele, iar ele devin reale tocmai pentru că noi credem în ele și le dăm putere. La nivel de mental comun, există atât de multe superstiții care ne influențează viața: pisica neagră, găleata goală, scara etc.

Credințele pe care le accepți în mintea ta sunt cele care îți creează realitatea, astfel că superstițiile pot deveni reale deoarece tu le fabrici în mintea ta.

Dar, să revenim la credința cum că, dacă îți dai voie să fii fericit, ți se vor întâmpla lucruri groaznice după aceea. Unii oameni nu-și dau voie să fie fericiți deoarece ei cred că a fi fericit îi face o persoană mai rea decât alții și că ceilalți îi pot percepe ca fiind egoiști, plictisitori sau superficiali. Avem tendința să ne uităm ciudat la un om care afirmă că este fericit, nu-i așa? Sau chiar gândim "lasă că o să vezi tu mâine"...

Pe scurt: nu avem voie să fim fericiți ca să nu părem ciudați în ochii altora sau ca să ne protejăm de consecințele negative care apar după starea de fericire.

Hai să rescriem această superstiție.

În primul rând, scopul vieții noastre pe acest pământ este să fim fericiți, să ne trăim viața frumos, să ne bucurăm de miracolul existenței.

În al doilea rând, în viața oricărui om există și perioade cu nori, diverse probleme cu care ne confruntăm și pe care putem să le depășim mult mai ușor dacă avem o atitudine pozitivă.

Concluzia este: să căutăm mereu să fim fericiți, să ne bucurăm de noi înșine și de viață și să depășim problemele care apar cu o atitudine constructivă și pozitivă.

Dacă dăm crezare superstiției, nu ne dăm voie să fim fericiți ca să nu avem probleme, însă problemele apar oricum și, astfel, pierdem de două ori: și pentru că nu ne dăm voie să fim fericiți în rest și pentru că vom fi mult mai apăsați de situațiile neplăcute atunci când apar.

Tu ce alegi? Superstiție sau fericire și atitudine pozitivă?

42

Fericirea nu este un obiectiv pe care să-l atingi cândva în viitor, ci este rezultatul unei vieți pe care o trăiești, clipă de clipă, în acord cu ceea ce-ți dorești cu adevărat.

Condițiile necesare și suficiente pentru a fi fericit sunt date de o viață în care faci ce-ți place, în care te simți bine cu tine însuți și ai în jurul tău oameni cu care rezonezi și cu care ai interacțiuni pozitive.

43

Dacă ești singur/ă acum, nu te panica și nici nu deveni disperat/ă. Focusarea pe găsirea unui partener, cu orice preț, poate să-ți aducă în viața ta persoana nepotrivită.

Cel mai bun lucru pe care poți să-l faci acum pentru tine este să te centrezi pe tine, să te focusezi pe obiectivele, pe visele tale și să-ți construiești o viață minunată.

Vei vedea că în momentul în care ești fericit cu tine însuți, partenerul potrivit pentru tine își va găsi calea către tine.

Simțind disperare, atragi lucruri negative, însă mulțumirea de sine și abundența pe care ți-o asiguri singur, vor aduce în viața ta persoana potrivită pentru o relație frumoasă și evolutivă.

44

Atunci când un om este dependent de un altul își va folosi toate armele ca să-l determine să-i fie alături.

Manipularea, șantajul emoțional, agresivitatea, amenințările sunt cele mai folosite metode prin care un om dependent vrea să se asigure că nu-și va pierde ancora.

Orice încercare de a ieși din situație, de a evolua sau de schimbare a celui care nu mai dorește să fie un stâlp pentru un altul, va fi contracarată din răsputeri de cel dependent.

Cât de minunat ar fi dacă fiecare dintre noi ne-am asuma puterea personală, ne-am baza pe propriile forțe și le-am permite și celorlalți să-și trăiască viața proprie, așa cum doresc.

Nimeni nu este responsabil de fericirea ta și nici tu nu ești responsabil de viața sau fericirea nimănui!

45

Lumea ta, realitatea pe care tu o percepi, este creată de gândirea ta, de imaginația ta și de voința ta.

Când gândești negativ, vei vedea răul din lume și nu vei putea percepe binele.

Când te lași pradă fricilor tale, lumea este un loc presărat de pericole la fiecare pas.

Când te critici constant, îi vei judeca și pe ceilalți în funcție de "greșelile" lor.

Când filtrele prin care percepi lumea sunt întunecate, nu vei putea percepe lumina.

Când ai gânduri frumoase, atenția ta va fi atrasă de binele din jurul tău.

Când ai încredere în tine, vei vedea oportunități acolo unde alții văd obstacole.

Când te respecți și te prețuiești pe tine însuți, îi vei trata și pe ceilalți cu respect și prețuire.

Când filtrele prin care percepi lumea sunt luminoase, vei iubi viața exact așa cum este ea.

Tu ai puterea să decizi cum vrei să arate viața ta!

46

Cu toții visăm. Toți ne imaginăm cum ne-ar plăcea să fim și cum ne-am dori să arate viața noastră.

Visurile noastre sunt extrem de importante. Atunci când visăm, ne folosim imaginația, ne înălțăm dincolo de limitele vieții noastre de zi cu zi, acolo unde multe lucruri sunt posibile și unde nu suntem condiționați de credințele care ne limitează în acest moment.

Atunci când visăm, suntem liberi să alegem orice scenariu pentru viața noastră.

Toate schimbările din viața noastră încep ca un vis — ne folosim imaginația pentru a ne proiecta în cel mai frumos viitor posibil.

Știi ce face diferența dintre cei care își transformă visurile în realitate și cei care rămân în situația lor actuală? Răspunsul este simplu: **acțiunea**.

Alegerea îți aparține: fie rămâi doar un visător, fie acționezi ca să-ți transformi visurile în realitate.

47

Nu ai venit pe lumea aceasta ca să corespunzi așteptărilor nimănui și nici să trăiești pentru sau prin alții.

Tot ce ai de făcut este să-ți demonstrezi ție însuți că ești un om de valoare, să fii mulțumit și mândru de tine. Atunci când ceea ce faci, faci pentru tine, satisfacția și împlinirea te vor însoți mereu, iar ceilalți vor observa cu siguranță asta.

Nu are niciun sens să te străduiești să le faci altora pe plac și să renunți la tine în tot acest timp. Tu ești cea mai importantă persoană din viața ta, iar responsabilitatea ta este față de tine însuți — să fii tu fericit cu tine și cu viața pe care o trăiești.

Fii tu însuți, trăiește în acord cu adevărul tău și vei vedea că vei atrage în viața ta oamenii potriviți pentru tine și nu pe cei care, din cauza egoismului sau neîmplinirilor lor, doresc să-ți controleze ție viața.

Până la urmă, singura ta responsabilitate este față de tine însuți și fă în așa fel încât să fii mândru și împlinit de reflecția ta din oglindă.

48

Iertarea dușmanului tău este cea mai bună formă de "răzbunare".

Da, știu, este o formulare puțin cam dură, însă gândește-te cât de mult câștigi tu atunci când te eliberezi de toată ura pe care o porți acum în suflet și, în același timp, îl deconcertezi pe adversarul tău atunci când alegi să lași în urmă adversitatea dintre voi și-ți continui viața cu zâmbetul pe buze.

În plus, iertarea înseamnă că îți asumi responsabilitatea fericirii tale și că eliberezi din ființa ta acea energie negativă care îți întunecă existența.

Nu ți se mai strânge stomacul atunci când te gândești la acel om, nu-ți mai crește pulsul și nici nu mai ești însoțit de emoții distructive în calea ta prin viață.

Fă-ți un bine: iartă și mergi mai departe.

Și dacă tot am început într-o notă puțin dură, închei la fel: orice acțiune are o reacțiune pe măsură... sau, ce semeni aia vei culege.

49

Curiozitatea este cheia evoluției tale.

Atunci când încetezi să-ți mai pui întrebări, când permiți ca rutina și plictiseala să te însoțească sau când ești "pe pilot automat", încetezi să mai evoluezi, iar din viața ta va lipsi bucuria de a trăi.

Adresează-ți de mai multe ori pe zi întrebarea "de ce"? De ce faci ceea ce faci? De ce ai ales această cale? Ce altceva ai putea să faci ca să-ți placă viața ta? De ce sunt lucrurile așa cum sunt? De ce...?

Curiozitatea este o condiție necesară pentru cunoaștere. Pune totul sub semnul întrebării, ieși din rutina sau din programele altora și găsește-ți propria ta cale.

Toate informațiile din lume îți stau la dispoziție, tot ce ai tu de făcut este să le cauți pe acelea care te vor conduce către adevărul și realitatea cu care rezonezi.

50

Te simți bine în viața ta?

Îți place ceea ce faci, îți plac oamenii care sunt în jurul tău, îți place de tine?

Dacă răspunsul este "nu" la oricare dintre întrebările de mai sus, înseamnă că este necesar să faci niște schimbări.

Nu-ți fie teamă să renunți la ceea ce nu-ți mai folosește și caută alte soluții pentru viața ta. Nu este nicio onoare să-ți petreci viața în suferință, compromisuri repetate, sacrificii sau lipsă de satisfacție. De ce să te chinui, când poți să te bucuri?

La sfârșitul vieții tale pe acest Pământ, atunci când te vei uita în urmă la tot ceea ce ai trăit, vei simți fie regrete, fie împlinire... însă atunci va fi prea târziu să schimbi ceva.

Fă toate schimbările necesare ca să poți oricând să răspunzi cu "da" la întrebările de mai sus.

Fă tot ce ai de făcut ca să te simți bine cu tine însuți și cu toate aspectele din viața ta.

Viața este o bucurie pe care să o celebrăm și nu o povară pe care trebuie să o ducem!

51

Nu poți să schimbi o situație pentru care nu îți asumi responsabilitatea.

Atunci când crezi că alții sunt responsabili pentru ceea ce trăiești tu, când aștepți soluțiile de la cei din jurul tău, nu faci altceva decât să predai altora controlul asupra acelei părți din viața ta.

Fericirea ta nu este responsabilitatea nimănui. Cu cât mai repede încetezi să-i mai faci pe alții responsabili de fericirea ta, cu atât mai fericit vei fi.

Fericirea ta presupune asumarea totală a responsabilității asupra vieții tale. Gândește cu propria ta minte, bazează-te pe propriile tale resurse, preia controlul asupra situației tale prezente și fă ceea ce ai de făcut ca să fii fericit.

Alege să fii propriul tău erou și nu o victimă a altora sau a circumstanțelor.

52

Unul dintre cele mai importante ingrediente ale fericirii tale este asumarea responsabilității propriei tale vieți. 100 %.

Ființa umană s-a născut liberă, iar refuzul de a fi responsabil de sine și de viața sa, este perceput la nivel psihic ca o închisoare.

Când alții sunt "de vină" pentru ceea ce trăiești tu, dacă existența ta este dictată de "gura lumii", dacă ești dependent de un alt om, de un job sau de o situație, trăiești într-o închisoare invizibilă.

Nu poți să fii fericit și nici nu poți să afli cine ești și să trăiești în acord cu sinele tău, atâta timp cât cauți răspunsurile (sau direcția ta în viață) în exteriorul tău.

Nimeni nu știe mai bine decât tine adevărul care este valabil pentru tine și nu ar trebui să permiți nimănui să te influențeze sau să-ți dicteze cum ar trebui să trăiești.

Află cine ești și asumă-ți propria ta viață pe de-a-ntregul. Chiar dacă va fi dificil la început (din cauza programelor care rulează în mintea ta) libertatea ta în cuget, simțire și viață va merita cu siguranță!

53

Adevăratul tău succes nu se definește prin ceea ce văd alții la tine, ci felul în care tu te simți în propria ta viață.

Ceea ce este promovat la nivel social ca reprezentând "succesul" poate să nu aibă nicio legătură cu ceea ce te face pe tine fericit și împlinit.

Există oameni "de succes" care sunt foarte nefericiți cu viața lor și există oameni fericiți și împliniți în viețile lor, cu toate că nu dețin acele simboluri ale succesului recunoscute la nivel social.

Nu trebuie să te conformezi la ce vrea societatea de la tine, dacă asta nu te face fericit. Află ce anume te face pe tine fericit și urmează acea cale, indiferent de ce spun cei din jurul tău.

54

Oamenii nu pot să-ți citească gândurile și nici nu este normal să te aștepți să facă asta. Nimeni nu va ști ce gândești, ce speri, ce-ți dorești dacă tu nu vei vorbi cu ei despre toate aceastea.

"Mă așteptam ca el să-și dea seama", "ar trebui să știe fără să-i spun nimic", "ar fi normal ca el să se gândească ..." ș.a.m.d., sunt modalități prin care tu îți provoci singur frustrare și dezamăgire.

Esența relaționării interumane constă în comunicarea clară și deschisă. Atunci când dorești ca cineva să știe ce gândești, ce simți sau ce dorești, comunică-i. Fă-ți curaj și vorbește despre ceea ce se petrece în interiorul tău și dă-le, astfel, oamenilor oportunitatea de a te cunoaște așa cum ești.

Șansele de a obține ceea ce-ți dorești cresc semnificativ atunci când tu alegi să vorbești despre dorințele tale.

55

Loialitatea familială sau apartenența la un grup, cu regulile și obiceiurile sale, poate să ne îngusteze foarte mult orizonturile și poate să devină o adevărată "închisoare". Facem așa cum au făcut și alții, nu ne întrebăm dacă este bine sau nu pentru noi, gândim și ne comportăm așa cum o fac și cei din jurul nostru, fără să ne folosim rațiunea proprie și capacitatea de a discerne între ceea ce este bine sau nu.

O viață sau o gândire "copy/paste" reprezintă cel mai mare obstacol în calea dezvoltării tale personale. Dacă nu ești fericit și simți că, de fapt, nu te reprezintă felul în care gândești, acționezi sau trăiești, începe să explorezi, să cauți și alte alternative la tot ceea ce are viața să-ți ofere.

Ești o ființă unică și originală și îți ești dator să-ți cauți propria cale în viață, cea care să-ți aducă împlinirea și bucuria de a trăi!

56

Oamenii nu se schimbă pentru că nici nu își pun problema că se poate trăi altfel. Dacă le apare în fața ochilor o informație sau o evidență a faptului că se poate și altfel, o trec cu vederea sau o anulează "nu se poate", "așa ceva nu se întâmplă în lumea reală", "oamenii nu se schimbă" etc.

Mai mult, neștiind că există altfel de moduri de gândire, simțire sau trăire, nici nu își pun problema să caute. Prin urmare, cei care anulează informația pentru că nu face parte din ceea ce știu ei, precum și cei care nu caută informațiile necesare deoarece nici nu știu că ele există, nu au cum să-și depășească situația actuală.

Omul găsește toate răspunsurile de care are nevoie, însă este necesar ca mai întâi să-și pună întrebările corecte.

De exemplu:
"Îmi place felul în care trăiesc?"
"Simt bucuria de a trăi?"
"Trec prin viață cu încredere și entuziasm sau sunt mai mereu trist, frustrat, nemulțumit, deprimat?"
"Oare cum altfel pot să trăiesc /să simt /să gândesc?"
"Ce m-ar face să mă simt cu adevărat împlinit?"

Ia-ți un moment și reflectează la întrebările acestea... iar apoi caută acele răspunsuri care sunt adevărate pentru tine.

57

Genele predispun, nu dispun.

Fiecare dintre noi a moștenit de la părinții săi diferite tare genetice, însă declanșarea unei boli datorită acestor defecte nu este o certitudine. Dacă se declanșează o boală înseamnă că sistemul imunitar este slăbit, iar sistemul imunitar nu funcționează în parametrii optimi datorită unui stil de viață necorespunzător: alimentație greșită, lipsa mișcării și a odihnei, și, cel mai important factor — stresul.

Sigur ai observat și tu că în perioadele în care ești stresat, trist sau supărat (pentru mai mult sau mai puțin timp), ai tendința să te îmbolnăvești — fie răcești mai des, fie se declanșează anumite boli spre care ai o predispoziție genetică. În astfel de perioade limfocitele T Killer, care sunt soldații principali ai sistemului tău imunitar, încep să funcționeze defectuos sau haotic și tu nu mai ai apărarea optimă.

O viață echilibrată, în care te hrănești corespunzător, faci mișcare, te odihnești suficient și ai o gândire rațională, pozitivă, este precursorul menținerii stării de sănătate.

Mintea sănătoasă înseamnă atât de mult pentru un corp sănătos, așa că ai grijă de tine și de felul în care trăiești!

58

A căuta bucuria, fericirea cândva în viitor, în urma obținerii de anumite bunuri sau de realizări personale sau profesionale, este, de cele mai multe ori, o capcană.

Sunt convinsă că ai trăit și tu asta: te-ai străduit, te-ai stresat, ai muncit mult pentru a obține ceva, iar după ce ai avut acel lucru, bucuria a ținut puțin și te-ai trezit iar cu un sentiment de gol. Apoi îți imaginezi că poate atunci când vei avea altceva, vei putea să fii fericit și o iei din nou la goană spre alte orizonturi.

Oamenii trăiesc cu impresia că o mașină, o excursie, o casă, căsătoria, avansarea în funcție ș.a.m.d., le vor aduce fericirea, însă până la urmă toate se dovedesc a fi doar o himeră, o "fata morgana" după care aleargă neîncetat.

Îți reamintesc și eu ceea ce, sigur, ai mai auzit: fericirea nu se găsește la destinație dacă nu ai adus-o cu tine pe drum. Bucuria de a trăi nu înseamnă să îți tot dorești diferite lucruri și să alergi după ele, ci înseamnă să fii recunoscător și să te bucuri pentru ceea ce ești și ceea ce ai acum şi să pleci la drum însoţit de aceste trăiri.

Dacă nu simţi bucurie **aici şi acum**, şansele sunt mari să nu o găseşti nici într-un viitor iluzoriu.

59

Atunci când faci compromisuri în viaţa ta, pe lângă faptul că te vei îndepărta din ce în ce mai mult de tine însuţi si de destinul tău, te vei trezi prins într-o spirală în care vei fi nevoit să cedezi şi să accepţi lucruri care nu sunt pe placul tău sau în acord cu tine.

Compromisul presupune să accepţi lucruri pe care nu ţi le doreşti, de fapt, însă le faci pentru că aşa vor alţii sau pentru că aşa crezi tu că îţi vei atinge anumite obiective. Poate că îţi spui că nu ai de ales, că trebuie să faci compromisuri în viaţă, poate ca îţi imaginezi că aşa va fi mai uşor pentru tine, însă te vei trezi într-o zi că trăieşti o viaţă care nu îţi aparţine sau ca îţi displace profund de tine.

Chiar dacă eşti tentat să cedezi uneori şi să faci compromisuri, gândeşte-te la implicaţiile pe termen lung: te vei simţi confortabil cu tine însuţi atunci când vei conştientiza că ai acţionat împotriva ta, împotriva sinelui tău?

Crezi că te vei simţi puternic şi încrezător în forţele tale, că vei putea să te preţuieşti şi să te respecţi ştiind că ai acţionat contrar principiilor şi valorilor tale?

Compromisul este, de obicei, o pseudosoluție la problemele tale și chiar dacă în aparență obții anumite lucruri, pe termen lung vei simți un gust amar pentru că te-ai trădat pe tine însuți. În plus, odată ce accepți un compromis, vei fi nevoit să continui să faci compromis după compromis doar ca să te menții pe calea pe care te afli.

Alege înțelept!

60

Omul este un creator prin însăși esența sa și poate fi definit prin produsele activității sale.

De-a lungul existenței sale, ființa umană creează valori, opere de artă, bunuri, servicii sau lasă în urma sa creația supremă — progenitura sa.

Fiecare om este dator să ofere un sens existenței sale, iar dacă nu reușește să facă asta este apăsat de un sentiment acut de gol, de inutilitate.

Lipsa de sens este una dintre cele mai dureroase trăiri umane.

Pentru a evita acest sentiment, cel mai bun lucru pe care poți să-l faci este să-ți stabilești obiective pe termen scurt, mediu și lung, iar apoi să-ți focalizezi atenția și energia pe a le îndeplini.

Tu pentru ce trăiești? Ce anume dorești să lași în urma ta?

61

Dacă vrei să ajungi altundeva, primul pas pe care îl ai de făcut este să decizi că nu mai vrei să rămâi acolo unde ești acum.

Odată ce ai luat această decizie, tot ce ai de făcut este să te îndrepți constant, cu pași mărunți sau mari, către destinația ta.

Vei ajunge acolo cu siguranță, dacă nu pierzi timp uitându-te înapoi și nu abandonezi.

62

Știi care este cel mai important factor care te îmbătrânește înainte de vreme, pe lângă alimentație și lipsa mișcarii fizice?

Stresul este cel mai mare inamic al sănătății și al tonusului tău fizic și psihic.

Sursele cele mai importante de stres provin de la o viață în care îți consumi energia făcând lucruri care nu-ți plac, pe care le faci pentru că "trebuie", nu ai bucurii și nu știi cum să te relaxezi, ai o viață rutinieră și repetitivă, lipsită de stimulări și experiențe noi, interesante.

Stresul este prezent atunci când trăiești constant în tensiune, acasă și la lucru și nici nu te gândești la modalități de a-ți schimba viața.

Stresul te însoțește și atunci când trăiești în dezacord cu sinele tău adevărat, când renunți la a fi ceea ce-ți dorești și porți măști sociale doar pentru a corespunde dorințelor altora.

Cu cât mai multă energie vei investi în a-ți construi o viață așa cum o visezi, în a face schimbările necesare (la nivel fizic, psihic, social, profesional, relațional etc.) pentru ca tu să devii cea mai bună versiune a ta, cu atât se va diminua stresul disfuncțional din viața ta.

Nu te poți aștepta să arăți bine și să fii sănătos dacă tu ai renunțat la tine și te-ai resemnat cu o viață din care lipsește bucuria de a trăi!

Ești singurul responsabil de viața ta și ai datoria să-ți cauți fericirea și să elimini toate obstacolele din calea ei.

63

Te-ai gândit vreodată...

Cât timp din viața ta pierzi plângându-te și căutând mila altora pentru statutul tău de victimă neajutorată?

Cât timp din viața ta pierzi argumentând și justificând de ce "nu poți"?

Cât timp din viața ta pierzi cu "depresiile" și frustrările tale?

Gândește-te — de fiecare dată când te plângi, când adopți

postura de victimă, când ești deprimat sau frustrat — că tu alegi să trăiești în acest mod. Nimeni nu te împiedică să acționezi, să ieși din situația în care te afli sau să-ți schimbi viața.

Tu ești singurul responsabil de situația în care ești acum și doar tu poți să decizi să trăiești altfel!

Gândește-te acum ce alegi: victimizarea și depresia sau mentalitatea de învingător și bucuria de a trăi?

64

Să-ți ignori pasiunea, să ignori acel lucru care îți face inima să tresalte de bucurie este echivalentul unei sinucideri lente.

Urmează-ți pasiunea și construiește-ți viața în jurul pasiunii tale.

Adaptează-ți cariera la stilul tău de viață și vei avea rezultate extraordinare, însă daca îți vei construi viața în jurul carierei tale vei putea să te trezești într-o capcană din care vor lipsi libertatea, eficiența, împlinirea și satisfacția pe termen lung.

65

Obsesia multor oameni de a se uita la TV sau la filme este modalitatea prin care evită să-și trăiască propria viață. Își doresc să experimenteze emoții, aventură, acțiune, adrenalină, dramă, umor etc., însă nu vor să depună niciun efort pentru asta. Este mult mai simplu să te uiți la un ecran și să te identifici cu un anume personaj decât să te ridici de pe canapea și să "ai o viață".

Râzi, plângi, te entuziasmezi, critici sau te îngrozești de experiențele prin care trec actorii, iar în tot acest timp te amăgești singur că și tu ai o viață. Destul de simplă sau de plictisitoare însă, nu-i așa?

Cum ar fi să-ți dai voie să te expui și tu la diferite experiențe și chiar să simți viața pe pielea ta? Cum ar fi să te ridici de pe canapea și să faci ceva cu viața ta, să trăiești tu întâmplări despre care să le poți povesti nepoților?

Când a fost ultima dată când ai făcut ceva pentru prima dată?

Îndrăznește, ieși din zona de confort, experimentează, **trăiește**!

Viața ta nu are telecomandă, așa că ridică-te și schimb-o tu!

66

Cu toate că nu este cel mai constructiv lucru pe care poți să-l faci, însă atunci când nu știi ce vrei să faci cu viața ta, poți să începi prin a te gândi la ceea ce știi că nu vrei. Acesta este primul pas.

Elimină din viața ta acele lucruri, gânduri, modele de comportament, job-uri (sau poate chiar oameni) care nu merită din partea ta nicio investiție de timp, energie sau atenție și vei vedea că în urma acestui proces se va elibera un spațiu important în mintea ta. Acele lucruri care îți aduc bucurie, împlinire, satisfacție și le-ai face aproape oricând, fără efort, sunt cu siguranță parte din ceea ce este bine să se afle în viața ta.

Următorul pas este să umpli încet — încet acest loc rămas gol. Poți să faci asta fie prin a te expune la multe și variate experiențe, oameni, lucruri, situații etc., și să vezi cu care dintre ele rezonezi, fie prin a asculta de vocea ta interioară care poate să îți arate calea către ceea ce te va face cu adevărat fericit.

67

Majoritatea oamenilor își trăiește viața după o rețetă clară: oamenii merg la școală, își aleg (sau părinții le aleg) o meserie, se căsătoresc repede (nu cumva să depășești vârsta de 30 de ani și să nu fii căsătorit și cu copii), își iau o casă cu rate la bancă pe 35 de ani, iar asta înseamnă să fii stresat în fiecare lună că trebuie să plătești rata, astfel că nu îți permiți să-ți schimbi job-ul sau meseria dacă îți dai seama că nu-ți place (sau chiar urăști ceea ce faci)... viața se împarte între responsabilitățile de la job, viața de familie încărcată de diferite tensiuni pentru că ambii parteneri sunt stresați și suprasaturați de griji, așteptând cu nerăbdare weekendul în care fac aceleași lucruri repetitive cu un cerc restrâns de oameni și în cele mai fericite cazuri își permit un concediu sau maximum două pe an.

Bucuria, fericirea, împlinirea, unde sunt ele? După ce cresc copiii? După ce ieși la pensie? Te oprești vreodată să te gândești la cum arată viața ta? Care este calitatea vieții tale? Pentru ce toată această goană nebună?

Zi după zi, an dupa an, viața trece pe lângă tine și tu ești prins în acest carusel fără să-ți mai pui problema că poți să cobori din el... cu fiecare zi ce trece pe chipul tău se citește oboseala, stresul, îngrijorarea, resemnarea, tristețea, lipsa bucuriei, ajungi să trăiești cu pastile ca să poți trece diferitele dureri fizice sau emoționale și companiile farmaceutice fac profit pentru că tu nu știi că poți să trăiești și altfel.

Amânarea fericirii pentru un moment nedefinit din viitor nu este o soluție, ci o capcană... "trag tare acum ca mai încolo să pot sta relaxat" nu este o variantă viabilă ci doar un mod prin care te păcălești singur.

Chiar crezi că la bătrânețe vei mai avea sănătatea și elanul tinereții ca să te bucuri de viață? Trăind acum în felul în care o faci, vei uita ce înseamnă să te bucuri sau să te relaxezi... mintea ta este atât de obișnuită cu stresul că nu se poate deconecta și va fi la fel și mai târziu.

Oprește-te puțin și uită-te la felul în care trăiești, iar dacă observi că bucuria de a trăi lipsește din existența ta spune-ți STOP acum... și pornește pe un alt drum, în care deciziile și acțiunile tale se bazează pe ceea ce simți și știi că te face fericit.

68

Nu are niciun sens să-ți dorești să te răzbuni, să urăști, să porți pică sau să trăiești copleșit de gânduri și emoții negative la adresa cuiva despre care simți că ți-a făcut rău pentru că viața are întotdeauna modalitatea ei de a pune lucrurile în ordine.

Eliberează-te de tot ceea ce este negativ în tine deoarece meriți să trăiești o viață senină și liniștită, fără poveri inutile pe care să le duci cu tine. Legea cauzei și efectului își urmează cursul întotdeauna, așa că tu fii atent doar la gândurile, cuvintele și acțiunile tale. Fiecare dintre noi este responsabil de "karma" sa personală.

69

Oare la câte vise ai renunțat doar pentru că nimeni nu te-a încurajat să le urmezi sau poate chiar ți s-a spus că "nu poți", "nu este pentru tine", "încetează cu prostiile" etc.?

Ca să-ți trăiești viața visurilor tale nu mai permite nimănui niciodată să-ți spună că nu ești în stare să faci ceea ce-ți dorești.

Tu alegi cum să-ți trăiești viața și, dacă ai un vis, cu siguranță ai și capacitatea de a-l face să devină realitate.

DR. URSULA SANDNER

www.ursula-sandner.com

contact@ursula-sandner.com

GRAFICĂ ŞI COPERTĂ

CREADOR
elena adorian

www.ingramcontent.com/pod-product-compliance
Lightning Source LLC
Chambersburg PA
CBHW031426160426
43195CB00010BB/625